浙江中医临床名家 姚新苗

总主编 方剑乔

主编 周国庆

科学出版社
北京

内 容 简 介

本书是"浙江中医临床名家"丛书之一,介绍了浙江名医姚新苗。姚新苗教授是第五批、六批全国老中医药专家学术经验继承工作指导老师,浙江省国医名师,浙江省名中医,国家中医临床重点专科康复科学术带头人。本书共分六章:中医萌芽、名师指引、声名鹊起、高超医术、学术成就、桃李天下。重点介绍了姚新苗教授治疗中医骨伤科疾病的学术成就、学术思想及临床经验,全书涉及脊柱和脊柱相关疾病、中医筋伤疾病、关节痹病等多个领域,通过"筋骨平衡精思辨""求因论治探真源""练功导引治未病"这三个方面详细论述了姚新苗教授的学术思想与学术成就,并结合具体病例展现了针药结合、正骨调曲及功能锻炼相结合在中医骨伤科疾病治疗中的特色和优势。

本书可供中医临床、科研人员及在校学生阅读使用,也可供中医爱好者参考。

图书在版编目(CIP)数据

浙江中医临床名家. 姚新苗 / 方剑乔总主编;周国庆主编. —北京:科学出版社,2019.7
ISBN 978-7-03-061854-2

Ⅰ. ①浙… Ⅱ. ①方… ②周… Ⅲ. ①姚新苗-生平事迹 ②中医伤科学-中医临床-经验-中国-现代 Ⅳ. ① K826.2 ② R274

中国版本图书馆 CIP 数据核字(2019)第 141139 号

责任编辑:刘 亚 / 责任校对:王晓茜
责任印制:徐晓晨 / 封面设计:黄华斌

科学出版社 出版
北京东黄城根北街 16 号
邮政编码:100717
http://www.sciencep.com

北京中科印刷有限公司 印刷
科学出版社发行 各地新华书店经销

*

2019 年 7 月第 一 版 开本:720×1000 B5
2019 年 7 月第一次印刷 印张:12 1/4 插页:2
字数:207 000
定价:68.00 元
(如有印装质量问题,我社负责调换)

姚新苗

全国名老中医药专家传承工作室团队

2015年11月在美国杜肯大学讲学

针刀技术培训

浙江中医临床名家丛书编委会

主　编　方剑乔
副主编　郭　清　　李俊伟　　张光霁　　赵　峰
　　　　　陈　华　　梁　宜　　温成平　　徐光星
编　委（按姓氏笔画排序）

丁月平	马红珍	马睿杰	王　艳
王彬彬	王新华	王新昌	牛永宁
方剑乔	朱飞叶	朱永琴	庄海峰
刘振东	许　丽	寿迪文	杜红根
李　岚	李俊伟	杨　珺	杨珺超
连暐暐	余　勤	谷建钟	沃立科
宋文蔚	宋欣伟	张　婷	张光霁
张丽萍	张俊杰	陈　华	陈　芳
陈　晔	武利强	范军芬	林咸明
周云逸	周国庆	郑小伟	赵　峰
宣晓波	姚晓天	夏永良	徐　珊
徐光星	高文仓	郭　清	唐旭霞
曹　毅	曹灵勇	梁　宜	葛蓓芬
智屹惠	童培建	温成平	谢冠群
虞彬艳	裴　君	魏佳平	

浙江中医临床名家·姚新苗

编委会

主　审　姚新苗
主　编　周国庆
副主编　陈　华　　吕帅洁
编　委（按姓氏笔画排序）

王春富	厉　巧	吕帅洁	李　华
李桂锦	吴雨伦	陈　华	陈奇红
陈铁武	陈智能	陈煜民	周国庆
唐　晶	彭志强	葛林璞	

总　序

中华医药，博大精深，源远流长。灵兰秘典，阴阳应象，穷万物造化之妙；《金匮》真言，药石施用，极疴疾辨治之方。诚夷夏百姓之瑰宝，中华文明之荣光。

浙派中医，守正出新，名家纷扬。丹溪景岳，《格致》《类经》，释阴阳虚实之论；桐山葛岭，《采药》《肘后》，载吴越岐黄之央。固钟灵毓秀之胜地，至道徽音之华章。

浙中医大，创业惟艰，持志以亢。忆保俶山下，庠序进修，克艰启幔；贴沙河干，省立学府，历难扬帆；钱塘江畔，名更大学，梦圆宇响。望滨文南北，富春秋冬，三区鼎足，一校华光；惟天惟时，其命维新，一德以持，六艺互襄；部省共建，重校启航，黾勉奋发，踵武增华。

甲子校庆，名医辈出，几代芳华。值此浙江中医药大学建校六十周年之际，特辑撰"浙江中医临床名家"丛书，以五十二位浙江中医药大学及直属附属医院名医为体，以中医萌芽、名师指引、声名鹊起、高超医术、学术成就、桃李天下为纲，叙名家成长成才之历程，探名家学术经验之幽微，期有益于同仁之鉴法、德艺之精进。

时己亥初夏

目 录

第一章　中医萌芽 ······1
　　第一节　儿时熏陶定乾坤 ······1
　　第二节　医路初显破混沌 ······5
　　第三节　悬梁刺股誓拔筹 ······11
　　第四节　百草园里畅遨游 ······14

第二章　名师指引 ······17
　　第一节　博采众长广跟师 ······17
　　第二节　上下求索明思绪 ······32
　　第三节　骨伤启蒙承大家 ······35
　　第四节　中西相融求创新 ······37

第三章　声名鹊起 ······42
　　第一节　音乐之邦独讲学 ······42
　　第二节　细小针刀起沉疴 ······44
　　第三节　中医名家自成型 ······48
　　第四节　授业解惑传承路 ······52
　　第五节　岐黄之路海内外 ······54

第四章　高超医术 ······59
　　第一节　腱鞘炎中巧疏通 ······59
　　第二节　针药并用正脊梁 ······65
　　第三节　动静结合利诸节 ······73
　　第四节　骨痿痹痛集大成 ······83

第五章 学术成就···95
第一节 筋骨平衡精思辨·······································95
第二节 求因论治探真源······································126
第三节 练功导引治未病······································152

第六章 桃李天下···170
第一节 十年匠人花香溢······································170
第二节 百里芬芳沁心脾······································173

附录一 大事概览···187
附录二 学术传承脉络···189

第一章

中医萌芽

第一节 儿时熏陶定乾坤

姚师出生在浙江绍兴的一个名叫嵊州的小县城，当时正处于新中国成立后的艰辛岁月，老百姓的经济并不是非常宽裕，温饱尚且勉强更不要说是能够完完整整地上学了。而姚师能够获得学习的机会，就得益于一位对姚师的学习乃至之后的职业生涯都有影响的人，那就是他的外公胡华庚。

胡华庚，浙江绍兴嵊州人，那时嵊州有句名话："东有胡华庚，西有张柏年"，说的就是在嵊州及周边县市百姓心中认可度很高的两位中医师。姚师自小待在外公身旁，外公有空之时，都会一遍又一遍地与姚师讲述他幼时至今的经历，潜移默化地影响了姚师的内心世界。所以要了解姚师的从医之志，就得先从姚师的回忆中了解胡华庚老人的故事。

胡老从小立志"除以献身报国，若能从医济人，亦不枉人世"。所以其从小酷爱中医。那时旧制初中毕业后，没有可以读高中的途径。家人为其谋生，托人联系了两个店铺。一家是杂货店，一家是药店。那时的条件是一样的：做3年的学徒，店里只管吃饭，不发工钱。平素不归，年节才可归，如若中途意外死亡，均与店无关。因为有内心的志向，所以胡老几乎不假思索就选择了去药店当学徒。就这样年仅14岁的胡老只身来到了绍兴市的"吴文兴药店"。

药店老板当时给胡老的活是：早上扫地、煮水、抹门窗、擦柜台，白天碾药、晒药、检药，一早一晚还要拆装门板。在药店的规矩就是：身稳、手稳、嘴稳、眼明、耳灵、腿勤。老板的一切条件胡老都答应着，但是当时胡老提出了他自己的一点要求：允许他工作结束后能看书。老板亦问道："什么书？"他答道："医书、药书。"老板想了想，吩咐道："你守夜店，二更上门板后，就在店里看书吧。"从此紧张艰苦的学徒生活就在胡老身上拉开了序幕。

  为了早日实现学医的志向，胡老抓紧一分一秒去熟悉药工业务，开始每天强记十到二十个药屉的药名，而后逐屉逐格的去认药。接着要学会包药、碾药、晒药、制药。那时有谁会讲一堂"中药的辨识、炮制"呢？一般都是没有的，只有跟着师兄一点一滴地慢慢学习。在这中除了切、碾、炒、炙、飞等炮制手法，最难的估计要数是制作各种膏丸、散剂了。是的，大家都知道一句常话："不懂就要问啊。"但是大概有问必答的时候是不多的。所以，看了就得记，看了就得想，学了就要勤快地去做，问后有答了就要牢牢的记住。那时候，每一味药都有记载着"药名、药性、功用"的小贴纸，每一味药都要用小贴纸包起来，再把小包的药物叠成方形，再加上一张印有药店字号的薄纸，如果手法不是很熟练，那就很难包的既严密又美观了。再说碾药吧，这看起来像个粗活，但是做好也不容易，不熟练的话常常会把铁轮抛出碾槽之外。这就要求每天天没亮就得起床，早餐之前干完所有的杂务，白天有计划、分阶段地边做边看、边问边学，晚上记药名，练习包药。躺在床上再把一天所做的事从头到尾回顾一番，今天做对了哪些？又做错了哪些？半年以后，胡老就能独立应付日常各项工作和一般炮制了。

  时光刹那，新年的气氛悄悄地靠近。有一天，店主过来查店，特意问那些老师傅："这孩子可还行？"大家都说："能顶用处。"店主笑了笑道："行啊，那就在我这里待着吧。"这一句话，应该就是"转正"的意思了吧。

  那一年的除夕，店主关了店门，按例放假回家，这正是最好的自学时间。正是那段时间，一本《药性赋》算是正式的自学入门了。那是启蒙的开始，记得一直读到鞭炮声停，读到药店再次开门。

  背完《药性赋》以后，觉得光读、背不行，还得给每味药对号入座。药的"寒、热、温、凉"固然可以死记，但是"酸、苦、辛、咸、甘"则应该亲尝。因此，凡是当时店中能够品尝的药，胡老都会一一品尝，并对药性大同小异的药物反复品尝，这真的有助于理解和记忆。也可以对药物了解更加深刻。想要通过自学，无师自通，只靠死记硬背是万万行不通的，要善于比较、鉴别、分类、归纳。这个方法也适用于方剂、内科等学习。

  《药性赋》学习之后，《汤头歌决》就提上日程了。开始的十几首很容易记住，但是背诵的方剂越来越多，同一种药物出现的频率也越来越高，就开始难记了。这就需要记诵的方法了。经过一番琢磨，胡老想出了一个法子：把相似方剂的组成的药物以及剂量写出来，再想想它为什么这么组成，然后再细细地比较，如猪苓汤和五苓散，两方中均为五味药，均有猪苓、泽泻、茯苓，仅两味药物之差，但是主治之证竟然不同，为何？比较之后才知道，猪苓汤方以猪苓为君，取其归肾、膀胱经，专以淡渗利水。臣以泽泻、茯苓之甘淡，益猪苓利水渗湿之力，且泽泻性寒兼可泄热，茯苓尚可健脾以助运湿。佐入滑石之甘寒，利水、清热两彰其功；阿胶滋阴润燥，既益已伤之阴，又防诸药渗利重伤阴血。五药合方，利水渗湿为主，清热养阴为辅，体现了利水而不伤阴、滋阴而不碍湿的配伍特点。水湿去，邪热清，阴津复，诸症自除。五苓散中重用泽泻为君，以其甘淡，直达肾与膀胱，利水渗湿。臣以茯苓、猪苓之淡渗，增强其利水渗湿之力。佐以白术、茯苓健脾以运化水湿。"膀胱者，州都之官，津液藏焉，气化则能出矣"，膀胱的气化有赖于阳气的蒸腾，故方中又佐以桂枝温阳化气以助利水，解表散邪以祛表邪，诸药相伍，甘淡渗利为主，佐以温阳化气，使水湿之邪从小便而去。这样同中求异，异中辨同，虽然多花一些时间和精力，但掌握的比较精细、牢靠。

在对药物药性以及方剂的记诵上，不能讲究"字字记住，句句吃透"。那时候的书，都没有像样的标点，也没有注音，只能借助自身的理解以及字典，一遍遍地读记，一遍遍地加标点，加注语。三年的时间说长不长，说短不短，在这宝贵的学徒时间中，胡老分门别类的读完了下列的这些书（具体已经难以考究）：《药性赋》《汤头歌诀》《黄帝内经》《伤寒论》《金匮要略》《医宗必读》。

那么作为一个没有工钱的学徒哪来的金钱来买这些书呢？这一是要感谢旧书店的老板，二就是要感谢药店主人了。因为想要看书，就必须找书，所以一来二去就和旧书店老板熟络上了。这具体也不细讲了。药店那方面么，虽然那时是没有工资的，但是那时候的婚庆丧事，如果本人不去的话，就得派人去送礼。因为腿勤机灵，这事通常是落在胡老头上的。受礼的人家按习俗每次都会给跑路的人一些"脚步钱"。这钱药店老板是不管的，这样就方便了去旧书店买书以及借书。这些事情也使其悟出些道理，就是胡老后期经常和姚师说的：不要占小便宜，不要混日子，不要不进取，这是对自己负责的态度。

1935年嵊县县立中学，正式招收普高学生，胡老又踏上了高中学习的生涯，高中的时光是平稳而短暂的，因为一直坚持学习中医，在高中毕业培训

3个月后，经过私塾、学徒、正式高中学习的历程的胡老，遵循着"为医济人"的准则，东拼西凑了些钱开始在嵊县东乡开起了诊所。开始的两三年，只有左邻右舍或者亲戚朋友知道在开诊所，来找其看看小病小痛，稍重的一些毛病是不会来的，所以看病的人不是很多。

慢慢地，看的病人多了些，看的病例也多了些。无论内、外、妇、儿，只要有病人来就看。起初的时候，看病是随身携带医书的，有的亲戚朋友看到了就委婉的劝说："看诊的时候最好不要带书，这样病人会觉得你医术不行，都是现场看书，照搬照治的。"但是话说回来，哪个医生不看书呢？不看书又怎么做个好医生呢？只是很多医生在看完病后去查找医书，水平不够那只有"现学现卖"了。

记得有一次，一位65岁左右的同族男性长者，头晕肢冷，面红汗出，肢体颤动，嘈杂烦满，腹部膨满，呕而不得，小便短小，大便不畅，脉洪大，两关特甚，舌苔黄厚，已三四日未进食。先请地方有名的老医师诊视，用"大承气汤"为底加减，服了1个月，病人两颊泛红，咽痛舌红绛，食水不进，病症加重，全家心急如焚，遂请胡老去就诊（估计打着死马当活马医的心态）。路上听乡人议论："大医生都没有办法，请个初出茅庐的小医生，顶个什么用，真是病急乱投医了。"为了不放弃临诊的机会，胡老还是硬着头皮去了。一到病家，仔细诊治，患者脉象两关弦数，舌红绛，苔白厚，实属湿热积于中脘，气机不舒；头晕恶心，肢冷自汗，嘈杂烦满，水谷难以运化，以致食水不进。为了求证自身的辨证是否正确，就查阅了带去的医书（当然这边免不了被人说道："真是看书小郎中，病急乱投医"）。才确信自身的辨证没错，故拟辛开苦降之法先理脾土，开下处方：姜半夏12g、吴茱萸1g、炒黄连3g、茯苓9g、陈皮6g、杭白芍9g、通草5g、姜朴3g、姜竹茹9g、砂仁1g、生姜2片。文火煎服。复诊：辛开苦降之后，脉象和缓，胃中湿热渐降，汗出减少，微有烦躁，头仍眩晕，肢体颤动消失，食水少可进。思后，拟前法加减肝胃并调，心肾相交。即去前方之通草、砂仁，加淮小麦6g、远志5g、龙胆草2g。连进几剂，胃和神清，食水可进。这一事情迅速传遍乡镇，可谓是出师功成了。此后名声日显，求访者络绎不绝。1949年后，胡公转入乡镇卫生院继续为百姓行医。

至此回忆也要告一段落了。姚师就是在外公所在的乡镇卫生院这种环境下长大的。胡老经常在为百姓行医之余，除了教姚师读背《医学三字经》《药性赋》《汤头歌诀》等中医启蒙书籍之外，还和姚师讲述自己的从医经历，姚师深受其言传身教，亦受其中医熏陶。所以幼时就以外公为榜样，心底暗暗立志从医济人，埋下了一颗中医心。

第二节　医路初显破混沌

时光流逝，深受外公胡华庚影响的姚师也完成了高中的学业（当时高考是因某些原因暂停了的）。不出其然，从小有一颗中医之心的姚师，为了响应党的下基层服务的号召，也为了这份对"医学"的喜爱，在高中毕业后毅然选择了从医之路。经过3个月的短暂培训后在嵊州市上东地区走上了赤脚医生的道路（当时的社会，医疗资源匮乏，在我国的广大农村地区是很少或者几乎没有自己的乡村卫生医疗院的）。但这种背朝太阳，脚踩泥土，背着红十字药箱的赤脚医生的路并不是那么好走的。因为在当时的农村，医疗环境可以说是很差，医疗设备非常落后，药品更是缺乏，而且就诊的患者基本什么疾病都有，除了基本的内、外科疾病，其他的如滞产、小儿惊痫、疮疡肿毒等都得接触。接触的患者开始多了，储备的知识就愈发显得浅陋了。古人云"书到用时方恨少"，诚不欺人。这种情况就得逼迫自己不断地抓紧时间复查，学习。结束一天的工作后，结合诊疗中遇到的问题，利用工作之余的夜间着重学习各科的医书，对照白天的病例分析思索，记录笔记。中医方面主要是《伤寒明理论》《濒湖脉学》《医宗金鉴》《温病条辨》《医林改错》等，而西医方面主要是《内科学》《外科学》《诊断学》。行医之后，才明白儿时在外公那里认药，辨药，听其言传身教是受益匪浅的，也算是初能上路了。直至今日，姚师仍认为："医者不识药，如将不识兵，终是人生一大缺憾。"

当时，正处于国家改革开放的前沿时期，西风强盛，人人趋之若鹜。中医的地位则日渐消沉。在上层学术中，中西诟骂，斗争十分激烈。西医占据着绝大半江山，西医人自傲，中医人地位屈下，已难以逆转。姚师作为一个农村的赤脚医生，要想扎根下来，受到当地老百姓的认同，西医的内外科是必须要有所涉猎的。但是素日就诊患者都是主张中医治病的，姚师当时就在想：中西医都是以治疗疾病为目的，为什么要到争个你死我活的地步呢？中医也不是西医所说的伪科学，也不是玄学，更不是空谈的哲学。中国传统医学历史悠久，有自己的不同流派，也有自己的不同于西医的理论，也有药物和相应技术支持，也是一门科学。

1977年夏秋季节，在嵊州市地区发生了流行性乙型脑炎，年轻的姚师有幸跟随上级医院医师参与了这次流行性疾病的诊治。当时患者的基本症状：发病初期（3天左右）：发热、神萎、食欲不振、腹泻、轻度嗜睡，一开始都是按上呼吸道感染常规治疗的，3天后出现高热（体温极速升高可达40℃并且持续不退）、头痛呕吐、抽搐、重度嗜睡、头颈强直、四肢痉挛，甚至昏迷。当时医院收入的患者，西医治疗一般多先以物理降温：冰敷、温水（酒精）擦浴，然后合用抗病毒、抗生素等药物，但是多数效果是不理想的，死亡率还是维持在一个较高的水平上。因此，当时地区卫生局紧急召开研讨会，组织了中西医联合进行抢救。为了确定中医治疗乙型脑炎的疗效，在患者确诊收住入院后，给予患者中医和西医的分组治疗。在中医组内，老中医师们仔细望闻问切，诊断证属于湿温病的热重于湿，治则应辛凉渗湿，芳香开窍，具体根据患者病症以白虎汤加减至宝丹或者安宫牛黄丸灌服。经过一段时间治疗，除少数重症患者半年后仍有精神神经症状遗留，其他患者上述症状均先后治愈，竟无一例死亡。面对这么好的治疗效果，西医师表示万分想不通，提出："在中医用药上，白虎汤中重用石膏，石膏的化学成分是硫酸钙，在临床上西医是用它做石膏床、石膏绷带的，基本上是辅助作用，压根就没有治疗疾病的先例，今天中医竟然用其作为治疗乙型脑炎的主要成分！患者高烧到40℃，中医师们竟然不主张使用冰敷等方法降低患者体温，而是任其不管，更是难以接受！"但是在这次流行性疾病治疗中，中医效果确实高出一筹。

其实，按照中医理论，治疗湿温病是禁忌大量下汗的，因为大量下汗会使患者神昏加重，甚至肢体惊厥。所以对于湿温病用发汗剂、利尿剂、泻下剂，从中医学上就不对路。而用冰敷、酒精擦拭这种物理降温在中医看来也不对路子。因为冰敷后，内热难以顺出，使得内邪深入体内，造成疾病向更严重的方向发展。这是中医与西医对于同一疾病的不同看法（我们也就可以见微知著了），但是对疾病的认识见地不同不要紧，这个可以保留探讨的余地。但是事实是要尊重的，实践出真知，中医在某些疾病的治疗上是有独特的作用的。

完成了一场流行性疾病的救治，作为跟随老中医师们诊疗的姚师内心感悟极深，在中医辨证论治、立方遣药等方面都增加了不少经验，通过自己亲身经历，进一步见识到了祖国传统医学深厚的理论和实践基础。更加坚信了自己从事中医道路的信心。

经此一役，姚师发现他山之石，可以攻玉。中西医各有所长，作为一名扎根于基层的农村赤脚医师，更要在立足于中医的底子上去学习西医，而不是仅仅为了应付农村的基础疾病去强迫自己学习西医的内外科等学科知识，然后凭这一点点皮毛来维持自身的工作。应该培养自己的兴趣，通过学习西医，使自己所学之祖国医学能够借助西医的长处来得到更好的发挥。

有一次，有个患者像是得了风寒病。当时的姚师在当地农村已经有了些声誉，所以患者连夜敲响了姚师住所的大门。因感乡里乡亲，连夜看诊。首诊，粗略望闻问切，然后就是按照自己的熟悉的一套，予以辛散宣解之药方，嘱其回家后文火煎后温服。二诊，患者汗出而热不退，姚师心里估摸着这应该不是普通的风寒病了，看来这病不易速愈。为了审慎起见，特地邀请了某位在这方面有较高建树的医生前来诊治。他认为患者是阴虚火旺体质，汗多而伤阴，邪热反制，所以认为辛散宣解不正确，主张滋阴清热，兼而补气。大家认同他是这方面的专家，而且诊断似乎也十分明确，方案是十分漂亮的，所以当时姚师内心也是认同他的治疗措施的。可是5天过去了，患者的病况一天天地加重，没有丝毫好转的迹象，又大老远地跑去请其复诊。他说这是一个疾病斗争的过程，现在斗争得越厉害，就说明离疾病痊愈也不远了。这个过程他早已有所预料。叫患者家属不要着急，定会药到病除的。又5天过去，疾病亦未有明显的转归，询问之，他仍坚持这是疾病的斗争过程，嘱咐家属不要慌张。后来患者去了上级的大医院求治（具体治疗经过因为家属某些原因也无从叙述了），经过专业医师的治疗后痊愈出院。这次经验也使得姚师对某些老中医产生了怀疑，对"姜还是老的辣"产生了动摇，对自身所学也产生了莫名其妙的疑惑。

"学贵于疑"，在学习、行医的过程中，凡是遇到似懂不懂之处，遇到难以下手的疾病之时，遇到患者到处求医无果之事，都应该对人、对事、对自己进行反复的推敲，俗语云"熟读千万书，不如临证遣药多"。所以遇到自身不明白的事情，难以诊治的疾病，更要在病人身上多花工夫，要更仔细地观察分析病状，然后从症寻书，从理定则，从则处方，按方遣药。像上述一位患者，是否存在望闻问切欠详？若不慎审查，只是按照自己形成的"习惯"来看病，必致误人匪浅。

古云："宁医十男子，莫治一妇人；宁医十妇人，莫治一小儿。"这是说男子之病最易诊治，妇人次之，小儿最难。下列两则案例就曾让姚师思绪万千。

姚师曾经跟随外公诊治一位三十五岁妇人，患者自诉半年来带下日渐增多，绵绵不绝，不时而下，黄稠而臭，前阴时感瘙痒，甚则每日更换衣物3～4次，两乳发胀，胸胁胀满掣痛，腰部酸痛，经期尤甚，更有带中带血，极其不便和痛苦，诊其脉象沉弦，舌苔薄黄。姚师回忆外公胡老治疗过的类似妇科疾病，初定以清热利湿，收涩止带之剂。处方如下：牡丹皮9g，知母9g，生地9g，蛇床子18g，地肤子15g，米仁30g，茯苓12g，苦参12g，益母草3g，黄柏9g，蒲公英15g，狗脊12g，木香6g，丁香3g，砂仁6g。文火煎服，日2剂。姚师觉得心中难以把握，晚间便移步外公家中，与外公探讨其后续治则，颇有收获。一周后患妇复诊，经期亦至，带下量减少，色白，舌红苔白，脉弦，腰腹疼痛缓解明显，但胸胁胀满仍未明显减轻，说明初方有效。再思患者病已久，经期来潮，应健脾益肾束带，处方：山药30g，枸杞20g，当归12g，白芍12g，白术9g，米仁30g，川楝子9g，茯苓12g，萸肉9g。5天后再次复诊，月经干净，带下量少，血丝极少，胸胁胀满仍存，舌红苔白，脉弦。处方如下：陈皮12g，白术12g，柴胡15g，桂枝5g，茯苓12g，川芎10g，香附6g，枳壳9g，白芍9g，甘草3g。5剂服后，自觉症安。

随诊此妇人毕，姚师回溯查找医书并结合这次诊疗经验，自我总结，带下一症，为妇科常见病。多属于肾虚不摄，脾虚水湿内结，下注为带。故治疗上清中兼涩，以清为主，遇到经期，宜扶正为主。患者胸胁胀满，乳头、乳房胀痛症状明显，因乳头属足厥阴，乳房属足阳明。当其五七之年，阳明脉衰，兼之忧思易怒，肝失条达，而致木侮土，气血痰湿不化。其因在于气滞，宜疏肝解郁健脾为治则。

继观前人语，妇女气血之化生、运行、输布等，无不与脏腑之功能活动有关，其中尤以肝、脾、肾三脏在妇女生理、病理上占有重要地位。因此，在调治妇科疾病中，须重视肝、脾、肾三脏的作用，并宜注意三者之间的相互影响，互为因果的关系，不可顾此失彼。

医书云：肝藏血、主疏泄，性喜条达舒畅，在妇女病理、生理特点上占有重要地位，故有"肝为女子先天之说"。肝与冲任二脉通过经络互相联属，肝之生理功能正常，则藏血守职，气血调畅，冲任通盛，月事得以时下，胎孕产乳诸皆正常。若情志抑郁，肝失疏泄，不能遂其条达之性，或肝不藏血，肝血耗伤，则可导致多种妇科疾病的发生。故治疗上用药之则，需要分证而治。如《素问·藏气法时论》指出："肝欲散，急食辛以散之，用辛补之，酸泻之。肝苦急，急食甘以缓之。"故肝郁宜芳香辛散，肝燥宜甘润柔缓。临床凡月经不调、痛经、闭经、不孕、产后腹痛等症，见有精神抑郁、胸胁满闷、乳房胀痛等症者，以柴胡疏肝散舒肝解郁为基本方，兼寒则加乌药、小茴香、吴萸、橘核等暖肝散寒，肝热则去川芎之升动，加丹皮、生地、黄芩、白薇等凉肝清热。但肝为刚脏，体阴用阳，故舒肝解郁不可一味仗恃辛燥劫阴之品，否则易造成肝郁化燥，气逆化火的病理变化，因此，在应用香燥辛散药物时，应适当佐以肝经血分之药，如归、芍、桃仁等，以缓肝急。另如，肝血不足或肝肾阴虚之月经涩少、经闭、痛经、不孕等病症，由于肝木失养，难遂条达之性，也每见有少腹作胀、胁肋隐痛等肝郁症状，以养血柔肝、益肾填精药中，佐以香附、川楝、柴胡等舒肝之品，以助其升发之机。

脾胃功能正常与否，也是妇女生理病理特点的主要反映之一。古人云："血者水谷之精气也，和调五脏，洒陈六腑，在男子则化为精，在妇人则上为乳汁，下为月水，故虽心主血，肝藏血，亦皆统摄于脾，补脾和胃，血自生矣。"但脾与胃的生理特点不同，用药则宜顺应其性。如脾司中气，其性主升，又为阴土，易损阳气，故治脾应针对其特点，用药多以温阳、益气、升清、化湿、辟秽等法为主。温阳药如炮姜、艾叶等，益气药如党参、黄芪、白术、扁豆等，升清如柴胡、葛根、升麻等，化湿醒脾药如苍术、厚朴、半夏、陈皮、苡米、藿香、佩兰等。常用方剂如补中益气汤、参苓白术散、升阳益胃汤等等。而胃主受纳、其性主降，又为阳土，其性主燥，最易受热邪影响而耗伤胃气，故治胃之法多应和胃降逆，清热养阴为主，和胃降逆如清半夏、竹茹、枳壳、佛手、桔梗等，清热养阴如沙参、麦冬、花粉、石斛、知母、黄连等。

脾与肝关系甚为密切，脾主运化可以散精于肝，肝主疏泄可助脾胃之升降，在病理上肝病可以传脾，脾病亦常及肝，故治脾又宜兼予舒肝，以期土木相安，和平与共。如脾虚所致之月经不调、痛经、闭经等病，见有面色淡黄，精神疲倦，心悸气短，食少腹胀，大便溏薄，甚则肢面浮肿，舌淡苔白等症状者，常用四君子汤加当归、川芎、柴胡、香附等药，培土疏木，或用逍遥散加党参、扁豆等从肝治脾。又如白带，多因脾虚气郁，湿热下注所致，故缪仲淳说："白带多是脾虚，肝气郁则脾受伤，脾伤则湿土之气下陷，是脾精不守，不能输为荣血而下白滑之物。"其治疗白带常用理气化湿之法，谪肝以治脾。如以白术、茯苓、车前子、清半夏、陈皮等燥湿健脾，加当归、柴胡、香附、木香等舒肝解郁。

脾与肾之间在生理病理上的关系也十分密切。如脾胃的升降纳运功能，必得肾阳、命火的温煦作用，才能得以不断进行，倘肾阳不足，火不生土，则可导致脾胃升降失司；反之脾胃久虚也必影响致肾阳不足，故治脾尚须兼予温肾。从肾治脾，以期脾肾相生，自觉古人之经验博大精深，自己难以企及，心生向往之情。

在小儿上，麻疹属于常见传染性疾病，医师普遍知其常证而不知其变。早期使用麻疹疫苗后，该疾病亦时有发生，对小儿健康的危害十分大。麻疹的顺证，一般医生基本都有所掌握，而逆证麻疹多伴有不同的并发症，如不及时抢治，往往病变迅速，难以救治。故麻疹的预后是否良好，关键在于如何正确地掌握透疹的时机和透疹的方法。"疹不厌透"，古来为治疹的经验性总结。但是事物总有两面性，如果把它看作绝对的、不变的，那就会违反客观规律。姚师就在"疹不厌透"的经验性总结下，险些误了患儿。每每回忆至此，都觉心中悸动。

当时，一个两岁多的小孩，出现低热咳嗽四天，起麻疹两天后突发高热咳喘，心悸不定，夜寐易醒，小便短黄，大便不解，面色苍白，舌红苔黄腻，皮肤疹点隐隐。如果能仔细辨证，思索再三，该病症应该属于麻疹热毒化火，火灼肺金，已有入里之征象，虽然已属于逆证的范畴，但是证情并不算复杂。应先以清热解毒为主，佐以透法，清热但辅以护阴，防止汗出而精液耗伤而致风动。但姚师当时诊治，心中一直默念"疹不厌透"这一治则。认为疹点隐隐，乃疹毒难以外泄，此透发后必将转愈，疹出两天，正是透疹的黄金期。所以大胆的予以重剂宣透。患儿服药后，两目红赤，心中烦躁，呼吸伴喘，皮肤灼热，无汗，疹点消失，出现四肢抽搐症状，小便黄赤，滴滴而下，神志渐昏，言语模糊，病情加重，几近欲亡，姚师心中懊恼不已。患儿家属心急如焚。急赶一老中医医治，五天后，患儿病情向愈。

后回去请教其外公，胡老说该患儿痧毒内陷入里，虽然在透疹的黄金期，但是已不是仅仅透发就能引邪外出的。当时热毒入营，而致体内阴液亏损，出现精液亏损而内燥，引动肝风，应以大剂量的清营解毒，清热养阴的方药来治疗。如：生地、牡丹皮、石斛、芦根、川黄连、知母、栀子、连翘、金银花等，因患儿已神志昏迷，可以少量配以开窍药服用。

麻疹在出诊期应用透法，这是一个共识。但是透疹的方法何其多，如辛凉宣透，辛温宣透，益气透托等。仔细回味此患儿热毒炽盛，毒邪难以外泄，必陷于里。热毒化火，以重剂宣解，固然有其道理，但证药不对路子，无济于事。事后请教加以反思，发生此事在于自己执著于常则，而不能知常而变。

（古人不欺，儿科果然若是没有足够识储备和临床经验，是最难以诊治的。）

再有一次，一位四岁男性患儿间断吐血，家属送至姚师面前，家属诉患儿间断吐血 3 天，近些日出现发热咳嗽，平素易烦躁易怒，近日诱发吐血反复发作且血量日益增多，量多 1 次可吐 100～150ml，伴有胸闷、气短、咳嗽、头晕乏力，神情萎靡。望其舌，舌质淡白，舌苔暗红，把其脉，脉象沉弦。姚师未有把握，急与家属送至上级医院，上级医院治后吐血停止后，予以出院，但是半月余后，消息传来，男儿再次出现大吐血，症状较前更重，家属凑钱后连送至省城医院治疗，心脏彩超示：先天性心脏病、房间隔缺损。该患儿初诊吐血，神情经常萎靡，但是初诊时姚师没有对疾病准确地判断（那时大脑中就没有这一疾病的概念），加以之前麻疹患儿的诊治失败，导致患儿病情加重，险些酿成大祸。姚师内心自责的同时，也认为现在从事农村工作后，自身存在的中、西医学基础知识的薄弱和匮乏，仅仅靠从外公那所学所得之皮毛，难以应付如今从医后，农村工作中存在的千奇百怪，复杂如丝的疾病。当时正值高考恢复的初期，姚师就心中暗下决心，萌生了继续深造，系统学习中医、西医的念头。

第三节　悬梁刺股誓拔筹

1978～1979 年，作为恢复高考后的第二、三年，全国高校的招生规模相当得小，高考的录取比例维持在 5%～7%，而入学的 1977 及 1978 届都被舆论捧成了天之骄子，大学成为虽高但可攀的象牙塔，大街小巷百姓最火的议题便是谁家的孩子考上了大学，谁家的孩子在高考中排列第几名，考取了哪所大学。

1979 年初，姚师下定决心考取医学类大学。尽管姚师在初中、高中的成绩不错，但是在同届考生中年龄已经偏大，也已荒废考试科目多年，要在 7 月 7 日高考之前准备足够，心中难免对自己有些担忧。由于时间紧迫，选择复习课本就是迫在眉睫的事了。姚师向已经考取大学的同学取经，辗转于城中几家书店，终于找齐了物理、化学、英语、数学等复习用书。姚师仓促上路，只能边工作边学习，尽量在有限的时间内掌握尽可能多的知识。田间地头、房内房外背诵之声处处可闻，真可谓是书不离手。耽误多年，很多初中知识也忘记了，没有好的底子，高中这个楼盘就造不起来，所以只有到处找人借阅初中用书，不断地刷复习题目，别人在搞投机做生意，在打牌吃老本的时候，姚师埋头苦读，白天累了就在桌上趴着小憩，夜间，也是邻里间最后一个熄灯的，有的时候早晨醒来还是在油灯下。

半年时间瞬息而过。中国的高考，不论每个人的认知方式、思维方式、表达能力、性格心理有何千差万别，均不得不在较大规模的模式下接受测试，当然由于地域性教育资源的分配不平衡，各地录取的标准也不是完全公平的。

高考对当时的考生是十分重要的，7月的7、8、9三天是夏季高温的开始阶段，天气炎热难耐，当时的考点是在嵊州县城，考场离着姚师住处有一段距离。那时候基本上是没有家长去送考生的，要在考试开始前赶到考场，就得在天亮之前出门。考试那天清早，姚母特地上街买了一根炸的大大的金黄色油条，并精心煎煮了两个荷包蛋和一份纯米浓粥。看着姚师狼吞虎咽地吃下后，目送他离家走向考场。天气炎热，赶到考场，姚师已是汗流浃背，紧接着考试，自是辛酸异常，9号下午的考试下起了零星小雨，可能是老天爷看着考生辛苦，降下小雨，缓解一下炎热的天气，也缓和了考生紧张的心情。雨停了，连续3天的考试也结束了，每个考生的脸上有着一份紧张考试过后的轻松惬意，也有着对这次考试成绩的担忧。

当时的语文考试作文题是：仔细阅读《第二次考试》的原文内容，改写成一篇以陈伊玲为中心的记叙文，不得另外编造情节，不得写成《第二次考试》的缩写，也不得写成诗歌、读后感之类的文章。要求有明确的中心思想。这篇作文题目似乎也有意无意地暗示了姚师这次初考的失利。

而后在考生心急如焚的等待中，榜单出炉，1979年共有468.5万人参加了高考，只录取了28.4万人，录取率为6.1%，当时姚师以294分，仅1分之差落榜而归，心中低落之情真是难以言表。摆在姚师面前的只有两条路，要么安安心心地在自己的一亩三分地下当赤脚医生，在基层发挥自己的热量，但是很难有知识上系统性的收获及自身发展上深层次的提升。要么再次准备高考（很有可能再次落榜），但为了获得医学上更大的成就，为了解决更多的疾患，要再看看外面的世界，姚师再三思量，毅然决定再次投身高考。

1979年的冬天姚师的心异常得冷，就犹如寒冬屋外那凛冽的寒风。再次备战1980年高考，就得总结上一次考试的不足与优势，上一次的优势是数学科目，考试得分80多分，不足之处就是英语和物理了，竟然拉了所有科目的后腿，真有无颜见江东父老之感。

当然英语不好是有当时客观存在的原因的（这个难以厚非）。由于那个年代刚刚从"耽误"的年代过来，所以大家文化基础都不好，英语就更差了。那时初中不学习英语。说起来，原来初中是有英语课，但在那个时期，有个学生写了一封信说："我是中国人，何必学外文。不学 ABC，照做中国人。"从那以后，英语课就在中学消失了。所以考生的英语水平参差不齐，有的根本就没学过。

当时为了考虑学生实际水平，考英语折合算分的，具体就是考试分数乘以 30% 计入总分（当时是 100 分制）。有的英语基础差的同学就不复习英语了（但是其他基础课大家水平基本都差不多），选择了放弃。当时有教英语的老师说："选择题如果不会，就填 C。"还别说，这样英语成绩公布，真没有 0 分的。79 年那场考试有一个同学从没学过英语，得分折合之后，得了 2 分（实际 6 分多）。有的同学在汉译英中竟然用汉语拼音代替单词。更有趣的是，在考试中，有些学生根本就一道题目都看不懂，索性就写了 ABCD 四个字条。放在考试桌面上，做一题去抽取一个题的答案，弄得监考老师哭笑不得，都不知道是不是该制止这种"舞弊"的行为了。

姚师为了保持优势，争取弥补物理、英语上的不足，调整心态后，立刻跑去县城各家书店，找到了上届英语高分学子推荐的《英语常用词汇集》、《英语习题册》。物理则是用北京大学物理系出版的《物理学习题册》、上海科学技术出版社出版的《数理化自学丛书》。俗话说"工欲善其事，必先利其器"，有了好的复习丛书，姚师才能不断提高学习效率。

时光匆匆，7 月 7 日再次如期而至，但是已经是 1980 年的夏季了，姚师再次踏上了敲开大学之门的征程。这次是脸上充满着自信，从容步入考场。除了物理上做完了较为容易的题目，其他的是有点后继乏力，别的科目都顺利地完成。随着最后一门考试的铃声一响，姚师带着自信与笑容走出考场。我们总是希望，自信与笑容能够带来好运。

1980 年这一年，考试成绩只通知考生本人，不张贴公告，取消考生查阅试卷的规定。当年高考共有 330 万余人报考，共录取 28 万余人，录取率大约是 10%。而姚师在这一年就成了 28 万人中的一位幸运儿。考试成绩一出，就得面临填报志愿的问题了。当时填报志愿是比较困难的，因为没有足够的外在资料来提供学校录取信息、学校的录取分数线等，只有靠自己去和上一级的学生打听和看往日的招生信息等。

姚师青幼年时期深受其外公的影响，又在几年的赤脚医生生涯中体验了中药的神奇之处，可以说是从小与中医有缘分，而且考虑到当时的中医学院也涉及西医基础疾病诊治，所以在了解了浙江中医学院的录取信息后，姚师毅然在报考志愿第一栏上填上了"浙江中医学院"6个工工整整的大字。

1980年8月底，23岁的姚师终于圆梦浙江中医的最高殿堂，自此堂堂正正地走上了系统化学习医学的道路。

第四节　百草园里畅遨游

1980年的夏季是炎热的，姚师也怀揣着火热的心，拿着录取通知书跨入了浙江中医学院的大门，一进校园第一眼看到的就是一张张年龄参差不齐的学长、学姐们的笑脸（由于1977年恢复高考，很多之前被"文革"耽误的人都在那一年开始报名高考，所以各个学子年龄下到花样年华，上到不惑之年大有人在），他们积极热情地帮忙搬东西，把一位位新生引导入学校的宿舍，边走边介绍学校的环境，学校的建筑、教学资源等信息。这让初入大学这个象牙塔的姚师一下子就感受到了这个"大家庭"的温暖，也对于接下来5年的本科学习生活充满了期待。

本科的学习既是紧张的，又是令人身心愉悦的。姚师在大学的第一门课程就是中医基础理论，这对于对中医既熟悉又陌生的姚师来说，是一个全新的挑战。由于之前在外公处略有所见所学，加以自己赤脚医生期间读了一些书，临证全是根据自己看书得到的或者其他地方总结的野路子，说得透彻点就是"临场磨枪，不快也光"，碰到疑难杂病总能瞎猫碰上死耗子治疗好一些病人，更多的是送外就医，自身难以施治。所以现在更加珍惜课上所学，认认真真记录笔记，用红笔画下不懂之处，课间把课上难以想通的问题及书上条目一一向授课老师请教，所以一学期下来，中医基础老师对姚师记忆深刻，在阶段测试中给了姚师90分的高分，这是对姚师辛勤学习的肯定。姚师也兴趣正浓，为之后的中医系统学习垫下了较为牢固的地基。

在中医基础理论上的学习，让姚师自信心倍增，可是在中医诊断上就遭遇了滑铁卢。在中医诊断课上课之时，姚师亦是全神贯注，笔记丝毫不落，问题亦是不少提。在课后抓紧熟读背诵，如：八纲辨证中的表里、寒热、虚实、阴阳辨证，表里之中还分半里半表之证。而阴阳与寒热又是一对对子，阴阳是决定病的性质的根本，寒热是辨别疾病性质的纲领。而虚实是概括和辨别邪正盛衰的两个纲领，加之以各种证候错杂、脏腑辨证……可以说是背得烂熟于心，但是在阶段测验中，仅仅有60余分，这让人难以置信，一次课后追问之，授课老师语：你客观题分数不错，说明你有认真学习，底子是足够的，但是死记硬背并不是学习诊断最重要的一环，更重要的是理解疾病的本质与变化，如六经辨证，始见于《伤寒论》，是东汉医学家张仲景在《素问·热论》等篇的基础上，结合伤寒病证的传变特点所创立的一种论治外感病的辨证方法。它以六经（太阳经、阳明经、少阳经、太阴经、少阴经、厥阴经）为纲，将外感病演变过程中所表现的各种证候，总结归纳为三阳病（太阳病、阳明病、少阳病）和三阴病（太阴病、少阴病、厥阴病）六类，分别从邪正盛衰、病变部位、病势进退及其相互传变等方面阐述外感病各阶段的病变特点。凡是抗病能力强、病势亢盛的，为三阳病证；抗病力衰减，病势虚弱的，为三阴病证。那么六经病证的各自特点又是什么呢？每个患者都会存在相同点了，也有异于他人之处，我们要做的就是求同存异，六经之证也不是一成不变的，因为疾病本身发展是不断变化的，发展过程中固有的某些阶段性的表现，也是人体脏腑经络相互关系发生紊乱而依次传变的表现。"传"是指疾病循着一定的趋向发展；"变"是指病情在某些特殊条件下发生性质的转变。六经病证是脏腑、经络病理变化的反映，人体是一个有机的整体，脏腑经络密切相关，故一经的病变常常会涉及另一经，从而表现出合病、并病及传经的证候。所以要善于学而思辨。这次谈话在姚师脑海中留下了深刻的印象，也间接地给之后的学习与临床提供了思路。

在学习期间，姚师也积极参与学校组织的各种活动，其中有一个就是"中药辨知大赛"与"方剂鉴用竞赛"，凭借儿时熟背的《药性赋》与《汤头歌诀》，获得过两项比赛的一等奖。也是从那时被同学戏称为移动的"药罐子"。

姚师在本科期间喜欢在业余时间和品性相投的同学去河边钓鱼，照姚师说来，钓鱼能让自己的心静下来，平静的湖面，舒适的大自然也能让自己身心放空，更好地和同学讨论中医经典，相互诉说对于某个问题的看法，解答各自对于某一方面的疑惑，在无形之中促进了对知识的消化，也增进了彼此之间的感情。学习总是在探讨中才能快速进步的，姚师自己的学习方法也是在这种情况下慢慢地摸索形成的。

理论上的系统培养总是要面临临床实践的，在大四的时候姚师在学校的附属门诊部临床实践学习，那里集中了浙江中医界的各大名宿，由于姚师眼尖，手脚敏捷，受到多个专家的喜欢。这也方便了姚师去跟随这些专家名师的抄方学习，这其中有国医大师何任，中医各科的专家如马莲湘、潘国贤、蒋文照、蔡鑫培、沈敦道等。这也为姚师日后获取大量名宿的临床经验，博采众长打下了基础。

学习的时光总是快乐而短暂的，1985年夏，姚师临近毕业，由于成绩优秀，深受许多老师喜爱，获得了留校工作的资格。也是从1985年开始，姚师在浙江中医学院附属门诊部开始了他不同于之前赤脚医生的从医之路。

第二章

名师指引

第一节 博采众长广跟师

姚师回忆在校学习情景时，总忘不了以老院长何任教授为首的包括马莲湘、潘国贤、蒋文照、蔡鑫培、沈敦道等在内的一批中医老教授、老专家的身影。他们孜孜不倦、认真执教，深入浅出循循善诱，把精湛的医技、高尚的医德融于教学。看着他们娟秀的板书，姚师也在座位上默默地描画。老师们对中医事业的笃定，把学生们引入了中医事业的殿堂。老师们除了给予他们知识，还教会他们树立为中医事业的继承发扬认真学习的决心。老师们的教诲犹如细细春雨，润物无声。老师们倾注的心血，为他们的志向、才干浇铸了良好的基础。几十年岁月是那么漫长，然而老师们给他们授课、带领他们采药、临床诊察病人的情景，似乎犹在昨天。

一、何任

何任，字祈令，别署湛园，1921年出生于浙江省杭州市一个世医家庭。1940年毕业于上海新中国医学院。后随父学中医，曾开业行医。1955年后，历任浙江省中医进修学校副校长、校长，浙江中医学院教授、副院长、院长，中华全国中医学会第二届常务理事、浙江分会会长。

何老为中医教育事业尽心尽力。中国的高等中医教育是在实践中摸索、逐渐建立起来的。20世纪50年代虽然各地相继建立中医进修学校、中医学院，但对怎样搞好高等中医教育仍欠缺可供借鉴的经验。从教育计划到教材编写，从教学方法到学生临床见习、实习的安排，都处在摸索中。何老在担任了浙江中医学院的领导职务以后，仍亲临教学第一线，给学生讲课，批改作业，带学生临床实习。前后讲授的课程就有"中医诊断学""中医各家学说""伤寒论""金匮要略""中药学""方剂学""中医内科学""中医妇科学"等。他每堂课都认真备课，并十分讲究授课艺术，深入浅出，语言生动活泼，条理清楚，解说透彻，深受学生的好评。何老还非常注意按照中医学自身的特点进行教学，并善于从实践中找出规律，加以总结提高。他认为，中医学院与其他高等院校的教学相比有其自身的特点。因为中医不少理论常常是取类比象，还有不少问题难以口授，需在实践中体会、掌握。例如脉象往往是"心中了了，指下难明"。所以学生在掌握中医基本理论之后就应该注意早临床、多临床。

何老潜心于中医教育事业，培养了一批中医人才。临床长于内科、妇科病的治疗。喜用"金匮方"，对湿温急证以及胃脘痛、崩漏等疑难杂病疗效显著。对《金匮要略》的研究，颇见功力，著述甚丰。何老将《金匮要略》的主要学术观点总体上归纳了以下几个方面：在病因学说上总的认为风气虽能生万物亦能害万物，"若五脏元真通畅，人即安和"。在疾病的传变上提出，表病可以传里，脏腑病变可相互影响、传变。在疾病诊断方面，提出，天时四时变迁，人的面色、脉象亦随四时发生变化。在疾病的命名方面，提出以脏腑命名和八纲命名。在疾病的治疗方面提出"治未病"的思想等。何老还总结出《金匮要略》的辨证论治法则有以下几方面：掌握疾病先后缓急，采取适当的治疗措施；早期诊断，及时治疗，对未病脏腑加以保护，以防止病势扩大；确定病邪的归聚部位，然后用药攻治；虚者治其虚，实者治其实，补不足，损有余；"祛邪安正"和"扶正祛邪"；随证治疗。

何老对姚师后辈们的教导，除了对学术知识外，就是对心灵的教导。他对知识，要求丰富；对心灵，要求润泽。既要智慧又要仁德。他有一枚闲章，文曰："心诚行正"。说先养心，推崇荀子说的"养心莫善于诚"。有诚的心，待人接物一片诚信慈祥，说心里话，这样行为也就正直无私了。他老人家也就是这样做的。他认为："一位学者，他的学术根底和自身人格是学术价值的保证。优秀的学者应该具备坚定的学术信仰，不畏艰难，不唯书，只唯实。一位优秀的医生，永远离不开实践。要理论和实践结合，要勤读、勤研、勤写。"他这样说，也这样做到了。

何老数十年来为中医事业勤勤恳恳、鞠躬尽瘁，在中医教学、医疗、科研方面成绩卓著。"老牛明知夕阳短，不待扬鞭自奋蹄"，这是他为浙江中医学院会议室所写的条幅，也是他晚年生活的真实写照。何老以他坚韧不拔的意志和孜孜不倦的探索精神踏出了一条名医之路，引领着姚师一辈医者们砥砺奋进。

二、潘国贤

姚师幼年除了在外公胡华庚先生的身边耳濡目染外，也在邻里浓厚的中医氛围中熏陶成长。出身中医世家的潘国贤教授，其嵊州新昌老家离外公胡华庚家只有十里之遥，既是姚师医学之路的启蒙者，也是日后在浙江中医学院里对其伛偻提携的领路人之一。

姚师回忆中医泰斗潘国贤教授。潘老自青年行医，皓首穷经，术有所专，学有所长，将临床实践与教学相结合，是当之无愧的杏苑老园丁。平生以发扬祖国医学、治病救人、培养中医人才为己任，至今已是桃李遍神州。他那漫长的医学道路，历经风雨。尽管时代变迁，征途坎坷，他对祖国医学事业的发展却坚信不移。他那锲而不舍的精神，值得敬佩。

潘国贤先生曾受教于国学大师章太炎，年轻时在重庆中央国医馆任教务主任，给蒋介石等国民党高官看病。新中国成立后，他到浙江中医学院任教，授课非常风趣幽默，也在门诊部坐诊。潘老在1987年仙逝，他高尚的医风医德至今留在姚师心中。潘老一直教导行医要"病人至上"。记得一次在抄方时，来了几位农村的病人，他耐心诊治，刚巧，一位省里的领导也前来就诊。"你好，请坐。"潘老不卑不亢地跟大领导打了招呼，继续为当前的病人问诊，直到送他们出门后才为大领导看病，这种精神一直影响着姚师。现在经常有媒体报道，说医生的字潦草，看不清楚，而潘老常说："作为一个中医，字要清楚秀丽，病人是为了来看你的'字'而不是你的人。"潘老文字功底深厚，写得一手好字。姚师也至今仔细地书写着每一份病例。

俗云：医不三世，不服其药。潘国贤教授，出生于浙江省新昌县大明市丁家园村（现归羽林街道）中医世家，父松泉、兄国钧均为名医。自幼启蒙识字从《医学三字经》开始，从《医学入门》到《景岳全书》十年寒窗苦读，加上父辈的口传心授，十六岁即赴杭养元堂坐堂行医，旋即赴上海国医学院深造。后因成绩优异，破格插班至三年级。1930年悬壶沪地，临床日丰并有独创，他认为："凡大痛毒疽，其源俱发于五脏，气血多虚，不可滥施刀针。

治疗用药，内外皆拟泄毒祛邪，以安正局。"创制消肿止痛膏治疗无名肿毒，内科以"化症丹"治疗民间所说神仙难医之臌胀痛的气臌血臌二病，声名大噪。当时天花流行，戕害儿童健康，潘老以大量诊疗实践，总结编写了《天痘概论》一书，于1936年问世。该书对祖国医学治疗天花之理、法、方、药加以综合提炼，并结合西医诊法进行辨证施治，颇有见地。

诊余，潘老医术上更上层楼。由于博学多识，他担任中央国医馆处方鉴定委员会主任。八年抗战，生灵涂炭，郁怀家破人亡之痛，备尝颠沛流离之苦，肿瘤病高发，潘老恻隐之心油然而生，致力于肿瘤病的研究，汲取历代医家的治疗经验，广泛收集民间秘方、验方，并将中药分类编辑成册。潘老自拟方以昆布、海藻、白术、当归、生牡蛎为主，以清热解毒化痰散结之法治疗恶性肿瘤。以精心诊治屡起沉疴，名噪巴蜀。这些诊疗实践增强了潘老研习肿瘤的信心，使他更加专注于中医中药治疗肿瘤的研究。

1949年后，潘老回家乡悬壶，担任绍兴人民医院院长。1975年调任浙江中医进修学校任教，担任中药教研室主任。此时根据多年临证经验，整理出版了《肿瘤病方剂》《单方验方选编》等，对历代医家治疗肿瘤病行之有效的验方以及自己数十年研究肿瘤病辨证论治的自拟方进行了总结，为中医中药治疗肿瘤提供了有系统应用价值的方剂资料。1961年在浙江中医学院附属第二医院开设中医肿瘤专科门诊，次年在浙江中医学院成立肿瘤研究室，任教研室主任。他一边承担教学任务，一边热忱地为省内外源源而来的肿瘤患者诊治。不但从事门诊治疗和临床观察，还给远方的患者邮方寄药，使不少患者得以延续生命，恢复健康，重返工作岗位。在大量治疗实践中，对一些常见肿瘤，如脑肿瘤、鼻咽癌、肺癌、食管癌、胃癌、肝癌、直肠癌、膀胱癌、乳腺癌、子宫颈癌、白血病等，在诊断和治疗上分门别类地作了科学性总结。对各种癌肿好发的地区和年龄、主要症状、方药的应用，均一一阐明，便于鉴别诊断与辨证施治，并力图做到规范化。后来，潘老又自制"雷击液"（以雷公藤、阿魏为主）成药，临床用于肿瘤外敷，疗效满意。

除了临床实践外，潘老还支持创办《中医肿瘤》杂志，为其组稿供稿，参加编审。20世纪80年代，已耄耋之年的潘老，老当益壮，依旧与青年教师、研究生等登山考察抗癌中草药资源，并指导他们搜集抗癌中草药和方剂资料，为研究中医药治癌提供了科学依据，引起国内外医药界的重视。

通法治疗各类肿瘤疾病是潘氏中医疗法中的一个大法。众所周知，肿瘤为患，多因积聚成腐，滞留不化所致，所以古时就有"瘤者留也"之说。不通可以产生局部疼痛，可以瘀热成毒，也可以酵壅化浊，腐秽糜烂。因此解决滞留，予邪毒以出路，是临床中首先要处理的问题。疏通化解的范围较广，包括通大便，利小便，祛瘀血，散积气等，最主要的还是要保持肠胃的洁净，让湿、热、痰、气化散不塞，难以为患。

潘氏通腑之法，反对以苦寒峻泻之药治疗，而提倡补其不足，润其不养的规则。临床上应用屡起沉疴。我们发现肿瘤病早期病人，在给予通腑治疗后各脏器功能恢复的时间大大缩短，对药物攻坚伐痞的支持率明显增加，中晚期肿瘤病人通过通腑治疗后，减轻了临床主要症状，如疼痛、不眠、燥热、纳差等现象，对临床予以强正抑邪治疗帮助甚大。因此，通法不可不用，更不能忽视。除通腑之外，祛瘀又是通法的另一关键。肿瘤病人大多有瘀之证，肌肤失养，经脉不和，刺痛阵作，皆是血滞脉络的表现，在解决这一问题的时候，常采取润养的方法，也就是通过养血生血来治疗气血瘀滞。所谓"血不通温而养之令其自通"，"生新血以逐瘀血"。因此，临床上很少用猛烈的活血剂，借以把握时机，防止反复。养血生血又离不开补益气机，"气为血之帅，气行则血行"。通过补气可以起到鼓舞脉管，增强血液流动，有利于增强祛瘀的效果。

通法中疏肝理气的运用亦不鲜见，肝气郁结往往是肿瘤成疾的一种原因，膻、胀、郁、闷常间或出现危害病人。肝为全身疏汇功能之司，诸郁滞必责之于肝。潘氏通气法就是通过调畅、遣散郁闷之气，使气机升降有度，不致牵缠不清，贻害更深。

此法也对姚师有着深远影响，教导我们通法的运用不仅可以解除病人一时的痛苦，还对疾病的扶正、伐积有着不可低估的作用。

三、蒋文照

姚师回忆系统学习期间，跟师时间最久的便是蒋文照老师，蒋师临床以内科为主，兼顾妇儿科，尤以脾胃病见长，主张升降出入。姚师深受其影响，临床证治升降重于生长生发以扶养，出入重于邪有出路以祛除，重视顾护胃气。察病者，必先察胃气。治病者，必须顾胃气。临证必问饮食，用药平淡轻和，意在护养胃气，顺应脾胃特性。同时，注重气之为病，临证现仍喜用气分药物，认为气机冲和，百病不生，一有怫郁，诸病则生。

蒋文照先生，浙江省嘉善县人，1944年拜晚清御医陈莲舫再传弟子嘉兴名医徐松全为师。徐氏医术精湛，既擅长温病，取法叶天士，又兼治内妇儿杂证，法宗陈莲舫。五年学医师满，遂悬壶开业。1952年参加嘉善县天凝区联合诊所工作，任负责人。为民解除疾苦，享誉乡里。1956年参加浙江进修学校（即浙江中医药大学的前身）师资班学习，翌年以优异成绩留校任教。1959年又选至卫生部委托北京中医药大学所办医经师资教研班深造。精于《内经》等经典理论，对运气说和温病学说造诣精深。在临床上擅长内科，兼及妇、儿科，尤其诊治温病、肺系疾病、脾胃病证等匠心独具。

1983年蒋老由浙江省卫生厅评为省级名老中医。1986年晋升为主任医师、教授。1990年被批准为首批全国老中医药专家学术经验继承工作指导老师，1991年人事部、卫生部、国家中医药管理局授誉为国家级首批名老中医，1992年被国务院授予"具有突出贡献专家"证书，享受政府特殊津贴。蒋老医教生涯60余载，医术精湛，医德高尚，虽然师出名门，成绩斐然，但他待人处事以和为贵，信守和谐，一生追求和圣度，无怪乎被同事称为谦和的学者，被学生尊为随和的师长，被患者奉为和蔼的医生。并曾先后担任浙江中医学院中医学基础教研室主任，各家学说教研室主任、文献研究室主任、中医系副主任、函授部副主任、研究生顾问、硕士研究生导师、《浙江中医学院学报》编辑部主任及学报主编等职。学验俱丰，医德并茂，享有盛誉。编写了《中国医学史》《黄帝内经》《中医诊断学》《金匮要略》《内科学》《妇科学》《儿科学》等自学辅导书和教材。并编写《温病条辨》白话解释部分内容，发表论文20余篇。

姚师说有幸成为蒋老的学生，受教诲良多，获益匪浅。《中庸》说："中也者，天下之大本也；和也者，天下之达道也。致中和，则天地位焉，万物育焉。"所谓中指的是平衡，是天下万事万物的根本，和指的是和谐，是天下共行的大道。蒋老常说，中和的道理推而广之，达到圆满境界，天地万物则能各安其所，各随其生。作为医者，更须顺应自然之理，保持人体自身及与自然、社会等的和谐。

蒋老临证，善用和法取效。蒋老认为，和法治疗强调综合调治，疏通气机，在恢复机体生理平衡方面，有独到意义，因而不论是外感疾病，还是内伤杂证，其应用前景十分广泛。综观蒋老运用和法之方药，在组成结构上，具有以下四个特点。其一，重视和解药之运用。其二，相反药物协调组合。其三，巧用扶正补虚药物。其四，配伍调气和血之品。总而言之，临床所见之疾病每多证候错综复杂，既非纯虚，又非纯实，既少纯寒，亦少纯热，常呈寒热错杂，虚实并见之状。和法疏通调和，使之归于平衡，诚如《景岳全书·古方八阵》所说："病有虚实气血之间，补之不可，攻之又不可者，欲得其平，须从缓治，故方有和阵。"

蒋老认为，读书是学习，临证也是学习。细心揣摩是做学问、攻专业必不可少的重要环节。《论语·为政》曰："学而不思则罔，思而不学则殆。"盖言学与思之辩证关系。所谓揣摩，即独立思考，辨明异同，找出规律，寻觅准绳。因而，思较之学，更为艰辛困苦。读书临证，善于思考，非"纯信"，常有"疑"，是为关键。

脾胃学说源于《内经》，金元李东垣继之奠定脾胃学说之理论基础，治法重视升补脾胃之清阳。明代张景岳等人增补火生土之内容。而后，清代叶天士补充滋养胃阴之用药，世人诊治脾胃病证，多崇以上治法。蒋老积数十年之读书临证体会，提出上法偏重于脾胃之虚证而略于实证。脾胃为气机升降之枢，水谷传化之器，贵在通行。脾胃病变主要表现为中焦之纳运升降失常。湿阻气滞，颇为多见。故脾胃宜利而恶郁滞，治法主张疏行通和，方药多为轻清芳香。如是，对脾胃病证之法更臻完备。

善思揣摩，其"胆欲小"，用心细致精深。只有临证反复实践，深思熟虑，才能收到创新求异，立说成论，弘扬岐黄医术之功。

"熟读王叔和，不如临证多"。祖国医药学术的奥妙，全在于临床。这是蒋老带给姚师学习上的影响，更多的是临证调和顾护脾胃的习惯。

四、马莲湘

中医儿科，只要谈起浙江中医学院的马莲湘教授，几乎无人不晓。马老涉足医林60余年，他不仅临床经验丰富，而且作风严谨，在辨识病证、因疾下药方面有独特建树，擅长内科，尤精于儿科和肾病。由他创立的"马氏儿科"是浙江省"四大儿科"之一，他还是浙江中医学院内科教研组负责人，兼第一任儿科教研室主任。

姚师回忆中的马老，擅长内科，尤专儿科和肾病，是我省颇负盛名的中医儿科专家，在国内也有一定的影响。他敏悟好学，博览群书，自秦汉至近代，先贤著作，莫不深究，囊括百家，融会贯通，造诣颇深，经验丰富。在60多年的医林实践中，屡起沉疴，声名鹊起，闻名遐迩。马老年逾八旬，腰背挺直，精神矍铄，红光满面，声音洪亮，总能侃侃而谈。

马莲湘先生，湖州南浔人，祖籍奉化，自幼随父移居南浔。马老童年，家境清贫，只在乡间族办学校读书7年，因无力升学，决心学医。14岁（1921年）即去乡间太和堂当学徒，刻苦钻研，有了一些诊治疾病的知识，常常为一些轻病的患者或街坊贫民配些简单价廉的方药，辄见小效，颇受欢迎。由于乡亲病友，辗转相传，竟成了南浔乡间的一个小医生。后从堂兄习中医，19岁（1926年）悬壶行医。抱着为医济人的宗旨，张贴出"诊金不计，贫病送诊给药"的广告。诊余之暇，除了继续攻读经典、历代著作及近代恽铁樵、陆渊雷、秦伯未及汤本求真诸氏著作外，还参加各种医学组织进行自学，如去叶橘泉创办的国药单方实验研究社及张赞臣的医界春秋社和陈无咎上海汉医学院中医内科专修班进行函授学习。通过一系列的学习，增长了知识，提高了诊疗技术。终于在1930年参加上海特别市卫生局甄别考试合格，取得开业执照，正式立足医林，设诊所于南浔西大街庄家弄口。抗日战争南浔沦陷后，曾一度去苏州与挚友叶桔泉同在苏州国医院应诊。1939年，重返南浔在原址开业。业余坚持自学中医经典著作，打下扎实的理论基础，并参加全国各种医药团体学术交流，不断提高临床经验，深得病家信任。马老医术高超，且始终抱着"以医济人"的宗旨，视病人如亲人，不论职位高低，亲疏远近，均一视同仁，对贫病者常送医给药，为人解难。在金钱至上，世道多诈的旧社会，真是难能可贵！马老说："穷苦之人，已陷窘境，加之病痛，雪上加霜，若熟视无睹，就失去了一个医生的品质。"马老又说："医德高者，必然会穷究医术，技术亦高，医德不高，不可能下苦功去深究医学，技术也不一定会高，甚至对病人不负责任，推诿、贻误病情，造成事故，那种只要钱，不顾病人死活的医生，害人匪浅，我很痛恨。"因此，他晚年虽已成名成家，仍过着俭朴生活，对医药事业孜孜不倦。

马老从事中医60余载，在临床、教育和科研方面均有较深造诣。他认为小儿"气血未充脉难据，神识未开言不知"，故对病儿特别重视望诊和触诊，辨证论治。在临床实践中，体会到中西医结合才是医学发展的方向，辨证辨病结合，疗效更可提高。对肾病更有独到之处，经过系统总结，深入研究，在全省首创"马莲湘肾病电脑诊治系统"软件。该软件包括现代医学急慢性肾炎、肾病综合征、肾结石、肾盂肾炎等多种肾病的诊治，既体现了祖国医学辨证论治特色，又对照实验室检查和疾病分类中西合参，具有极大的推广应用价值。

马老还参与编撰了不少医学著作，已出版的有《中医儿科手册》《医宗金鉴杂病心法要诀白话解》《温病条辨解儿难——白话解》，以及《泄泻关于麻疹顺逆之研究》和《慢性肾炎辨证论治》等数十篇论文。在中药制剂改进方面，亦有成就。早在南浔行医时，就研制成"马上好寒热丸"、"贝母精"及儿科用药数十种，疗效显著，价格低廉。晚年又制成"小儿止泻散"，经省级鉴定，有效率达93%以上，由胡庆余堂制药厂大批生产，销往全国各地，他本人受聘为该厂技术顾问。

马老在65岁时，感觉行动开始缓慢，精力欠佳，记忆力明显减退，他深知干革命需要有健全的体魄和充沛的精力，于是根据中医理论和经络学说，吸取了传统的保健按摩、气功导引，创编"还青功"。坚持锻炼16年，精力旺盛，全身无器质性疾病，于1985年评为健康老人。本功法被摄制成电视录像，并获得1986年省卫生科普奖。还青功通过入静和自我按摩，以增强内气的运行，从而调和气血，疏通经络，培养元气，旺盛正气，提高抗病能力。

在马老这种影响之下，姚师也格外注重辨病与辨证的关系，每每望诊和触诊时都分外仔细。同时身体力行，为有困难的病患减免诊疗费，并带学生在采药同时爬山健步，告诫学生维持强健的体魄。

五、詹起荪

詹起荪老先生，国家级名老中医，中医儿科学的又一大家，坐堂68年，91岁时还在胡庆余堂坐堂，老底子杭州人都晓得的杭州四大国医之一。

姚老说他现在看病很"较真"可能就是受了詹老的影响。詹老看病，别人对他的评价就是"认真"，甚至"较真"。问诊时，家长经常不确定地说"可能大便过"，詹老就很较真："不知道就是不知道，不要用可能、大概的字眼。病的事情不能马虎。"家属赞叹的同时，也佩服老人的认真劲。

詹起荪先生，浙江杭州人，1919年出生于幼科世家，家承医业，从事中医临床、教学50余年。詹老以严谨认真的科学态度，谙熟医理，技术精湛，学术造诣颇深，是省内外著名的儿科专家之一。詹老三世业医，曾祖父詹志飞，祖父詹起翔都以中医儿科为专长，名噪杭城。父亲詹子翔自幼从父习岐黄，诊治疾病，疗效显著，颇具声誉，丰乐桥詹氏医寓，求诊者接踵而至。

詹起荪教授自幼耳濡目染，矢志以仁术济世。中学毕业后，就读于浙江省中医专门学校。在学期间，系统学习中医基础理论与临床各科，并随父侍诊抄方。由于他的勤学苦读及父亲的言传身教，在理论和实践上都得到了系统的长进，打下了坚实的基础。1940年独立悬壶行医，擅儿科。詹老医德高尚，医术高超，深得病家信赖。1949年后，詹老又先后在杭州中医进修班、北京中医进修学校、南京中医学院全国教育研究班进一步深造，除中医学以外，还学习了西医及教育学方面的知识。1953年曾在浙江中医进修学校任教。1959年进入浙江中医学院工作。并历任浙江中医学院中基教研室主任、教务长、副院长、学术委员会副主任以及中华全国中医学会浙江分会理事、常务理事、中医儿科分会主任委员、中国农工民主党浙江省委员会委员等职务。

詹老在学术上重视小儿体质特点，将其分为正常体质、肺气素虚、素体脾虚、素体脾肺两虚、素体脾虚肝旺等体质类型以利于临床辨治小儿疾病，并强调鼓舞、顾护脾胃之气，用药清灵纯正，量轻味薄，慎用补剂。詹氏治疗小儿外感咳嗽、小儿哮喘、小儿疳证、小儿惊泻等是其临证擅长。詹老自幼熟读岐黄，尤其对儿科鼻祖钱乙《小儿药证直诀》及明代著名医家万全《育婴家秘》等深得其要。理论功底坚实，指导着其后的临床实践。但詹老师古而不泥，善于应变，古为今用，不断创新。他创立的"定痫豁痰汤"，使小儿癫痫病的疗效从"控制"达到治愈，治愈率达90%以上。对新生儿阻塞性黄疸从脾论治，在前人清利湿热的基础上，强调脾胃气机升降，发挥脾之健运功能以治黄疸之本，并适当佐以活血化瘀，使气行则湿化，血行则瘀除。对于厌食症，詹老从当今营养状况出发，认为并非单纯虚证，多有不同程度夹湿夹滞的病理，属"脾虚湿蕴食滞"型，用藿朴夏苓汤化裁成运脾开胃汤，不仅治疗厌食显效，也可用于外感或腹泻后脾胃功能未复，胃纳不思者，从传统的补脾气进而为运脾阳的治疗方法，充分体现了小儿健脾不在补而贵在运的学术思想。

詹老还鼓励自己的学生学习现代知识，以现代科学方法研究中医。在临床中，他也常把某些实验室指标结合到中医辨证中，并引用一些为现代药理研究所证明的有特殊药效的药物。

姚师现在也时常这么教导我们，要勇于实践，善于总结，不断创新。要重视研究经典，但不可瑕瑜不分，一味继承。应学无成见，唯善是从，得其所长，古为今用，有所发现，不断创新。

六、朱古亭

朱古亭教授是浙江省名老中医之一，家学渊源深厚，临证经验丰富。他早年步入杏林，幼承庭训，平生治学严谨，造诣深厚，擅长内妇杂病。辨证精确，学验俱丰，治病强调辨证与辨病的结合，制方遣药稳重，遵古而不泥古。业医50余载，尤擅长内、妇科，制方严谨，用药得当，疗效卓著。

姚师回忆的多是朱老为人随和，谈吐儒雅，待人谦卑，关心家乡及老友。朱老的真诚、和蔼、谦逊、雅量，值得我们这时代的人学习，学问、医术水准重要，但人品更重要。

朱古亭先生，字翼然，笔名古亭，堂号嘉荫草堂，浙江长兴人，著名中医师。于1913年出生在湖州戴山的一个世医家庭，幼承庭训，学医兼学文学、书法。10岁之后开始读《幼学琼林》《孟子》《古文观止》等，后诵读《神农本草经》《黄帝内经》《伤寒论》《金匮要略》诸书。17岁开始随父侍诊抄方，及长，悬壶于长兴。1951年组建长兴洪桥中医联合诊所，并担任所长之职。1958年至1960年，连续两年在浙江中医学院深造，并因为学习优异而留校执教。执教期间，用心传道、授业、解惑，并勤于临床，医术高明，医德高尚，求诊者众多。大量门诊的同时，笔耕不辍，编有《朱古亭书古文二篇》《崩漏漫录》《朱古亭临证录》等著作。

朱老多年来一直潜心于内科病的研究，尤其对心、肝、胃、妇科的治疗有其独特的经验和很深的造诣，临床疗效确切，深受病家信赖。其用药简单平常，不令病者难求，简便廉验，具大医风范。其辨证准确，分型细致，用心精微。其治法严谨，方证丝丝入扣，湿者燥之，燥者润之，热者清之，寒者温之，虚者补之，实者泻之，随证而治。

对于心病，朱老认为：胸旷闭阻，首当分辨虚实。高龄羸弱，胸阳不振，大气不运，心脉闭阻，痹塞不通，胸痛乃作。证属因虚致实，虚实夹杂，治当扶正祛邪，益气蠲痹并举。母子同病，疏补相行不悖。"心者，君主之官"，主血脉而藏神明。"肝者，将军之官"，喜条达以疏气机。若心气怯弱，则血难畅行，神不守舍，证见寐浅梦多，胸中不适。子病及母，肝火疏泄，气郁不宜，则诸证蜂起。朱老认为此乃母子同病，当心肝同治，又肝气常可犯胃，兼调胃气。心脾两虚，壮子益母为要。《名医方论》云"心藏神，其用为思，脾藏智，其出为意，是神智思意，火土合德者也"。今心虚，火不生土，以致心脾两虚，血少生化。其证则怔忡少寐见于心，便溏脘闷见于脾。朱老取《济生方》之归脾，意在壮子益母，益气醒脾，使气旺血生，羔得解也。阴虚火炎，滋水清润并举。肾阴不足，水不上承，心阳偏亢，则心悸梦多。阴虚于下，精关不固，则遗精腰酸。阳潜于上，髓海不足，则头晕且胀。肾为一身阴液之根本。肾水亏虚，耗劫肺阴，虚火上炎，咽痛且红即作。朱老法以滋阴清润，药用麦冬、玄参、百合、黄柏之属，颇获良效。营气不足，当益脾调心肝。气血不足，多因久病不愈，气血两伤所致。朱老认为虚劳宜补法为治。气虚，责之于脾，以脾主中气，为后天之本故也，人参、黄芪之属最佳。血虚，着重心肝，盖心主血，肝藏血也。然肾为一身阴阳之本，虚证久延，当兼治肾。心肝阴虚，以肾论治为本。肾阴肾阳为一身阴阳之本，各脏阴阳皆赖肾中之水不断资助。真水不足，或由禀赋不足，或由长期劳损，心肝之阴最易受损，然心为肝之子，肝为肾之子，水火互济，肝肾同源也。对于肝病，朱老认为：郁怒伤肝，疏调清化是务。湿热黄疸，清疏利胆图治。阳扰清空，责于脾壅痰凝。肝病眩冒，首辨虚阳实火。风木偏亢，源于水亏木郁。阴虚阳亢，滋水涵木为治。肝旺脾弱，清潜调补并施。阳亢风动，开壅逐痰救急。肝郁日久，调肝养阴兼施。心肝火盛，旨在培本清源。对于胃病，朱老认为：胃脘痛病位在胃，但与脾、肝二脏有密切的关系。脾胃同居中焦，以膜相连，二者在生理功能上联系密切，相反相成，如脾为脏属阴，胃为腑属阳，脾主升清，胃主降浊，脾喜燥恶湿，胃喜润恶燥，用药遣方，必须时时顾及脾胃升降、燥湿、寒热的平衡。故朱老治胃病用药非常平稳，正如吴鞠通提出的"治中焦如衡，非平不安"。肝主疏泄，调畅气机，肝气的疏泄条达有利于脾胃的纳运与升降，故肝与脾胃的关系也非常密切。

朱老还认为，胃脘痛不论何种原因引起，最终可能出现的证候不外虚、实两大类。虚者，主要是脾胃阴阳气血不足，可分为脾胃虚弱、胃阴不足、胃阳亏损、脾胃虚寒等。实者，主要是气滞、饮食所伤等，可分为肝气犯胃、肝胃郁热、饮食伤胃、瘀血停滞等。辨证时应先辨清虚实，对证用药。然而不论虚证、实证，胃病的关键是气滞，治疗应以行气和胃为主要治法，再针对不同病机，分别参以消食、泄热、化湿、祛瘀、扶正等法。对于妇科月经病，朱老认为：妇女以血为主，血统摄于脾、藏于肝，施泄于肾，注入冲任而为月经，故月经病的治疗当有调理气血，补肾培脾，疏肝之异，遵"经水出诸肾"之旨。资化源，要在培补脾胃；调经水，须辨调补气血；固奇经，重当补益肝肾。

朱老行医数十年，自幼研读经典，学识渊博，临床重视脏腑辨证，施治灵活，屡起沉疴。他的学问、学艺、人品，都给姚师留下了深刻的印象。

七、徐荣斋

徐荣斋先生治学严谨，注重经典的学习，尤其重视名家对经典的注释。"医者之学问，全在明伤寒之理，则万病皆通。"姚师在《内经》、《伤寒》的精读深研也颇受徐老的影响，养成了由浅入深，循序渐进，先约后博的良好习惯。

徐荣斋先生字国椿，晚年自号三补老人。浙江绍兴人，住城内缪家桥河沿。先生早年从业于《存存斋医话稿》作者赵晴初的高徒杨哲安先生，后又问业于《中国医学大成》编者曹炳章先生，析疑问难，虚心求教，深得曹先生的赏识，遂成忘年之交。先生治学严谨，博览群书，勤于著述，崇尚"读书破万卷，下笔如有神"，对中医经典著作，特别是《内经》有较精深的研究。著有《重订通俗伤寒论》《妇科知要》《〈内经〉精要汇编》《读书教学与临证》，校点《医宗必读》等，是当代著名中医学家，更是当代越医的杰出代表。

《黄帝内经》是中医学的渊薮，不仅在中医学术发展中具有极其重要的地位，而且在临床治病中也有重要的指导价值。徐老之于医可谓始于《内经》而终于《内经》。始于《内经》者，学医从《内经》始；终于《内经》者，终生以阐释《内经》为己任，孜孜矻矻数十载。学习《内经》，首先读的是李士材的《内经知要》，又先后读过薛生白《医经原旨》，王冰注《黄帝内经·素问》，张介宾《类经》，马莳、张志聪合注的《素问》《灵枢》，高士宗《素问直解》，日本人丹波氏父子的《素问识》《素问绍识》和《灵枢识》等。他在学习《内经》过程中，采用了四种方法：一是原文注文，边读边想边记，有时连贯读，有时分段读；二是已读懂的篇文，读到成诵；三是不懂的原文，查阅注疏及工具书，从字到句细细读；四是精短的文句，抄且读（读后抄，能加强记忆，抄后再读，能加深理解），可以看出，先生研习《内经》功夫之深。

徐老的《读书教学与临证》一书中，共收集其研究《内经》论文10篇。有探讨阴阳学说的、有阐发病因病机的、有研究"五郁"病证的、有剖析治则治法的、有评述不同医家注释《内经》之特点的。徐老推崇秦伯未《内经类证》，并以脏腑、气血形体、经脉、阴阳四时、防病、病因病机、诊法、治疗法则八个方面，将《内经》重要条文分类编次，共8章、27节、917条，曰《〈内经〉精要汇编》，既方便读者根据标题选择内容，也有利于学者整理研究。受到中医界好评，影响深远。

前哲徐洄溪曰：医者之学问，全在明伤寒之理，则万病皆通。徐老早期专注于整理、重订清代俞根初的遗著《通俗伤寒论》十二卷，遂成书《重订通俗伤寒论》。全书共分为伤寒要义、六经方药、表里寒热、气血虚实、伤寒诊法、伤寒脉舌、伤寒本证、伤寒兼证、伤寒夹证、伤寒坏证、伤寒复证、调理诸法，共计12章。其辨析诸证，颇为明晰；其条例治法，温寒互用，补泻兼施，亦无偏主之弊。方方切用，法法通灵，其定方宗旨，谓古方不能尽中后人之病，后人不得尽泥古人之法。全在一片灵机，对症发药。先生还对晋唐及宋时期伤寒学说的发展有较深入的研究。他撰写了《略论晋唐时期之伤寒学》《略论宋代之伤寒学》，重点阐述了晋唐、宋代伤寒学说的发展，并归纳了各派医家伤寒论之特色与精妙之处。同时，还研究了成无己《注解伤寒论》特点、提炼了郭雍《伤寒补亡论》勘六经病的三要点和三要求，为后人学习提供参考。

晚年又着眼于家乡的"绍派伤寒"。"绍派伤寒"，以俞根初《通俗伤寒论》而得名。《通俗伤寒论·何秀山序》曰："吾绍伤寒有专科，名曰绍派。"绍派伤寒尊《内经》、仲景学说，汲取吴中温病学派之精华，以研究四时外感证为重点，其辨治理论自成体系，辨治经验别具一格，为世人所重。徐老以为"绍兴以伤寒名家若干辈，上溯明末清初，下逮民国，三百年来，伤寒学说不断演进，学派不断光大，谓为绍派伤寒，可称其来有自"。对绍派伤寒进行系统研究、探源析流者，徐老是第一人，为"绍派伤寒"探源、析流，功不可没。

徐荣斋不仅对中医经典理论有较深入的研究，而且在临床上也有着丰富的诊治经验，尤精于妇科。1981年他根据自己的临床经验并结合学习心得，撰写了《妇科知要》一书。该书分上、中、下三编，上编为诊法，按"四诊""辨证"两个部分写出，特点在于看得懂，用得上；中编为证治，所列各症都是妇科常见病证，治法用之有效，特点是临床治验的写实；下编为方药，筛选得当，特点在于随症灵活运用加减。其中问诊中，先生自编了"妇科十问歌"，"一问年龄二问经，期量色质要问清，药后多少色深淡，虚实寒热探此中；三问带下色和量，清浊腥秽辨病情；四问腰酸与腹痛，气血虚实寒热斟；二便情况列五问，关系膀胱与脾肾；六问婚孕胎产史，崩漏宜防肿瘤症；孕期腰腹列七问，腹痛胎漏病非轻；新产'三审'列为八，恶露、大便、乳汁情；九问产后起与居，眠食情况也要紧；十问兼证与夹证，相互并发找原因。结合脉诊与舌诊，辨证用药有底根"，颇为实用。先生对于崩漏，主张分实热、虚热、气虚、阳虚、瘀血五型，分别用清热固经汤、六味地黄汤、固本止崩汤、金匮肾气丸、逐瘀止崩汤加减治疗，同时又重视奇经的作用，切合临床。对于药味用量，他认为川芎为血中气药，但辛香走窜，用量不宜过重；但鸭跖草清热利水，性味甘淡，必须用至 30 克，方为有效，洵为经验之谈。

徐老学术造诣深厚、为人谦和、深受学生爱戴，数十年来培养了一批又一批中医莘莘学子。其孜孜不倦的敬业精神，和气可亲的处世为人风格，博学强识的扎实功底，一丝不苟的治学态度，至今深深得影响着姚师。

八、蔡鑫培

蔡鑫培老师在 50 多个春秋的医林实践中，博采精思，灵活化裁，积累了不少疗效确实，便于应用的经验方，是姚师医学路上的又一良师。

蔡鑫培先生，浙江海盐人。弱冠后即师从杭州名医陈绍裘先生。三年后，尽得其传，遂悬壶杭城。1952 年经推荐去卫生部北京中医进修学校师资班学习，翌年回杭筹建浙江省中医进修学校（即浙江中医学院前身），并担任中药药理、伤寒等四门主课的教学工作。1957 年又被送去南京中医学院教学研究班深造，以优异成绩毕业。1958 年后继任中医诊断、医史等课的教学工作，曾于 1953～1957 年间对 289 种中药药理进行了实验研究，作了大量的实验记录，曾编写《中药研究讲义》及 4 种中医函授教材和教学指导书籍。为浙江省中医事业的振兴，中医学院的成立与发展作出了贡献。

蔡老从事中医临床、教学、科研已 50 多个春秋，他敏悟好学，融会贯通，学验俱丰，尤对肝病、肾病、心血管疾病及内妇科疑难杂症颇有研究，且疗效显著。他广博精深的造诣，深受行家的好评，病家的称颂。学院老院长何任教授题赞曰："取众长而善于化裁，存多法又不囿于法，是为名手。"

蔡老早年行医，多致力于仲景学说，处方用药主张简洁明净，方证药法一以贯之，服膺丹溪"广络原野，冀获一兔"和天士"假兼备以幸中"之语，随着临证的深入，他在对诸如哮喘、乙型肝炎、慢性肾炎、尿毒症等疑难杂证的治疗中，采用一些有悖常理的配伍及其大方，有的处方用药多至 20 余味，并形成自己的用药经验，该繁则繁，该简则简，务以切中病情为要。

乙型肝炎为当今世界的疑难病之一，蔡老通过大量的临床实践，并参考现代中药药理研究成果，组成益肝冲剂（其药物组成及治疗结果经浙江医科大学与传染病研究所肝炎组临床验证，其结果明显优于乙肝灵加齐墩果酸对照组。）益肝冲剂对206例乙肝表面抗原阳性患者的阴转作用竟达72.3%。据最新统计，方剂汤药的效果已达87.5%。对丙肝、肝癌也很有研究，在临床上他治愈了数以万计的乙肝患者，使患者解除了后顾之忧，因而被誉为"乙肝克星""肝炎专家"。

蔡老还曾说，医德很重要。他待病人一视同仁，尽心尽力，认真负责，想方设法采用经济实用的方药为患者排忧解难，对危重病人，不计较个人得失，敢担风险，经常出诊，急病人所急，深受病家爱戴。

凡熟悉蔡老的人都将他作为人生的楷模。他虚怀若谷，甘为人梯，心地坦荡，不计恩怨，学术上，他精勤不倦，业深医精，奋进不已；对工作，勤勤恳恳，任劳任怨，一丝不苟；对学生，言传身教，循循诱导，毫不保留。他高尚的品德和精湛的医技深深地影响着姚师及我辈新中医人。

第二节　上下求索明思绪

姚师在浙江中医学院毕业后留在了浙江中医学院门诊部。中医学院门诊部1961年成立时就名中医荟萃，何任、马莲湘、潘国贤、詹起荪、陆芷青、蒋文照等名医都在，还有骨伤大家沈敦道、周炳辉、周林宽等。姚师对当时的盛景，记忆犹新。1994年由第一届国医大师何任教授组织创立的浙江名中医馆也就名正言顺地落户其中。

姚师是看着浙江名中医馆在门诊部挂牌成立的，首任馆长何任教授领衔聚集了在杭众多名医大家，成为解决各种疑难病证的中医诊疗高地。姚师那时候跟着名医大家们抄方、学习、临证，耳濡目染，自己也一步步成长为一代名医。

20世纪80年代，浙江中医学院门诊部的骨伤科红极一时，不仅在省内，在全国都是赫赫有名的，很多骨折、久治不愈的腰背疼痛等顽疾患者，都特地赶到门诊部来就诊。当时骨伤科的主任是沈敦道。

中医骨伤科，是祖国医学宝库中的一份珍贵遗产，是我们祖先在长期社会实践中积累起来的经验总结。江南历代名医辈出，学术流派纵横广延，其中海派石氏伤科、宁波的陆氏伤科、金华的黄氏骨伤科甚为突出。

石氏伤科是享誉上海的一大中医骨伤科流派，在海内外有着极高的声誉。第一代石兰亭融传统武术整骨手法与中医内治调理方法于一炉，1880年悬壶上海，开创石氏骨伤学派。第二代石晓山吸纳前贤之说，总结实践经验，充实发展了石氏学术内涵，形成了颇具特色的骨伤诊疗方法，使石氏声名鹊起。第三代石筱山、石幼山通过不断地探索和积累，进一步丰富完善了石氏骨伤学术，收徒授业，桃李满园。第四代石仰山、石印玉、石鉴玉等继承家学、兼收并蓄，力求创新，融石训与新知于一体，把石氏伤科又推向了一个新的发展时期。

石氏倡导"十三科一理贯之"的整体观念，立足传统中医基础理论，牢牢把握骨伤疾患的病理机制，吸取中医内外各科临床精华，融会贯通，广收博蓄，形成了以石氏特色理论、石氏特色诊治、石氏特色手法、石氏特色用药等为一体的学术体系。在理论上，石氏伤科倡导"十三科一理贯之"的整体观念，强调气血兼顾，内外结合，创立了"三十二字治病思想"：以气为主，以血为先；筋骨并重，内合肝肾；调治兼邪，独重痰湿；勘审虚实，施以补泻。在诊治上，石氏伤科在诊治上强调：筋骨损伤，三期治疗；内伤证治，须辨脏腑气血；陈伤劳损，审因度势，在治疗立法上注重随证施治，形成了治疗各种骨伤疾病的治疗原则。在手法上，石氏理伤注重内外兼顾，整体调治。善于以损伤为主结合体质、兼邪，辨证施以内服药，也擅长用巧劲正骨上骱，强调"稳而有劲、柔而灵活、细而正确"的准则，总结十二字为用，即"拔伸捺正、拽搦端提、按揉摇抖"。在方药运用上重视方随证变、药随病异并通过长期的实践积累总结出了三色敷药、消散膏、麒麟散、新伤续断汤、牛蒡子汤、调中保元汤、石氏伤膏、骨密灵、逐痰通络汤等一系列名方验方。

宁波陆氏伤科源远流长，始于明末清初，相传三百年之久。创始人陆士逵，精通中国武术，钻研《医宗金鉴·正骨心法要旨》《伤科补要》等经典，成为伤科名家。陆氏以武艺家传，练武养功，又擅长于跌仆损伤之救治，可谓文武相济，刚柔并得。传至第六代陆银华，因医术精湛在江浙一带素有盛名，被誉为"浙东伤科第一家"。陆银华1937年携长女陆云响、女婿陆清帆应上海四明医院（曙光医院前身）邀请来沪行医。陆云响、陆清帆夫妇尽得陆银华真传，继承了祖传独特的整骨复位之术和膏、丸、汤、散等验方，结合深入研究王清任的治伤学说，对治疗脑震伤，腰部、泌尿系统疾患等伤科疑难杂症有独到见解，自成一家。陆氏博采众长，主张治病务求灵活，不墨守成规，根据不同体质，审其阴阳，立足于经络学说，以气血为要，外重筋骨，内合肝肾，依据传统伤科理筋治伤之法合现代医学的研究成果，既重外治，又重内治，接骨手法娴熟，对脑震荡等脏腑气血逆乱之证，重视辨证论治，每获立竿见影之奇效，名震于上海滩，时称"上海伤科八大家"之一。

对于骨折的治疗，除了陆氏独门正骨上骱手法，特别强调"动静结合""筋骨并重""内外兼治"的原则。陆氏认为，内治外敷对纠正损伤引起的脏腑、经络、气血功能紊乱，使受损的组织器官接近正常状态，作用显著，且自拟许多内服经验方，对消肿止血、逐瘀散结、舒筋活络有特效；治疗骨折、脑震荡、胸胁挫伤等损伤，都有独特的疗法和经验方。同时，陆氏在治疗方法上，师古又不泥于古，大胆创新改革，创制陆氏银质针，针术独具一格，用于治疗颈肩腰腿痛，如急性腰扭伤，腰椎间盘突出症，颈椎病，膝、踝关节炎和冻结肩，起到针到病除之效。

金华黄氏伤科流派学术根基源远流长，始于明、清，源于少林、武当流派。其学术理论独树一帜，与现代中国接骨学的"十六字"方针相当，在浙江中西部地区影响甚大。黄氏伤科在治疗跌打损伤、骨折、脱位、金疮和骨伤科的并发病——破伤风、气性坏疽、股骨头坏死症、骨不连、骨质疏松症等疑难杂症，以及骨伤科的常见病、多发病——颈椎病、腰腿痛、膝关节退变、痛风、类风湿等方面都有一套成熟的技术。流派的领航人、浙江省名中医、金华市中医院原业务院长黄乃聪先生在20世纪60年代初，就把金华骨伤科流派的祖师爷姜少庭、师爷郑克荣和自己的行医临床经验整理成"中医骨伤科学补充资料"，在浙江中医学院授课，为金华黄氏骨伤科流派的进一步发展奠定了坚实的基础。

黄乃聪，黄氏骨伤科的创始人，近现代著名医家，今金华市金东区塘雅镇塘雅村人。9岁进贫民习艺所半工半读，16岁结业后跟随义父、著名骨伤科医师郑克荣习医，并努力钻研《仙授理伤续断秘方》《伤科大成》《医宗金鉴》等伤科经典著作，积极学习西医骨科知识，认为骨折愈合问题亟须中西医互补。黄乃聪擅长治疗骨折、脱臼、跌打损伤、破伤风和气性坏疽等疑难险症。对骨折的诊断、整骨，功夫很深，在治疗骨折中强调整体观念、内外并治、动静结合，骨折愈合快，功能恢复好。他在伤科内治法中提出：以四诊八纲为治疗依据，证分轻重表里，候分缓急疾徐，掌握规律，辨证论治，灵活不拘。在治疗骨折中根据骨折的病理变化，提出"七上八落""三让四追"的疗法。20世纪50年代初，金华火车站职工敲锣打鼓送上"接骨神手"一匾。1962～1965年，受聘于浙江中医学院，兼教伤科。著《伤科心传》《腰闪扭伤》《破伤风》《气性坏疽》《脊柱骨折》等论著。

姚师在浙江中医学院门诊部，机缘巧合，在沈敦道教授的一席话之下，开始接触中医骨伤科,在当时的年代,姚师又通过接触石氏伤科、陆氏伤科、黄氏骨伤科的名家并拜读了他们的论著,对中医骨伤科产生了浓厚的兴趣,开启了针对骨伤科医疗技术的"上下求索"之路。在沈敦道教授等骨伤大家的伛偻提携下,夯实了相关基础,并深入了解了骨伤各家的学术观点、学术流派,除了熟识用药之外,更是精通于手法治疗,开始喜欢上并用起夹板、绷带、石膏等外固定工具,坚定地迈入了中医骨伤的大门。

第三节 骨伤启蒙承大家

姚师其实一直比较喜欢内科的,这源于长期的基层工作的磨炼及其外公的影响,曾立志成为一位中医内科专家,喜欢用方药治病救人,也有着扎实的中药知识,大学期间每每在中药知识竞赛中获奖,对常见的内科疾病,也已有着丰富的临床经验,对于他而言,中医骨伤科曾一度非常陌生,所幸,在进入骨伤界之后,他有名师启蒙与引领,沈敦道与肖鲁伟两位教授给予他的帮助最大,每当回忆起"当年为何喜欢上骨伤科"的情形与往事时,他总会提及他们,即是良师,更是益友!

一、沈敦道

沈敦道教授,长期从事中医骨伤科的临床医疗和科研工作中,刻苦钻研,精益求精,在中医骨伤领域有很深的造诣,著作丰厚。是姚师在骨伤专业的启蒙者,亦是在中医骨伤道路上重要的领路人之一。

他是浙江省东阳市人,1956年浙江卫生学校医士班毕业。1959年进入浙江中医学院"西医离职学习中医班",1962年毕业,留校工作,任教于伤科。同年至上海拜石筱山为师,专修伤科,一年后回杭。1963年复至宁波,投浙东陆银华门下,历时三年,后不久,又赴浙江金华,求教于当地祖传伤科黄乃聪。学成回校后,创办浙江中医学院骨伤科,为系主任,承担学校骨伤科的主要教学任务。1986年晋升为副教授。2003年至2007年,担任医院筋伤科学科带头人,主持筋伤科和康复科的临床医疗和科研工作。学术上承袭宁波陆氏一脉,长于内伤。对头部内伤,主张从心论治,兼以治肝,临床每收桴鼓之效。曾兼任浙江省中医骨伤科学会主任委员,中华全国中医学会骨伤科学会委员,全国高等院校级骨伤科教材编委会委员。编著了《陆银华治伤经验》，参与编写《中医骨伤科学》《中医伤科学基础》《内伤学》《中医骨伤科百家学术荟萃》等学术著作。同时还撰写了"头部内伤的认识和辨证论治""癫狂梦醒汤在临床上的应用"等系列论文，有数十篇论文在国家级、省级医学刊物杂志上发表。曾赴西班牙、德国、奥地利、英国讲学会诊10余年，并进行治疗示范表演。

沈老擅长采用新医正骨手法、中医中药和小针刀技术治疗颈椎病、颈椎小关节错缝、腰椎间盘突出症、腰椎小关节紊乱症、骨质增生、椎管狭窄症、肩周炎、网球肘、膝关节髌骨软化症、筋伤、各种腰腿痛、关节炎及骨折后关节功能障碍等疾病，痛苦少、费用低、疗效好、康复快，一直深受患者的欢迎，姚师的手法，大都受他的传承。每用起自己常备的外用膏药，姚师就会向学生们提及，这实际上是沈老的秘方，敬仰之心溢于言表，他就是姚师最为重要的引路人。

二、肖鲁伟

肖鲁伟老师是姚师在骨伤之路上的另一领路人。肖老长期从事骨伤临床、教学、科研工作，在继承自秦汉至明清医家对骨病诊治立法思想的基础上，大胆创新，对中医骨伤疾病治疗提出了独创性的见解，有着鲜明的特色和独特的疗效。

肖鲁伟教授，1975～1979年在黑龙江中医学院从事教学工作，1979年至今在浙江中医药大学及附属第一医院从事临床、教学、科研工作，主要研究方向为骨与关节疾病的中医药和中西医结合诊治和骨伤中医药文献的整理，擅长骨伤科疑难杂症的治疗。为浙江省第二批国医名师、第四批全国老中医药专家学术经验继承工作指导老师、浙江中医药大学附属第一医院骨伤科博士生导师，曾任浙江中医学院校长、浙江省中医院院长、中华中医药学会骨伤分会副主任委员、浙江医学会骨科专业委员会副主任委员，现任浙江中医药学会会长、浙江省骨伤研究所所长，擅长中西医结合诊治骨伤病，是骨伤科大家。

每当回忆起肖鲁伟会长的往事，令姚师记忆最深刻的便是1986年的冬天，在浙江省中医院协助肖老做了36个小时断指再植手术的经历，历历在目。当年因设备、显微外科技术与理念的局限，断指再植仍是一项较为艰难的手术，而且因为手工作坊比较多，手外伤就特别常见，这可是一次多个手指的断指再植术啊！自 1960 年屠开元首先进行了实验动物肢体离断再植的研究，1966 年陈中伟第一次将再植技术应用于断腕的治疗并获得成功后，随着显微技术发展，虽极大地提高了断指再植的成活率，据当时文献报导成功率在 56.8%～93%，但手术是艰难的。在 1986～1987 年，姚师跟随肖老进行很多例的断指再植术，也做了大量骨折手术，并也在术后充分利用自己擅长的中医药活血化瘀施治，以期防治断指再植术后血栓的形成，这样的经历，也让姚师积累了丰富的用药经验。大量的手术实践，加上对人体解剖学知识的学习与提升，为姚师最后从事针刀医学打下了坚实的基础，姚师手指下的"触诊"能力是非常好的，对重要的神经血管走向了然于胸，也因此，对于腱鞘炎、腕管综合征、颈肩腰腿痛之类疾病的针刀治疗点的选择，非常精准。

三、蔡永年

蔡永年教授，主任医师，是浙江省中医院的一把"快刀"。他 1970 年毕业于浙江医科大学医疗系，擅长对脊柱疾病的诊治，尤其是腰椎间盘突出症、椎管狭窄症、椎体滑移及脊柱骨折的治疗，对这类疾病进行了长期的探讨与研究，经验丰富，治疗效果满意。同时对骨关节损伤的治疗，也有丰富的实践治疗经验。在蔡老这里学到最多的是，蔡老在手术中的层次感，步步为营，清晰了然。蔡老对局部解剖非常熟悉，他是当时中医骨伤科"骨伤科手术学"课程的主讲老师。在蔡老这里，姚师虽然并没有学到许多的手术技术，但在蔡老的严格要求下，他才对人体解剖尤其是局部解剖学开始长期的刻苦钻研，姚师回忆当年学习运动系统解剖的情形，是没有捷径的，记了忘，忘了再重新记忆，甚至在自己身上画出许许多多的记号，以帮助提醒自己下面的组织与结构，正是有了这样的磨炼，成就了今天蒸蒸日上的事业。蔡永年主任，名副其实是姚师在西医骨科领域的指导老师。

另外，周炳辉主任、周林宽主任，则是姚师在中医学院门诊部时的指导老师，他们都是姚师在骨伤之路上的启蒙者，都是人民的好医生，亦是姚师敬仰的榜样。

第四节　中西相融求创新

姚师从事骨伤及康复的临床、教学与科研工作 30 余年，积累了丰富的临床经验。其主要学术思想是：在退行性疾病诊治中提出"以筋为先""理筋为先"——确立中医骨伤科的新的筋骨平衡观；提出"练功导引治未病，古今相融、中西交融"——探索骨伤科疾病的整体康复观。

在中医方面，姚师重理论探讨，强调中医思辨能力。"筋"与"骨"及其关系是骨伤科中最为重要的概念。"肝主筋""肾主骨"，因此骨伤科很多疾病都与这两脏关系密切。姚师认为，在一些慢性疾病，尤其是退行性疾病的治疗中，更应关注"筋"的功能。"动静结合""筋骨并重""内外兼治""医患合作"的治疗原则体现了中医特有的思辨能力，同时指导着诸多的骨伤科疾患的治疗，其中"筋骨并重"的"筋"包含有肢体活动功能的意思，需要临床医师更关注于患者的功能恢复。基于上述的认识，姚师提出了在许多慢性疾病的治疗中应"以筋为主"，强调"理筋为先""筋柔骨正"。

"理筋"并不是特指推拿中的理筋手法，如针灸通过经络、腧穴的传导作用，利用不同的针刺、艾灸、拔罐等操作手法达到疏通经脉、调畅气血之功，这也是"理筋"手段之一。温灸、火龙灸、粗盐包、蜡疗等温热类治疗手段通过物理作用，促通整体及局部经脉的气血运行，并借此祛除体内的风、寒、湿之邪气，同样是重要的"理筋"治法。小针刀的治疗靶点是"筋结点"、肌腱韧带的附着部，强调的是软组织的平衡，针刀所取得的"神奇"疗效，多半归功于此。从更广义的角度来说，中医导引、练功，通过"筋"的运动达到"柔筋"的效果，也是"理筋"的重要组成部分。中医整脊有"理筋""调曲""练功"三大治疗原则，就是以"理筋"为先，并以"练功"巩固疗效防止复发，强调筋柔方能骨正，而这正是对《素问·生气通天论》"骨正筋柔，气血以流"的进一步发挥。

基于上述对"肝主筋"的认识，姚教授认为在骨伤科疾病应注重"从肝论治"与"从风论治"。五行中肝对应风，两者具有理论上的渊源。《素问·至真要大论》中说："诸风掉眩，皆属于肝。"掉，即振掉，指肢体震颤、动摇不定的一种症状，也涵盖了肌肉抽动，涉及现代医学的帕金森症、运动神经元疾病等，应以"肝风"为主，需从肝从风论治，这已得到众多临床验证。对骨伤科疾病来说，骨质疏松症患者常伴有肌肉抽搐，绝经后骨质疏松症的患者常有肝气郁结的表现。再者，在颈肩腰腿痛的处方中常配伍虫类药以搜风通络，这都充分体现了"从肝论治"与"从风论治"的价值。之所以要治"风"、治"肝"，因为"风为百病之长"，往往又与寒、湿、痰、瘀等相互夹杂而痹阻经脉。治疗上既要治疗"外风"，也应兼顾"内风"，既要重视筋脉痹阻的局部表现，更不能忽视全身气血运行及脏腑功能，这就少不了柔肝、平肝、补益肝肾之法。同时，"治风先治血，血行风自灭"，可见活血化瘀之法之所以在骨伤科的治疗体系中具有重要地位，其与治"风"实为密切相关。

姚师同时注重"治未病"，注重疾病的康复。在临床中，慢性的颈肩腰腿痛往往伴有肌肉的紧张、僵硬，甚至痉挛，这样的现象，往往是机体的一种代偿表现。现代康复医学提出交叉综合征、协同-拮抗肌的失平衡等概念，揭示了痉挛往往伴随着萎缩，局部稳定肌或拮抗肌的萎缩，显然对萎缩肌肉的治疗就极为重要，而治疗的方法无疑要通过合理的功能训练，这也就奠定了核心稳定性训练在现代脊柱康复医学中的地位，而祖国传统医学中导引的价值则需进一步深入研究。通过对痉挛与萎缩的深入认识与思辨，姚教授注重康复训练，强化治未病的理念，强调除了"柔筋"，还应"强筋"，同时应体现训练的科学性与合理性。

在西医方面，姚师认为应将科学与经验相结合，求因论治。对于中医人来说，传统的师承形式是学习与经验积累最重要的环节之一，但中医不应该排斥现代西方医学，尤其是 B 超、X 线、CT、MRI、PET-CT、肌电生理检查等，现代医学科技的进步带给人类更强大的洞察能力。对于骨伤科常见的脊柱疾病来说，有时确切的病因诊断是困难的，尤其是非特异性下背痛，以及脊柱相关疾病，即使是诊断了颈椎病、腰椎间盘突出症、间盘源性疼痛，还应明确"责任椎"、脊髓受损的节段、影响哪个（些）神经根或神经节等，像颈肋综合征、前斜角肌综合征、胸椎错缝症、周围神经卡压等都非常容易被误诊，因此姚教授倡导"求因论治"理念，就如同"心病还要心药医"。目前根据影像学报告"椎间盘膨出、突出"就作出上腰椎间盘突出症诊断的并不少，往往忽视了患者的社会-心理因素，甚至一些患者就直接做了手术，实际上软组织源性脊柱疾病临床更常见，如不良姿势导致的交叉综合征、肌筋膜炎、腰肌劳损、腰 3 横突综合征等。

一些风湿免疫性疾病也必须学会甄别，而骨代谢性疾病以骨质疏松症为代表，发病率逐年增高，还需排除脊柱结核等感染性疾病、脊柱及周围组织的肿瘤包括骨转移等。有了现代的诊疗设备，可大大提高诊断水平。通过基因检测，又提高了人类对一些疾病的预见能力，在分子水平提高了对疾病尤其是恶性肿瘤的诊断分型能力。在针对脊柱软组织的检查中 B 超、MRI 发挥着愈来愈重要的作用，如对多裂肌的检查，肌电生理的检查尤其是表面肌电图通过对腹横肌、多裂肌等的研究，揭示了"前反馈机制"，大大加深了人类对脊柱稳定性的认识，对于颈部深层肌群的相关肌电生理检查也在进一步深入研究中。综上所述，现代的诊疗设备为"求因论治"提供了强有力的技术支持手段。传统中医逐渐由"望闻问切"发展到"望闻问切检"，这代表的是时代的进步。

临床中不乏脊柱相关疾病经多方诊治无果，又或脊柱小关节紊乱、胸椎错缝症，却在"一整一扳"间显现明显的疗效。但对于大多数慢性脊柱疾病却远不是"一整一扳"所能解决问题的，其原因就在于并没有真正抓住疾病本质的"因"。许多脊柱位置的异常，其本质在于长期软组织的失平衡状态，同时这样的失平衡状态往往又会与脊椎之间关系的紊乱互为因果即恶性循环，缺乏对这样"因"的认识就会呈现出实际治疗中的局限性。

"求因论治"还有一个更深层的含义，即通过治疗去揣摩可能的病因，这不是一个新名词，与"诊断性治疗"具有类似的特点。脊柱疾病上病因不明的情况有很多。疼痛是一种主观感受，除了结构上的疾病之外，也不能忽视社会 - 心理因素。医学的复杂性决定了临床思维应具有开阔性，"求因论治"应是临床经验与疾病病因的整合，同时不能忽视机体与生俱来的适应能力与自我修复能力，但还是要强调"求因"，因为只有明确了病因，才能有可靠的经验传承。就如同中医对疼痛病机的认识，"不通则痛"与"不荣则痛"，虽然是对不同疼痛病机相对粗泛的归纳，却同样具有较好的指导作用。由此可见，"求因论治"的学术思想，体现了姚师对中医骨伤科疑难疾病的更深刻思考。

姚师认为练功是诸多伤骨科疾病疗效的保障，但中医传统导引技术的许多价值目前并未得到充分的体现，尤其在脊柱及脊柱相关疾病的保健及康复治疗中。传统导引以八段锦、太极拳、五禽戏等为代表，强调"三调合一"，目前比较注重"调身"，而"调息"作为其重要的组成部分的作用并未得到足够的重视。

现代脊柱康复医学重视对呼吸运动功能的训练，通过对腹横肌、膈肌、盆底肌等的深入研究，认为呼吸力学对姿势与脊柱的稳定起着重要作用。呼吸运动的正常化是许多脊柱病症康复的基础，协调腹部对呼吸的支撑能力是其中的关键环节。人类在遇到危险的时候，会无意识的屏住呼吸，这对维持脊柱稳定起着重要的作用——增加腹压。使用腰围即是这样的原理，而瑜伽训练中对呼吸的控制能力在脊柱稳定中同样具有重要意义。腹式呼吸运动应是临床中重要的康复指导的组成部分。同时，姚师对脊柱损伤的防护也有深入的认识，认为应该借鉴优秀举重运动员对腰腹部的控制能力。运动员在挺举（最后一挺）之前，往往会利用短促的呼吸快速交换气体，摄取氧气，其原理即在于腰腹部肌肉的强烈收缩全力维持脊柱的稳定，为最后一举（挺）做好准备，已由不得进行深呼吸。同时在举重的全过程，始终遵循的是最短力臂，腰腹部强烈收缩维持脊柱稳定，充分利用臀部、大腿肌群发力通过以髋关节为运动核心举起重量等原则。这样的认知，对脊柱的损伤防护具有重要指导意义。

新近"核心基础运动"风靡美国，其所倡导的就是要强化身体的后方肌群包括背肌、臀部及大腿后方肌群以保护脊椎的理念。在现代脊柱康复医学重视核心稳定性训练主流观点的指导下，姚师对神经肌肉反馈重建技术、普拉提运动等都有所认识，强调中医传统的练功应融入其先进的理念，更注重指导核心稳定性肌群的等长收缩运动，提升抗疲劳能力。同时，姚师注意提醒及宣教，休息后或刚睡醒时是脊柱稳定相对"脆弱"的时间，此时不恰当的活动，哪怕是打个喷嚏、弯腰拾一支笔都可能导致脊柱的损伤或再损伤。另外，姚师强调姿势调整，通过姿势调整可有效地减少以耐力型为主的骨骼肌（局部稳定性肌）的疲劳，进而防止一些整体稳定性肌的肌痉挛，即前述的"交叉综合征"与"协同-拮抗肌的失平衡"现象。

总而言之，姚师在辨证审因和治疗康复的过程中始终强调着古今相融，融汇中西，继承创新，走出了一条新时代中医骨伤科的康庄大道，而这些重要的学术思想与临证经验集中体现在《姚新苗名中医骨伤科学术经验述要》《从"以筋为主"的视角认识现代脊柱康复医学》这两篇学术论文上。

第三章

声名鹊起

第一节　音乐之邦独讲学

　　2003年夏日的一天早晨，一架国际航班穿云破雾，飞行在杭州转北京，最终抵达奥地利首都维也纳的航线上。机上坐着一位中年男子，他就是远赴奥地利的姚师。这次出国，不仅仅是交流学习的，还独自承担着给予奥地利克莱姆斯多瑙大学中医学研究生教学中医骨伤、推拿的理论以及手法的工作。其实早在1972年奥利地就成立了推拿医、教、研统一的教学机构，创始人为当时奥地利针灸推拿学会的主席毕希柯，并担任院长。1976年开始开设推拿培训班，1982年正式成立奥地利推拿研究所。后来以针灸推拿为代表的中医学逐渐向一些高校渗透，多瑙大学就是其中之一。姚师这一次出国教学是对祖国传统医学文化的推广，是为接下来中医文化在欧美的传播，扩大影响力提供先决基础。就像俗语说的：人与人之间多走动走动，不知不觉就熟络了。院校和院校之间，文化与文化之间也是如此，只有多交流才能互相认可，才能扩大中国传统医学在西方的影响力。浙江中医学院也需要通过奥地利这个跳板向欧洲输送中医文化，扩大浙江中医学院以及祖国传统医学在国际上的知名度。

　　多瑙大学位于离奥地利首都维也纳约80公里的下奥州城市克莱姆斯。克莱姆斯地处多瑙河畔，有着悠久的历史，风景优美，古色古香，民风淳朴，治安良好。同时也有着很多大学，在这个只有20多万人口的小城里，大学生就占了3万多。

　　克莱姆斯多瑙大学是一所年轻的大学，成立于自1994年，1995年开

第三章 声名鹊起

始招收第一批学生，当时在校约2000余人，大部分是硕士研究生，其中约30%是外国学生。也是欧洲的唯一的一家以大学继续教育为专项的公立大学。专业的高等继续教育使得大学生和领导人士的学识更加现代化，并接受着终身学习的社会挑战。在过去的几年里，克莱姆斯多瑙大学成为了奥地利最大的提供特殊职业教育课程的大学，并且逐渐在为发展成为整个欧洲领先的大学继续教育中心这一目标而努力。至1998年已经有来自20多个国家的超过600个学生在此就读，受到很多学生的好评。

对姚师来说，在奥地利学习工作的时间虽然不算长，但这次的经历，使其对西方的人文有了更加深刻的认识。按照姚师的说法，在奥地利做的每次讲课，来听课的学生都满满到场，态度十分端正。而在实践操作中一丝不苟，他们还注意留下许多照片或录音、录像等资料，以备日后查询，这也是值得我们学习与借鉴的。再有，那时奥地利对于中医学，说的更细致是对中医骨伤、推拿康复研究与我们国内的一些科研项目指南或要求相比，并不高、精、深，他们的医学硕士水平依姚师看也就和国内的一些高年级的本科生的水平差不多。但是，他们学习理论、临床应用上不唯新、不偏怪、不求难，扎扎实实，步步为营，加上他们的语言优势（虽然奥地利说德语，但他们的高学历人群的英文水平都是比较高的），其非常容易为征集而来的志愿者所接受。

与国内不同，在奥地利寻找医学临床实践的志愿者，并不是件容易的事。许多人因为对中医骨伤康复、推拿的不了解而产生的排斥，不愿意参加。在广告贴出去几天后，来参加的人寥寥无几，无奈之下，姚师与医学院学生与教师只好挨个找自己学校或附近学校的学生谈。姚师当时住在教师国际公寓，条件虽然不太好，但离学校及学生公寓很近，学生公寓里租住的都是来自德国及欧盟其他国家的学生，还有中国的一些学生学者，姚师决定就在公寓内部寻找受试者。刚开始的工作特别不顺利，那些学生或是要上课，或是害怕，都不愿意去做受试。无奈之下，姚师通过跟他们一起吃饭、一起聊天等方式与年龄几乎是其一半的硕士生、博士生们交朋友，很快，他们就接受了姚师这个"大朋友"，并开始对中医骨伤、推拿产生了浓厚的兴趣，表示愿意接受当志愿者。通过与这些来自德国、奥地利、罗马尼亚、立陶宛、塞尔维亚、捷克、波兰等不同国家"小朋友"的接触，姚师对欧洲的认识也有所加深，同时，从另一个方面讲，也对姚师的语言能力是个极大的锻炼。

在奥地利讲学期间，姚师重点讲解了颈、肩、腰、膝四大常见软组织损伤，侧重临床诊断，也就是如何寻找引起疼痛病灶的相关责任肌肉和靶点，以及如何松解肌肉、解决靶点的简单推拿手法（如滚法，一指禅推法，揉法，按法，扳法等）。参加过讲座的医学生认为姚师为他们在推拿、治疗疼痛方面带来了新的理念，并且每堂课都会选取2位志愿者进行亲自示范，治疗效果立竿见影，让学生和志愿者们都受益匪浅。为期3个月的讲学，每一场讲座都座无虚席，期间由于志愿者的亲身体验，加以宣传，整个学校甚至周边高校都知道克莱姆斯多瑙大学来了个"神奇"的中国医生，逐渐有很多人慕名前来听讲。

有一天晚上，一个叫卡特的学生找到给姚师，称他的手臂在下午打完篮球后抬不来了，姚师仔细查体后给予推拿手法并联合小针刀治疗。第二天早晨这名学生一起床，就发现痛症全都好了，手臂更是活动自如。这名学生对姚师表示感谢，并感叹："姚老师真是太厉害了，中医实在是太好了！"

最后一天姚师讲授的是"软组织损伤推拿疗法"，并以志愿者亲身示范，可谓是声情并茂。对于常规的软组织损伤首先以松解手法舒经活血，以指按法起步，以指力对经穴或压疼点做按压轻柔，由轻到重持续片刻，这是一种重要的手法，尤其对经络通行的部位具有较好的镇痛作用。再以弹拨法，通常用手指与肌肉、肌腱交叉往返拨动，多用于颈肩部长条肌肉与肌腱处，具有解除肌肉痉挛和去除粘连的功效。接以提捏法，是以拇指与四指相对成钳形，将体表部位损伤的部分肌肉反复捏拿提起，有较好的肌肉放松作用。最后配以理筋法，以拇指点揉下沿肌肉走行推筋，具有消肿止痛之效。课程在愉快的过程中走向了尾声，在座师生给予姚师热烈的掌声，以慰姚师4周来辛勤付出。

在奥地利期间，由于与学校领导、师生双方互谅互敬，沟通良好，整个讲学过程非常愉快，被授学生及志愿者对中医以及对中国文化都产生了浓厚兴趣。这次赴奥地利讲学，是国粹走向欧美的一次契机，开始慢慢向欧洲输出中国传统医学文化，从而扩大中医文化在国际上的声誉。

第二节　细小针刀起沉疴

从奥地利回来后，姚师继续开展自己小针刀临床应用治疗疾病的研究。可能现在很多人还不是很了解针刀对疾病的治疗。首先针刀是由金属材料做成的，在形状上似针又似刀的一种针用具。是在古代九针中的镵（音蝉）针、圆针、鍉（音迪）针、锋针、铍（音披）针、圆利针等基础上，结合现代医学外科用手术刀而发展形成的，是与软组织松解手术有机结合的产物，至今已有近几十年的历史。小针刀形状和长短略有不同，一般长度为10～15厘米，直径为0.4～1.2毫米不等，分手持柄、针身、针刀三部分。针刀宽度一般与针体直径相等，小针刀前端为刃，刃口锋利，具有切割、分离、铲剥三大功能。也有的是用外科小号刀片改制，有的是用牙科探针改制而成。

针刀疗法操作的特点是在治疗部位刺入深部到病变处进行轻松的切割、剥离等不同的刺激，以达到止痛祛病的目的。其适应证主要是软组织损伤性病变和骨关节病变。它具有简、便、廉、效的优点。简：治疗简单，不受任何环境和条件的限制，无切口、不流血。便：应用方便，一枚针刀、一副手套，皮肤常规消毒即可，施术无不良反应，病人也无明显痛苦和恐惧感，术后无需休息，治疗时间短，疗程短，患者易于接受。廉：费用低廉，治疗成本低，治疗费用低。效：疗效明显，一次见效，大部分三次治愈，有的一次即可治愈，对人体组织的损伤也小，且不易引起感染。小针刀医学的出现实现了治疗上的一些转变，它将大量疾病从不治变为可治；将难治变为可向愈；将一些开放性治疗变为闭合性治疗；将复杂治疗变为简单治疗；将损伤型、痛苦型治疗变为几近于无损伤、无痛苦治疗。

姚师最先研究的是小针刀对于腰部疾病的治疗，其中腰椎间盘突出症是临床上的常见病与多发病，复发率高，迁延时间长，是腰腿痛的常见原因，严重影响患者的生活质量，给社会和家庭带来沉重的负担。腰椎间盘突出症是腰椎间盘纤维环因外伤或其他原因破裂后，髓核突出压迫硬膜囊和神经根，破裂后的髓核液释出的糖蛋白和一些物质对神经根产生强烈的化学性刺激，且进一步突出的髓核可因受压神经的肉芽组织刺激与周围组织粘连，神经受到牵拉引起各种临床症状，主要表现为腰腿疼痛、下肢麻木、感觉异常，以及马尾区域感觉功能障碍等症状。

姚师认为针刀在治疗腰椎间盘突出上是比某些物理治疗及手术治疗有很大优势的，因为小针刀是针刺疗法的"针"和现代手术疗法的"刀"的有机结合。一方面是针刺作用：通过激发经气来疏通经络，活血化瘀、行气止痛，达到"通则不痛"的治疗目的。另一方面是刀的作用：首先是直接松解病灶两侧软组织、肌纤维、肌筋膜及关节囊等的粘连、挛缩，降低小关节囊及骨纤维管异常压力，缓解关节囊肿胀，从而间接扩大椎间孔，解除周围神经及血管的压迫，改善病灶椎体微循环，促进周围血氧供应；其次是解除肌痉挛、缓解脊柱两侧应力的不对称，为恢复腰椎正常生理曲度、重建周围组织的正常结构创造条件；最后针刀在松解时的机械刺激可分解局部组织，还可促进脑和脊髓释放出一些化学物质，使神经递质的成分发生改变，进而阻滞痛觉的神经传导而发挥镇痛作用。治疗时选取下肢局部痛点进行松解和剥离，对相应的发射和传导进行刺激，可纠正下位神经压迫，从而改善上位神经之轴流，进而调整全身神经血管，减少治疗后的残余症状。

在腰部采用小针刀治疗时，姚师采用顺肌纤维或肌腱分布方向做铲剥，即针刀尖端紧贴着欲剥的组织做进退推进动作（不是上下提插），使横向粘连的组织纤维断离、松解。接着做横向或扇形的针刀尖端的摆动动作，使纵向粘连的组织纤维断离、松解。或者斜向或不定向的针刀尖端划摆动作，使无一定规律的粘连组织纤维断离松解。剥离动作视病情有无粘连而采纳，以免划伤重要组织如血管、神经等。姚师倡导"筋骨平衡理论"，认为筋出槽，骨错缝，客观存在于人体结构功能变化之中，筋骨平衡失常会在一定程度上影响腰部椎体的受力，而引起疾病，所以每次在为患者做完腰部针刀治疗后一般都会联合中医推拿手法，对患者腰部筋骨进行手法调整，对腰部肌群进行适当的放松。这一针刀与推拿的联合，不仅仅在腰椎疾病上应用，在颈椎疾病、肩周疾病上也广泛应用，也在临床治疗上取得了很好的疗效，使得患者延年不愈的疾患得到救治，受到众多患者的好评。具体的患者疾病诊治会在之后详细叙述，在本章就不一一列举了。

在针刀治疗一定的腰部疾病获得极好的疗效之后，姚师对于肩周疾病的诊治也更得心应手。肩周炎又称肩关节周围炎，俗称凝肩、五十肩，表现为肩部逐渐产生疼痛，夜间为甚，逐渐加重，肩关节活动功能受限而且日益加重，达到某种程度后逐渐缓解，直至最后完全复原为主要表现的肩关节囊及其周围韧带、肌腱和滑囊的慢性特异性炎症，其软组织会出现退行性病变，对各种因素的承受能力逐渐降低。肩周炎是以肩关节疼痛和活动不便为主要症状的常见病症。本病的好发年龄在50岁左右，女性发病率略高于男性，多见于体力劳动者。如得不到有效的治疗，有可能严重影响肩关节的功能活动。肩关节可有广泛压痛，并向颈部及肘部放射，还可出现不同程度的三角肌的萎缩。

很多患者来就诊时都在诉苦，一般都是起初肩部呈阵发性疼痛，为慢性发作疼痛，都不太在意，接下来慢慢地疼痛逐渐加剧或感钝痛，严重者可感刀割样痛，且呈持续性，气候变化或劳累后常使疼痛加重，部分患者疼痛可向颈项及上肢（特别是肘部）扩散，当肩部偶然受到碰撞或牵拉时，常可引起撕裂样剧痛，肩痛昼轻夜重，夜间卧床后，手无处可放，疼痛难以入寐，很多都感肩部怕冷，若夜间因未盖好被子而受寒，晨起则感肩部如僵化一般，严重影响了患者日常的工作生活。

为了更好的解除患者的疾患，就要对肩周的松解上有基本的定点及根据不同患者不同的病征来选取特定的松解点。姚师一般基本定点是用结晶紫药水分别在喙突点、肱骨小结节点、结节间沟点、肱骨大结节点、肩峰下点定5点，其连线恰似一个横形的字母"C"，以此5个点作为针刀闭合性手术松解的进针点。使用直径为0.6mm针刀，刀体与表皮垂直，刀口线与肱骨长轴一致，按针刀手术操作规程进针，松解下述粘连点：肱二头肌短头，喙肱肌和喙突下囊的粘连，肩胛下肌腱和腱下囊的挛缩和粘连，肱横韧带即肱二头肌长头腱腱鞘，冈上肌、冈下肌、小圆肌腱和腱下囊的挛缩和粘连，肩峰下滑液囊的粘连及关节腔的粘连。如遇硬结则切开剥离数刀，刀下有松动感后出针刀，进针点消毒后用创可贴敷盖。然后姚师在肩周疾病上也多次强调"筋骨平衡理论"，要求在针刀松解结束之后，结合推拿等手法，主要是让助手双手卡扶住患侧肩关节，姚师一手握患肢腕部，另一手握其上臂，缓慢将患肢外旋、前伸、外展，逐渐上举至头顶，再行内收患肢搭肩、俯卧位后伸摸背活动。期间可闻及撕布样及关节弹响声，表明上述粘连已松解。如若患者不耐疼痛，可分3～4次进行外旋、外展肩关节，以防止患者因疼痛难耐，或者过度紧张情绪，而发生一过性晕厥等意外情况。

经过姚师长期临床观察和多次的随访，以及众多患者的口述，针刀治疗肩关节疾患后进行手法松解确实能更加有效减轻病人痛苦。（部分患者松解时肩部肌肉会因痉挛和疼痛出现保护性抵抗，而麻醉可避免这一现象的发生），从而可有效避免手法所致的肩袖损伤、骨折或脱位的发生，可彻底松解粘连，恢复关节活动度，并刺激本体感觉，促进关节液的分泌，缓解关节疼痛，防止关节退变，达到最终治疗的目的。有些患者可向关节腔内注射透明质酸钠，其具有恢复关节腔的正常流变状态、促进关节液流动、改善关节挛缩等作用，进而加快肩周损伤的恢复。

在膝关节的针刀诊治上姚师亦收获不菲。膝关节是人全身最大的关节之一，由股骨、胫骨和髌骨构成，它是人体的承重关节，也是最易损伤的关节之一。膝关节是全身发病率最高的关节，膝关节疼痛不仅涉及关节内的各种病损，也常因各种关节外因素引起。膝关节产生的症状往往不具有特异性。如疼痛、打软腿、关节交锁等症状，既可以因交叉韧带、半月板损伤引起，也可以因髋股关节异常、关节软骨病变引起，甚至可能仅因为异常增生滑膜的嵌顿而引起。比较常见的就是骨性关节炎和滑膜炎。在治疗骨性关节炎时，患者取仰卧位，患肢呈屈膝90°位，在膝关节周围找出关键点并作标记，常规皮肤消毒，自点以小针刀垂直刺入，当出现针感，沿肌纤维（或韧带）走行方向剥离3～5刀，关节边缘有骨刺者，让刀口线和骨刺垂直，在骨刺的尖部作切开松解术和铲磨削手法，关节内积液较多，在无菌条件下抽出积液。众多膝关节疾患病人经姚师小针刀治疗后病情均有不同程度的改善，对于求治者来说真是既简便又有效，故特别受患者的赞颂。

医路漫漫，永不停歇，随着对小针刀的研究日益进行以及临床诊治的日益增加，姚师在针刀治疗之余联合正骨手法及中药治疗股性关节疾病、脊柱疾病等相关疾病上均形成了具有自身特点的"姚氏"中医。从姚师的临床病例来看，针刀联合正骨手法或者中药联合治疗疾病，确实有效地提高了患者的日常生活活动能力、生活质量和工作能力。

第三节　中医名家自成型

姚师，主任中医师、教授，博士研究生导师，第五、六批全国老中医药专家学术经验继承工作指导老师，浙江省国医名师，浙江省名中医，国家临床重点专科（康复科）负责人及学术带头人，浙江省中医药重点学科（中医老年骨伤学）学术带头人，现任中华中医药学会针刀医学分会副主任委员，中国中西医结合学会疼痛专业委员会副主任委员、中国中西医结合学会康复专业委员会副主任委员、中国中医药研究促进会骨伤科分会副主任委员、中国中医药研究促进会骨伤科分会康复专业委员会主任委员，浙江省中医药学会及浙江省针灸学会副会长，浙江省康复医学会中西医结合康复专业委员会主任委员，浙江省中医药学会整脊分会主任委员，荣获浙江省康复医学会颁发的"浙江康复三十年突出贡献奖"。

姚师曾任浙江中医药大学附属第三医院（浙江省中山医院）院长、党委书记。

姚师长期从事中医骨伤、康复医学的临床医疗、教育及科研工作，主要研究中医中药防治骨质疏松症及中医中药、针刀疗法与整骨手法等对颈椎病、腰椎间盘突出症及其相关疾病的临床与实验研究。主治中医骨伤科常见病，尤其对腰椎间盘突出症、颈椎病、骨关节病、骨质疏松症等应用中医中药、针刀疗法、正骨推拿等综合治疗有一定研究。

姚师出生于一个中医家庭，外公胡华庚是当地颇有名气的老中医。从小耳濡目染，姚师少年时便立志要当一名治病救人的医生。

中学毕业后，姚师在内心的召唤和政策的号召下光荣地当上了一名"赤脚医生"，开始了他长达40年的从医之路。那时的他一人要管300余户人家，每天几乎都要走几十里地为村民看病、打针，还时常要上山挖草药、制土药，积累了许多最朴素但也最实用的经验。1980年，姚新苗考入浙江中医学院进行深造，毕业后分配到浙江中医学院门诊部工作，师从骨伤名医沈敦道。那时的门诊部名家荟萃，他常常有机会向中医大家何任、潘国贤、蒋文照等请教，医术精进，在省内医名渐著。

姚师数十年潜心钻研骨与关节疾病，善采众家所长，师古却不泥古，创新运用中药结合针刀、整脊及运动疗法开展综合治疗，取得了良好的临床疗效。他的针刀治疗堪称一绝，手势稳、进针准、见效快，屡起沉疴，在病人中的口碑极好。他对骨质疏松症的中医药防治有独到见解，研制出了中药新药"益骨口服液"，治疗原发性骨质疏松症效果显著。主持国家级、省部级及厅局级课题项目10多项，"中医药综合防治原发性骨质疏松症的临床研究"项目获浙江省中医药防治重大疾病攻关计划资助。获得浙江省科学技术进步奖一等奖1项（排名第2），二等奖1项、三等奖1项，厅局级科技成果奖5项。主编专著3部、副主编中医骨伤专著2部及副主编康复教材、骨伤科教材2部。发表学术论文50余篇。

从临床一线一路走来的姚师，非常了解患者的心声。他一直本着"人之痛，己之痛"的精神，尽量考虑减轻患者的负担，注重疏导患者的心情，不时说些风趣的话，让患者精神上放松。每次出诊，总会有挂不到号的病人要求加号，他即使已十分疲倦也从不拒绝，他总是说："病人看病不容易，我多看几个，不碍事。"

正是这样一步步走来，姚师形成了他鲜明的特色。理论方面，姚师注重理论探讨，强调中医思辨能力。"理筋为先"的学术思想是其基于临床实践经验的一大总结，具有较广泛的指导意义，对脊柱常见病症、肩凝症、退行性骨关节病、骨折脱位、骨质疏松症等疾病的治疗发挥着重要作用，其理论源于《内经》，又与《医宗金鉴·正骨心法要旨》、筋伤学说、中医导引、中医整脊等密切相关，更重要的还融入了现代康复医学中关于骨骼肌生理、病理的相关认识，将康复训练、中医导引、功能锻炼等对"筋"的干预手段纳入到"理筋"的范畴当中，是对中医整体观、阴阳学说、辨证论治、"治未病"、"筋骨动态平衡"等理论框架下防治理念的升华，是理论层面的创新，对骨伤科学的发展起着重要的推动作用。

同时，姚师重视基础与临床研究，提升科学理念，尤其对骨质疏松症展开了一系列的临床及动物实验研究。基于古今医家对"骨痿""骨痹"的认识，姚师以肾虚、脾虚、血瘀为主要病机，确立了补肾健脾活血为骨质疏松症的治疗大法，结合临床实践，研制了补肾健脾活血基础方——益骨汤（益骨口服液），补骨脂、骨碎补、淫羊藿补肾壮阳，地黄滋阴补肾，怀山药益气健脾，丹参活血通络，共奏益肾健脾，活血止痛，消除骨痿之效。通过一系列的动物实验对益骨汤的功效、毒副作用、作用靶点、控制疼痛及干预机制等展开了深入的探讨，取得了诸多的科研成果。开展的相关的临床研究，益骨汤的功效也得到了证实。姚师牵头主持了浙江省重大疾病攻关项目——中医药综合防治骨质疏松症的临床研究，以益骨汤为重要的组成部分，取得了满意的疗效。在实际的诊疗工作中，姚新苗教授遵循"急则治标"的原则，积极控制疼痛，利用针刀、手法、温灸等理筋手段注重对"筋"的治疗，结合中西医的康复手段，宣传健康的生活方式包括合理运动、戒烟限酒、均衡饮食、每天适当的日照等，形成了相对完善的综合诊疗方案。通过临床研究表明益骨汤联合经皮穴位电刺激，对骨质疏松性疼痛起到了较好的控制作用。

姚师认为树立正确的医学观至关重要，必须要清醒地认识到动物实验的缺陷与局限性，医学不可能完全等同于科学，甚至其内涵远远超过了科学。临床中的确须要不断提升科学理念，须要规范、合理的实验及临床试验的设计，但同时不应局限于"科学"证据，应充分认识到生物-社会-心理的医学模式，应当注重经验的积累，注重个体化的治疗。

在治疗上，姚师以针刀技术、中药为核心，强调中医综合治疗。姚师认为骨伤科疾病的治疗往往是综合性治疗。骨伤科的疾病应以运动"功能"为核心，这就脱离不了功能锻炼，除了骨折、脱位等创伤性疾病离不了功能锻炼，大多慢性疾病同样都应注重康复训练。核心稳定性训练是现代脊柱康复医学的主流观点，实际上是对传统的导引技术的进一步发挥。因此，姚师针对慢性脊柱疾病如颈肩腰腿痛，提出了"理筋为先，中药相辅，结合正骨调曲，练功贯彻始终"的中医综合治疗主干线，为这类疾病的治疗提供了清晰的思路。

针刀医学由朱汉章教授首创，包括了四大基础理论，同时针刀医学继承了中医的整体观念，并创新地提出了网眼理论——人体是力学结构的整体、弓弦力学系统是人体整体力学系统的形态学基础及人体慢性软组织损伤的整体病理构架。针刀技术注重软组织平衡，这符合现代脊柱康复医学的理念。运用针刀，对病变组织进行剥离粘连、松解挛缩、疏通堵塞，可起到减张减压、促进局部微循环、镇痛及调节免疫等作用。在近40年的临床实践中，针刀技术取得了许多令人折服的疗效，这也极大地促进了针刀技术的推广，但针刀技术存在着操作的非可视化、疗效不一、较难规范行业技术操作标准的缺点，这在一定程度上限制了针刀医学的进一步发展。现代脊柱康复医学阐述了"上/下交叉综合征、分层综合征"的概念，针刀技术着重于对紧张的软组织的治疗以纠正肌群间的失平衡，间接地促进了局部稳定肌功能的恢复。

  姚师治疗伤骨科疾病在排除针刀技术的禁忌证后，往往以之为治疗的切入点。针刀作为重要的"理筋"技术，深受姚师青睐。首先通过仔细的体格检查，尤其重视对"筋结点""筋痉挛"的触（切）诊，利用针刀，从整体角度对"筋"的附着点及前述病理点进行有效地松解、疏通，同时又结合推拿正骨手法，通过牵伸及理筋手法，进一步地舒畅经脉，调整平衡，达到"筋柔骨正"之效后续再辅以药膏、灸疗等进一步促通经脉。以慢性腰腿痛为例，姚新苗教授往往又结合详尽的康复指导，尤其重视对腰背肌、腹肌的功能锻炼，结合自我姿势调整、穴位按摩等自我保健措施，形成了相对完备的非药物诊疗计划。对于一些疼痛性疾病，如骨质疏松性疼痛，姚师遵循"急则治标"的原则利用小针刀技术起到良好的控制疼痛的功效。

  姚师的用药特点强调"从肝论治"与"从风论治"，但始终遵循的是辨证论治的原则。往往在基础方上结合辨证施治。益骨汤是姚新苗教授治疗骨质疏松的基础方；经典名方备急千金要方之独活寄生汤以及叶海经验方"治腰第一方"（独活、防风、海风藤、细辛、川续断、桑寄生、小茴香、降香、枳壳、怀牛膝、延胡索、甘草）是姚师治疗慢性腰腿痛的基本方；葛根汤合蠲痹汤（重订严氏济生方）是姚师治疗颈肩痛的基础方，方中含芍药甘草汤，基本药物包括葛根、桑枝、桂枝、白芍、当归、黄芪、僵蚕、片姜黄、羌活、防风、威灵仙、徐长卿、炙甘草等。姚师的外用药膏在治疗骨与关节的损伤具有良好的功效，继承的是骨伤科名医沈敦道老师的组方。外洗方以山奈、艾叶、红花、路路通、海桐皮、威灵仙、豨莶草、甘松、紫苏叶、透骨草、花椒目、王不留行等为主，适当加减，又特别适用于创伤后遗的肿痛。在伤骨科疾病的内治法中，祛风通络、搜风通络、舒筋活络具有重要地位，但始终要兼顾全身气血运行及脏腑功能，因此，姚师在临证施治时又不完全拘泥于基础方。

在学术思想上，姚师秉承《内经》，而有所发挥，如理筋为先、筋柔骨正等。针对骨质疏松的治疗，继承补阳须阴中求阳等思想，对疼痛的病机认识以不通则痛、不荣则痛为指导，又遵循急则治标、缓则治本的原则。在补肾、健脾、活血治疗骨质疏松的大法之下，姚师又加深对肝郁（虚）的认识，在"肝主筋""诸风掉眩，皆属于肝""恶血归肝"及"筋瘘不已，复感于邪，内舍于肝"等理论框架下，形成了"从肝论治"与"从风论治"的学术思想，并广泛应用于骨伤科疾病的治疗。同时，始终将治未病的理念与临床诊疗密切结合，强调在继承传统的练功导引之法基础上，应融入现代康复医学的研究成果，更科学合理地指导功能锻炼。通过对临证经验的总结，姚师提出的筋骨平衡观的思想亦具有重要指导意义。上述观点也集中体现了姚师自成名家的鲜明特色。

第四节　授业解惑传承路

姚师热忱培养岐黄传人，授之以术，育之以德，总是教导学生对待病人须有视亲之想，这样才能认真诊治，切中病机。他积极推行中医师承，组织开展了青年医师导师制、名中医工作室、经方工作站等，让中医得到更好的传承与发展是他最大的愿望。为此，他先后被授予全国第五、六批老中医药专家学术经验继承工作指导老师、全国名老中医药专家传承工作室专家、浙江省名中医等称号。

姚师认为，中医骨伤科学是一门实践性很强的临床学科，涉及面广，发展迅速。一名合格的骨伤科医生，既要有系统的中医基础理论知识和骨伤科专业知识，又要有现代医学专业基础知识，以及相关学科如生物力学、材料学等方面的知识。

科研是学校水平提高的必经之路。完全缺乏科研介入的"经验型医生"将不能适应日新月异的骨伤科发展，更谈不上观念、理论、技术的创新，也就无法胜任新世纪的医疗工作。解决途径在于培养学生学会有效的学习方法和终生学习的毅力与兴趣。弘扬学生的主体性是当前教育的主题，要启发学生的思想、培养思维推理与实际动手能力。对此，姚师在骨伤人才素质培养上，有以下思考。

第三章 声名鹊起

首先要确定不同目标，分层次分阶段进行教育。骨伤科基本内容可分为理论基础、临床基础、临床技能几个方面。目前学生普遍认为只要掌握临床基础和技能就可以成为一名出色的骨科医生。所以，对临床基础和技能的学习是他们的兴趣所在，忽略对理论基础的学习。因此，要依据学生的学习兴趣特点，可分阶段分层次安排课程，先安排临床基础和临床技能，再设理论基础课程作为高级课程。避免目前一般所认为的由基础到临床普遍性的安排，由于理论的枯燥性，使学生失去自主的学习兴趣。从临床学习过程存在的问题和疑难入手，将会激发学生解决问题和疑难的好奇心，引导学生的学习兴趣。作为不同层次的教学，必须设置一套适当的教程，在不同阶段实施。

然后要加强始业教育，提高学习积极性。学生在学习阶段对专业特点并不了解。由于缺乏对专业的了解，他们并不知道该对哪些知识进行储备和学习，只是被动接受教师的教授和事先的安排，学生缺乏主动学习的积极性。有目的地早期让学生接触临床是提高学习积极性有效的方法。因此，加强学生的始业教育具有它的必要性和重要性。

其次要压缩临床课程，增加基础课程，加强基础教育。目前教学方法一般采用班级授课的集体教学形式，按教科书为主授课，以教师对教学进程进行调控，强调系统理论学习为主。这一理论体系是以往教学实践发展的总结，反映了一定时期人们所能达到的认识水平。但是，它的弊端在于所有过程主体是教师。学生多处在被动地位，不能养成主动学习精神，课堂上的理论知识难以消化，也不能把握重点，最终利用考试手段，迫使学生死记硬背来达到学习目的。因此，要改变现状只有通过减少课堂教育，让学生有充分的时间来主动学习。目前骨伤科临床课程太多，且总论部分内容基本重复。理论基础内容又非常有限，基本不涉及基础研究过程与方法。因此，很有必要将基础理论独立设置，突出重视基础理论教育。

接着要强化临床技能训练，建立临床技能逐项考核制度。骨伤科学以其特有的实践性，要求加强临床技能操作训练。在课堂上，教师讲解演示骨折脱位手术的治疗操作技术，以教师的思维替学生来讲解分析解决临床问题，学生的听课获益肯定不足，这实际上是一种知识技能的传授过程，局限于知识传授的认识过程。也许学生能背诵操作过程，但不知如何操作，且这样学到的东西容易遗忘，这是目前教学中的严重不足之处。如何改变现状是目前普遍关心的问题。因此，建立临床技能逐项考核制度就显得非常必要。设立技能操作目录，公开考试内容，开放实验室，提供操作场所和器具，分期分批逐项复核。

最后要改进教学手段。现代教学必须与先进的世界医学教育方面接轨，骨伤科医学教学也必须从传统走向现代，这必须从教学方法上进行改革。现代教学法必须按学校的实际条件，在提高专业兴趣的基础上，可组织学生讨论，直观教学、模拟教学、电化教学等，以达到教师的主导作用与学生的积极性、兴趣性相结合，学生的学习责任感、压力与智力开发相结合。架起了理论与临床之间的连接，通过生动的视觉形象，启发了学生的思维与联想，提高了学习的主动性与创造性，达到了事半功倍的效果。

姚师不仅停留在思考，更会付诸实践。姚新苗全国名老中医药专家传承工作室按照国家中医药管理局要求，在整理、传承姚新苗教授学术思想、临证经验、人才培养、社会服务等方面开展工作。

工作室以姚老临证经验为依据，总结了5个中医骨伤科临床优势病种诊疗方案："以筋为先"综合防治慢性腰腿痛；针药结合治疗肩周炎、膝痹病等退行性疾病；益骨汤化裁治疗骨质疏松症；整脊手法配合针刀治疗脊柱疾病；针刀技术治疗软组织疾患。

姚师认为，名中医工作室不是简单的实习场所，应该是集诊室、示教、病例讨论、资料汇总等综合功能为一体，以各导师的专业科室为依托的传承基地。对于系统传承导师的学术思想、临床经验，促进中医学术传承发展有重要意义，是中医优秀人才成长的中转学习平台，原来有一定基础了，通过工作室的师承教育，可以再跳一跳，再上一个台阶。

姚新苗名中医工作室现有学术继承人14名，其中博士4人、硕士9人，正高2人、副高5人、中级7人，2人获第五批师承出师证书，2人在第六批师承继续学习中。

第五节 岐黄之路海内外

姚师从求学、从医、授业至今已有40余年，在这40余年中，从一个默默无闻的脚踩泥土，背朝太阳，挎着小红十字箱，行走在乡间路里的无私奉献的基层赤脚医生，已经成为一位临证经验丰富，教学授业优秀的名老中医。姚师常说："在病人面前，我是医生，应施惠而莫图报；在学生面前，我是老师，应身教重于言教。"

在从事中医骨伤临床的30余年来，除了各种非参加不可的会议和院校事务，姚师从来没有因为任何一个私人原因而停止门诊，急患者之所急，忧患者之所忧。在长期临床工作中，一直尊重和爱护就诊者，他临证不仅耐心细致，辨证严谨，对证施治，尽量考虑减轻患者的经济负担，还不时说一些风趣的话，减轻患者的精神负担。门诊日均人次20余人，在采用中医正骨、针刀治疗、中药内服外用等方法治疗脊柱及骨关节疾病上取得不菲的成绩，尤其是在中医药防治骨质疏松症方面有很深的造诣，省域外病人约30%，更有不少国外友人慕名前来进行中医正骨以及针刀治疗，年均会诊国外病人30余人次。真可谓是"海内皆知"。

姚师在多年的临床治疗上把握"筋"与"骨"、"筋"与"筋"之间的动态平衡，以功能为主导，充分认识到骨伤科诸多慢性疾病的本质是在于此类动态平衡的紊乱，尤其要把握"筋"的痉挛和萎缩之间的关系，"骨"的力学改变与骨质疏松的变化。发挥中医导引、功能锻炼、主动康复在针对深层筋骨与核心肌群萎缩失能中的重要作用。创立补肾活血法治疗骨痹，基于古今医家以及年轻时跟随众多名师对于"骨痿""骨痹"的认识，以肾虚、脾虚、血瘀为主要病机，确立了补肾健脾活血为骨质疏松的治疗准则，结合临床实践、随访记录、病人反馈、实验室数据，研制出了以补肾健脾活血为治则的治疗骨质疏松的基础方——益骨汤。

姚师更强调要"古今相融""中西交融"，秉承中医传统，坚持中医骨伤中优良治疗方法，更加强调要融入现代康复医学的先进成果与康复器械，将传统导引与现代康复有机地结合起来并展开深入的科学研究。

姚师多年临床实践，潜心钻研骨关节性疾病，师古不泥古，创新不离宗，被患者称为"浙江省针刀圣手"，在省内、国内及国际上颇具声誉。

很多骨关节疾病都是骨质疏松影响的。在临床实践中，姚师一直认为由骨质疏松引起的骨关节疾病，在针刀解除病痛后，应该口服中药来改善骨质疏松症状，因此，姚师自己开发了中药方剂——益骨汤。在西医药物防治骨质疏松上，现在主要是骨化三醇软胶囊、碳酸钙D3片等，临床使用效果是可见的。但是益骨汤能否成为一种可以有效防治骨质疏松的药物呢？科学研究的道路总是坎坷不平的，要使自己的研究成果得到公认，就得付出比常人更加艰苦的努力，做更多的工作。一方面中药一剂不能太贵，如果一天的中药费用超过西药，那么中药将失去优势；另一方面，一剂中药从处方、抓药、煎药、服药到发生作用，最快也得一两个小时，算是费时费力又费钱，怎么能和一天几元钱，直接拿上来就可以服用的西药相比。客观的事实是存在的，有了问题就要解决。第一：解决费用较高的问题，姚师开始"变贵为贱"，对益骨汤中的每一味药进行分析研究，查资料，品味道，最后去掉了其中效用不大且贵的药物，使得一剂方药费用下降。第二就是解决费时费力的问题，最终姚师把汤剂改良成了"益骨汤口服液"。

实践是检验真理的唯一标准，也是检验科研成果的唯一标准。"益骨汤"以及"益骨汤口服液"用于临床效果如何，以及能否经得起考验，都必须通过临床实践来检验。通过多年的临床实践，总结，再实践，肯定了益骨汤剂与益骨汤口服液在防治骨质疏松上的作用，在防治原发性骨质疏松上取得了显著的疗效。更是被浙江省卫委会授予浙江省科学技术二等奖（姚师排名第一）。这也在一定程度上肯定了"益骨汤"和"益骨口服液"的临床价值，算是打了一个官方的"广告"，更是对姚师辛勤科研实践的肯定。

无独有偶，姚师还获得了浙江省科学技术进步一等奖（姚师排名第二）并被浙江省康复医学会评为"浙江康复三十年突出贡献奖"。姚师在科研上的辛勤付出，是大家有目共睹的，获得2项国家自然科学基金资助，10多项省部级、厅局级课题，科研资助资金上百万，牵头制定《中医骨伤科临床诊疗指南·人工髋关节置换围手术期康复专家共识》、《浙江省中医药防治原发性骨质疏松症分级诊疗专家共识（2017）》两部临床指南，主编论著5部，发表学术论文50余篇，在省内外都产生了较大的社会影响。

在临床诊疗和管理上也贡献斐然，在2011年，姚师开始接手浙江省中山医院的大旗后，坚持突出中医特色优势，注重抓好名医名院建设，在名院建设上，先后有3个专科列入国家临床重点专科，5个专科成为国家中医药重点专科。在名医发展上，先后有5位名老中医成立国家级传承工作室（其中姚师在2009年就已被浙江省政府授予"浙江省名中医"的光荣称号，在2012年被国家中医药管理局确定为全国第五批老中医药专家学术经验继承工作指导老师，2013年又批准建立姚新苗全国名老中医专家传承工作室）。

在全国名老中医专家传承工作室成立的第2年，姚师受美国杜肯大学邀请，以中国中医专家的身份前去为学校师生进行授课讲学。这次姚师在杜肯大学的讲课内容主要有以下四个部分：①对于中国传统医学的介绍；②中医在运动医学中的应用；③中药在康复中的作用；④小针刀的理念与应用。

第一个部分，姚师主要讲述了祖国医学的渊源与发展史，中医元素主要是：阴阳、元气与木、火、土、金、水等。"阴阳"学说认为世界是物质性的整体，世界本身是阴阳二气对立统一的结果，阴阳二气的相互作用，促成

第三章 声名鹊起

了事物的发生并推动着事物的发展和变化。"气"是中医学的基本理论之一，是构成人体、维持生命活动、脏腑功能及新陈代谢的重要部分。"五行"是指的木火土金水相互生克制化乘侮的规律，并以之阐释宇宙万物的发生、发展、变化及相互关系的一种古代哲学思想，是属于中国古代唯物论和辩证法的范畴。宇宙间的一切事物都是由木、火、土、金、水五种基本物质所构成的。自然界的各种事物和现象的发展变化，都是这五种物质不断运动和相互作用的结果。中国也是唯一一个大力支持中医，同时也支持发展西医的国家。

第二个部分，中国传统医学在运动康复中的治疗方法主要有针灸疗法和推拿疗法。本质上，中医是基于一套旨在恢复人体平衡的干预措施。而针灸的基本思想是，把毫针插入身体某些部位使身体恢复自身内部平衡，纠正疾病发展而导致的内环境的失衡。推拿疗法是世界上最古老的治疗方式之一，在公元前2世纪首次在中国被记载，之后不久传播至印度和埃及。推拿旨在通过手法作用于人体体表的特定部位，对机体产生影响，具有舒筋通络、行气活血、理筋整复、滑利关节、调整脏腑功能、增加抗病能力等作用。1993年，一项研究显示，72%的运动员使用某种替代疗法（针灸推拿），而没有告诉自己的康复医生他们已经这样做了。2006年，尼克尔斯等研究显示56%的NCAA分校的学生运动员在过去12个月内使用包括针灸推拿等中国传统医学手法来辅助康复。可见针灸推拿通过自身的神奇作用已在现代康复中站稳了脚跟。

第三部分，主要讲到了中药熏洗在现代康复上的作用。中药熏洗一方面通过温热的物理作用，缓解组织的痉挛，扩张周围毛细血管，发挥松解僵硬粘连组织的作用，同时通过中药的药理作用，如活血化瘀、祛瘀破积等作用有效改善机体的新陈代谢状态，增进毛细血管的新生，有利于功能状态的改善。如芳香类药物：白芷、姜黄、川芎等能使机体血流加速，含氧量增加，同时使肌肉血管壁韧性增加，瘢痕粘连进一步松解。有利于损伤机体在康复过程中的恢复，也有效地避免在康复过程中发生疼痛、肿胀，造成二次损伤。

第四部分，姚师讲到了小针刀的应用，现代科学证明小针刀具有促进释放改变身体的化学物质，如内啡肽，可以影响神经并引起有益的反射反应，解除周围组织对于神经或者血管的压迫，恢复神经的自我功能，也可以产生类似针灸的效应，影响人体的自然电磁场，最终调和全身，使得阴阳平衡、气血脏腑功能恢复，解除患者疾患。

除了这四个主要方面，其讲学内容还有众多的扩展与延伸，也为姚师赢得了阵阵掌声，更赢得了众多国外"粉丝"。美国之行圆满结束之后，姚师相继又前往英国、意大利、法国等多地讲学，从这一层面来说，这是对祖国传统医学文化在国外，特别是在欧美的传播与推广，为中医立足于世界医学之林，贡献出自己微薄的力量。

姚师常说一句话："民族走向世界，交流促进未来"，其实也是其毕生之追求，将中国中医技术文化推向世界，以医学为纽带，推动文化交融，让更多的人享受到中医学的成果，让更多的人受益于中医学的传播，也让民族文化得以宣传。

因为执著，无论岁月如何变迁，在国内，姚师始终忙碌在临床诊疗、科学研究和中医发展传承之路上，他在收获累累硕果及成就和名誉时，不骄不躁，仍不忘初心，砥砺前行，一步一个脚印地带着自己从小的中医之心走下去。在国外，则远赴奥地利、美国、英国、意大利、法国等地交流讲学，在国际论坛上发表中国中医之声，在为自己赢得国际声誉的同时，还真真正正地把岐黄之路铺到了国外。真可谓是"寝馈有恒四十年，岐黄之路海内知"。

在诸多的成绩面前，他始终保持谦逊，因为医学的局限性以及医疗的个体化，医学新认识层出不穷，就应该"活到老、学到老"。他常说，"在病人面前，我是个医生，应施惠而莫图报；在学生面前，我是个老师，应身教重于言教；在组织面前，我是个党员，应事业至上，鞠躬尽瘁。"是长期的临床工作，铸就了其"以患者为中心"的优异品质，一直本着"人之痛，己之痛"的精神，尊重和爱护就诊者。他热忱培养岐黄传人，授之以术，育之以德。他要求学生熟读经典，勤于临床，善于思考，要能够运用中医的理法方药分析和处理临床问题，做到知常达变，学以致用。

在2019年1月，姚师上榜第二批"浙江省国医名师"，这是对他孜孜不倦的无私奉献最好的褒奖，因为热爱，退休后的他始终忙碌在振兴中医的发展之路上。

第四章

高超医术

第一节　腱鞘炎中巧疏通

腱鞘炎运用针刀治疗技术可以取得立竿见影的效果，这也与腱鞘的解剖结构密切关联。腱鞘指的就是套在肌腱外面的双层套管样密闭的滑膜管，是保护肌腱的滑液鞘，两层之间有一空腔即滑液腔，内有腱鞘滑液。腱鞘内层与肌腱紧密相贴，外层衬于腱纤维鞘里面，共同与骨面结合，起到固定、保护和润滑肌腱的作用。如果肌腱在活动过程中过度摩擦，即可发生肌腱和腱鞘的损伤性炎症，引起肿胀、疼痛、活动受限则称为腱鞘炎。

腱鞘炎存在主要的病理变化就是鞘壁滑液减少、局部增生，同时挤压肌腱，使得肌腱压迫部位变细，而两端膨大，形成"葫芦状"改变。对于屈指肌腱狭窄性腱鞘炎而言，这将使得屈指肌腱的膨大部位无法通过狭窄的鞘壁，这就出现了活动受限，而在外力辅助牵拉下，使得膨大部分勉强通过上述狭窄部位，则不影响后续的动作，但这过程中，往往伴有剧烈的疼痛及弹响，所以，该疾病又被形象的命名为"扳机指"或"弹响指"。

当然，腱鞘炎还会发生在其他一些部位，如桡骨茎突、尺侧腕伸肌腱鞘、肱二头肌长头腱鞘等，一般而言，常见于上肢。

腱鞘炎的诊断有时同肌腱炎混淆，两者临床表现都以疼痛为主，如跟腱炎、髌腱炎，要准确诊断，就必须对解剖非常熟悉，在没有腱鞘的部位诊断腱鞘炎就比较可笑了，而要精准治疗，更必须准确查体。

一、屈指肌腱狭窄性腱鞘炎

屈指肌腱狭窄性腱鞘炎可发生在各个手指，以拇指最为常见，尤其在拇指两颗籽骨之间。相对而言，环指、小指较少出现。在明确病变部位时，姚师会让患者活动患指，仔细触摸肌腱的膨大部位，对有功能障碍的，以出现卡压的部位确定为腱鞘狭窄部位的进针点，而这一步骤尤为重要，这是取得良好治疗效果的必要因素。

常规会直接将针刀穿过腱鞘、肌腱，直达腱鞘的底部及骨面，再顺着肌腱的走行进行纵割横剥。但这会对肌腱造成一定的损伤，虽然与肌腱走行一致，但有时还是会导致一些术后肿胀、疼痛加剧的情形，因此，姚师对该技术进行了一些改良，如利用弯形针刀，在前述操作的基础上，可更方便、有效地松解腱鞘的侧壁，减少了操作时间，其《弯形针刀盲切法治疗屈指肌腱狭窄性腱鞘炎的临床疗效评价》在2010年度获得了浙江省中医药科学技术奖三等奖（第2010014号）。另外，对于一些患者，他会运用"邮票状"点刺结合切割直接在腱鞘的掌侧操作，这样就不须穿过肌腱，以期减少并发症，但这对操作对手感要求高，要准确感受到针刀的进针的层次，为了方便这样的操作，发明了"一种用于指深屈肌腱狭窄性腱鞘炎针刀治疗的支架"（ZL：201720550736.5），目前该项技术在应用推广中。

二、桡骨茎突狭窄性腱鞘炎

桡骨茎突狭窄性腱鞘炎亦是临床中的常见病，其表现特征是腕关节桡侧疼痛，并与拇指活动有密切关系。解剖上，拇长展肌和拇短伸肌肌腱穿出狭窄的鞘管后与鞘管形成一定的角度，分别止于第一掌骨基底及拇指近节指骨基底。当腕与拇指活动度很大时，肌腱的折角加大。久之，局部的滑膜容易产生炎症，增厚，肌腱变粗，纤维鞘管壁也增厚，甚至桡骨茎突处出现皮下硬结节，影响肌腱滑动，并产生疼痛，这是该疾病的基本发病机制。

在这个腱鞘炎的治疗中，姚师要求我们必须先完全熟悉局部解剖，桡骨茎突的远端就是"鼻烟壶"，其边界必须清晰掌握，不要将拇长展肌和拇短伸肌肌腱共同的腱鞘与拇长伸肌的相混淆。另外，须掌握一些特殊情况，如解剖变异，包括：拇长掌肌或拇短伸肌的肌腹过低，部分肌腹也进入鞘管；鞘管内因有较多的迷走肌腱出现，使肌腱的数目明显增多；该鞘管内还有质硬而厚韧的纤维隔，使得原来不宽敞的鞘管更加狭窄等；对于治疗效果不佳的患者须仔细甄别。

找准治疗部位，最好用标记笔标识，避开浅表静脉，勿损伤桡动脉和浅桡神经浅支（进针时一定不要刺桡骨茎突后下方的小凹陷，即"鼻烟窝"），针刀治疗起效快。

三、尺侧腕伸肌腱鞘炎

尺侧腕伸肌腱止于豌豆骨、第五掌骨底，因此，尺侧腕伸肌肌腱和周围的鞘管对远端桡尺关节和腕三角纤维软骨复合体起重要的支撑作用。在腕部活动度过大时，因反复牵拉或扭伤，可诱发腕尺侧痛，尤其在用力时腕部酸痛无力。检查时对抗腕尺偏伸直时，沿尺侧腕伸肌腱按压可诱发腕尺侧剧痛即可诊断。同样，找准治疗部位，针刀治疗起效快。但需要同三角纤维软骨损伤、尺骨茎突骨折等相鉴别。

四、肱二头肌长头腱鞘炎

肱二头肌长头腱经肱骨结节间沟后进入肩峰下间隙前部，止于肩胛骨的盂上粗隆。由于该肌腱在肱骨结节间沟内可产生被动的"横向"活动，即当肩关节内收、内旋及后伸时肌腱滑向上方，而外展、外旋、屈曲时肌腱滑向下方。因此，在肩关节活动中长期遭受磨损而易于发生退变、粘连，出现腱鞘炎症状，其主要临床特征是肱骨结节间沟部的疼痛，肩关节活动受限，经常与"冻结肩"一起并发，该部位的针刀技术也常应用于"冻结肩"的治疗中。

五、腕管综合征

腕管综合征，也称腕正中神经挤压症，系指正中神经在腕管内受压缺血而产生以手指感觉异常为特征的一种证候群。当腕部劳损或损伤引起腕管狭窄，正中神经在腕部受压而引起其支配区域的手掌顽固性麻木、腕部疼痛、腕关节和手指伸屈受限。中医认为本病属"骨错缝、筋出槽"。腕管综合征同腱鞘炎的治疗原则一致，小针刀治疗腕管综合征，见效快，安全可靠，一般症状经 2～4 次治疗即可痊愈。

（一）病因病理

腕横韧带厚而坚韧（宽约 2.5cm，厚约 0.1cm），弹性较差，一旦损伤，结疤挛缩，使腕管容积变小，管腔变窄，同时肌腱旁系膜也常结疤挛缩，甚则腕横韧带和肌腱粘连，造成肌腱和神经的挤压牵拉，局部血运障碍。

引起腕管综合征的常见因素有：

1）腕管内容物增多或体积增大，腕掌侧的腱鞘囊肿，各种原因引起的腱鞘炎、肿瘤、屈肌肌腹和蚓状肌肌腹变异侵入腕管，以及腕管内出血，正中神经的纤维脂肪瘤等，均可引起腕管狭窄，压迫正中神经。

2）腕管的容积变小，常见的桡骨下端骨折，腕骨骨折脱位，此处骨痂形成或骨折畸形愈合等，可以导致腕管容积变小或直接压迫正中神经。此外，腕部慢性劳损、炎症等可以使腕横韧带增厚和腕骨间关节增生，引起腕管狭窄致正中神经受压。

3）可能与内分泌有关，鉴于本病绝经期多发，或因妊娠症状加重，且多累及双侧，有人提出内分泌学说，但没有确切的根据。

4）手部过劳性运动和不习惯的工作也可诱发本病，如屈腕位用手多的打字员、钢琴家等，腕关节屈曲时正中神经在屈肌腱和腕横韧带之间受压，长期反复腕关节屈曲可引起腕管综合征的症状。

（二）针刀治疗要点

1）患者掌心向上握拳，平放于治疗台上，腕关节下部放一脉枕，使腕关节背屈位。

2）定点：患者用力握拳并向掌心向上，在腕关节掌面可选取 3 个位置：①在尺侧豌豆骨内缘腕横韧带附着点；②在桡侧舟骨结节，大多角骨结节腕横韧带附着点；③在掌长肌腱桡侧、腕横韧带中点。

3）小针刀技术在操作点①②上主要运用筋膜弹割分离法松解 2~3 针，操作点③可对腕横韧带及屈肌腱和腕横韧带之间进行割拉、松解粘连，术毕贴创可贴，压迫止血，再过伸过屈腕关节 3~5 次。

（三）针刀治疗注意点

1）进针时，切勿损伤尺动、静脉及神经，注意保护正中神经及正中神经返支（支配大鱼际）。

2）操作时不时询问病人感觉，若诉有麻木或电击样感觉，应调转进针方向。

3）术后压迫止血要彻底，避免因出血造成腕管内体积增大、形成进一步的粘连，效果不佳。

腕管综合征临床上就诊不多，严重的一般会选择常规手术治疗，在小针刀治疗前须常规行肌电图检查明确诊断。须排除颈椎病、高位正中神经卡压，有时腕管综合征与颈椎病并存要注意鉴别，治疗上对操作技术要求较高，须熟悉并利用体表骨性标志及掌长肌腱，切割时应稳定、缓慢。

六、肌腱炎

肌腱炎临床中比较常见。在腕背韧带近端，桡侧腕伸长、短肌位于深侧，有拇短伸肌及拇长展肌在浅方形成一定的夹角通过。当肌肉过度活动后，尤其在腕屈伸运动同时伴大拇指活动过度时，由于彼此的摩擦，肌肉、肌腱及其周围的筋膜和腱周组织充血、水肿，就会出现局部红、肿、疼等症状，这类主要因不同层次肌腱之间的磨损所致，临床中还有许多肌腱炎主要发生在骨附着部，包括网球肘、高尔夫肘、跟腱炎、髌腱炎等，针对这一类疾病，实施针刀治疗手术亦可起到松解粘连、疏通经络的作用。

（一）肱骨外上髁炎（网球肘）

肱骨外上髁炎多见于须反复用力伸腕活动的成年人，尤其是频繁用力旋转前臂者易罹患。如打字员、厨师或乒乓球、网球运动员等多见。针刀疗法用于该病的治疗极大简化治疗过程，且疗效确切。

1. 病因病理

经常在旋转前臂、旋前、旋后反复屈伸肘腕关节是发生本病的直接原因，其局部病理改变是前臂伸臂肌腱反复受到牵拉刺激，引起部分肌纤维撕裂和慢性损伤，在机化过程中，产生瘢痕组织，形成粘连，挤压该处的神经血管束，引起疼痛。形成纤维组织粘连，当活动肘关节时，粘连被牵扯而产生局部疼痛，并可沿桡侧腕短肌方向放射。亦有其他原因如伸肌总腱与肱桡关节之间的滑囊炎形成等。局部筋膜劳损，体质虚弱，气血虚亏，血不养筋为其内因。

2. 临床症状

病人主要表现为肘关节外上髁部局限性的或持续性疼痛，尤其当前臂旋转，腕关节主动背伸时，疼痛加重，部分患者可放射至前臂、腕部或上臂。屈肘时手不能托重物，前臂无力，肱骨外上髁压痛明显，遇寒受凉时加重；查体时主要表现为旋臂屈腕试验阳性。

3. 治疗及操作要点

松解剥离粘连，松解伸肌总腱处无菌粘连，解除疼痛症状，使之功能恢复，姚师往往利用小针刀，行骨膜扇形分离法，具体操作步骤如下。

患者肘关节屈曲90°平放于治疗桌面上，在肱骨外上髁处常规消毒后，选取进针点，进针方向和伸腕肌纤维走向平行刺入肱骨外上髁皮下筋膜层，行骨膜扇形分离法，松解3～6针，术毕，贴创可贴。每隔1周一次，1～3次为1个疗程。

对于顽固性的肱骨外上髁炎有时治疗比较困难，患者可经久不愈，就须在小针刀治疗的基础上强调结合外洗药、中药内服、加强康复指导等综合治疗，鼓励患者自我按摩前臂的压痛点，有时这类疼痛是由骨骼肌的触发点导致，尤其是腕短伸肌、旋后肌，在疼痛控制恢复期时，须进行一些主动拉伸训练，利于放松肌肉，减少复发。

（二）肱骨内上髁炎（高尔夫球肘）

由急性损伤或慢性劳损引起的肱骨内上髁或周围软组织的炎性改变称为肱骨内上髁炎，又称高尔夫球肘。

1. 病因病机

肱骨内上髁为桡侧腕屈肌、掌长肌、旋前圆肌、指浅屈肌、尺侧腕屈肌等附着，主动或被动牵拉这些前臂屈肌总腱时，肱骨内上髁部发生牵引应力，当牵引应力超过其适应能力时，势必引起屈肌总腱肌筋膜的损伤。多为慢性损伤，患者以从事前臂旋外、屈腕运动者为主，如以纺织工、矿工、泥瓦工和高尔夫球运动员等多见。由于前臂屈肘时反复紧张地收缩、牵拉而发生疲劳性损伤。

2. 临床症状

患者肘内侧骨突部活动时疼痛，向前臂内侧远方扩散，可达前臂中段。其局部有压痛，外观无明显红肿。在前臂做对抗性旋前运动检查时，可诱发肱骨内上髁屈肌腱起始部剧烈疼痛。在主动用力伸指、伸腕的同时，前臂旋后也可诱发该部位疼痛。肘关节屈伸功能多无影响。

3. 治疗及操作要点

仰卧位、肩关节前屈90°，屈肘90°，体表定位，寻找压痛点，一般进针先达肱骨内上髁顶点，刀口与前臂纵轴一致，采用纵疏横剥手法，之后予调转刀口线，紧贴骨面铲剥。

目前从事重体力劳动人员逐年减少，该病发病率比肱骨外上髁炎要低，在实际的诊疗过程中一定要注意保护尺神经，不小心很容易立即激惹神经，在操作前应仔细触摸压痛点及尺神经的走向，建议用标记笔标识，松解时不需要用重刺激手法，适当松解几刀可立即完成。

（三）髌腱炎与跟腱炎

髌腱与跟腱都是下肢主要负重肌肉的延续，其张力高，在人体运动中发挥着重要作用，其附着点劳损易于出现相关肿痛，又称为腱末端病。

对于这一疾病，姚师的治疗经验并不局限于疼痛部位，当然在局部还可结合物理治疗，实施针刀操作时必须贴于骨面，这样可通过松解粘连降低局部张力，但关键还是如何降低整个肌肉与肌腱复合体的张力。在这一类病人身上，往往同时伴随着肌肉及筋膜的损伤，所以，对股四头肌、小腿三头肌的"触发点"检查很重要，通过对触发点的干预，可以舒缓肌肉中局部的紧张程度。为了减少复发，在运动前后应该热身，并让患者学习一些主动抗阻拉伸（离心收缩）技巧。

狭窄性腱鞘炎、肌腱炎等疾病是骨伤科常见的疾病，该类疾病虽然对人体危害不大，其主要影响四肢局部关节的运动能力以及伴有持续性的疼痛，而运用针刀技术对病变的腱鞘进行松解是一项非常实用的技术，也是既往针刀使用在临床普及度较高的一项技术，姚新苗教授在常规的针刀治疗技术下对于如何松解狭窄的腱鞘有所创新发展，且熟悉解剖结构、熟练灵活运用，结合康复指导、功能训练，使得姚师在这类疾病的治疗中，得心应手，疗效显著。

第二节　针药并用正脊梁

人类脊柱由26块椎骨，借椎间盘、韧带、关节连接而成。脊柱上承颅骨，下联髋骨，为人体的中轴骨骼，是身体的支柱，有负重、减震、保护和运动等功能。脊柱内部自上而下形成一条纵行的脊管，内行脊髓。脊柱是人体最重要承重和躯体支持、运动器官，在日常生活工作中非常容易受到各种各样的损伤，而引起脊柱病的临床症候群。治疗脊柱及脊柱源疾病是姚新苗教授的特长，临床中该类疾病为数众多，但多以脊柱退行性疾病类居多，包括颈椎病、腰椎间盘突出症、椎管狭窄症等，亦包括许多原因并不确切的劳损类疾病，如腰3横突综合征、腰肌劳损等，急、慢性损伤是前述疾患在临床中常见的病因。姚教授在该类疾病的诊治中注重"针药手法的有机结合"，并强调机体的功能锻炼，形成其诊疗特色，此处重点针对颈椎病及腰椎间盘突出症等疾病的针刀技术、用药思路及整脊手法予以论述。

一、针刀技术在脊柱退行性疾病中的应用

（一）颈椎病

1. 针刀治疗原则及部位的选择

首要原则是整体和局部相结合，并依据脊柱整体平衡失调理论，灵活运用人体弓弦力学解剖系统理论及软组织病理构架中的网眼理论，选择针刀治疗部位，以期恢复脊柱的生物力学平衡。注重求因论治，通过症因相关，确立病变局部，有针对性地对病变局部进行选择治疗。一般每次选3～5个部位。

常用的治疗部位：

关节突关节：体表定位点位于相同阶段棘间韧带体表定位点水平旁开1～1.5cm，主要是对关节突关节囊进行松解。

棘间韧带：体表定位点位于相邻两棘突之间。

颈椎横突点：主要是C1、C2横突点。主要松解肩胛提肌止点，头上斜肌起点，头下斜肌止点等。C1横突点以乳突为标志，位于乳突的后下方，沿乳突的后下方摸到的第一个骨突部就是。

肩胛提肌：定位肩胛骨内上角，松解部位是肩胛提肌起点。

上项线：枕外隆突水平线，以枕外隆突为中心，在上项线上向两侧旁开2.5cm和5cm各两点，共五点。分别为项韧带、胸锁乳突肌后侧止点、斜方肌起点、头最长肌止点、头半棘肌止点。

项部软组织损伤点与可触及异常结节、条索、压痛等部位。

2. 针刀治疗手法

姚师针刀治疗手法具有针对性，一般来说：组织高压的一般采用组织通透减压；肌肉韧带起止点多采用切割松解；关节突关节囊主要是沿关节间隙切开；而对神经出口的松解以钝性铲剥为主。

例：颈源性眩晕"I"形针刀松解术

颈源性眩晕主要包含了椎动脉型颈椎病、交感神经型颈椎病及混合型颈椎病，是椎动脉本体疾病、椎动脉卡压、交感神经节受到卡压牵拉等因素，引起椎动脉变细、痉挛，进而引起椎基底动脉供血不足所引起的以眩晕为主要临床表现的一类病症。而针刀治疗对椎系的颈源性眩晕疗效较好，姚师在临床上采用"I"形松解法。

针刀"I"形松解部位及手法：

定位：①枕外隆凸；②上项线上，枕外隆凸旁开 2.5cm 处各一点；③ C7 棘间韧带；④ C6、C7 关节突关节。上述几点共同构成了"I"形针刀松解线路，是一种在整体结合局部指导思想下的一种治疗布局。针刀手法以切割松解为主，通过针刀松解，缓解肌肉的紧张、痉挛状态，改善颈椎的力学平衡状态。

（二）腰椎间盘突出症

1. 针刀治疗原则及部位的选择

治疗原则与颈椎病相同。根据患者主诉、临床触诊和影像学检查进行定位，并做好标记。一般选取病变椎间盘节段的棘突间点、横突间压痛点、关节突周围、腰臀部软组织损伤之压痛点及腰臀部疼痛触发点作为治疗点，一般每次选择 3～5 个点进行针刀治疗。

2. 针刀治疗手法

棘间韧带的针刀治疗：按四步规程进针，刀口线与脊柱纵轴方向平行，针体垂直皮面刺入，进入棘突间隙，将刀口线调转 90°，刀口线与棘间韧带纤维行走方向垂直，对棘间韧带进行切开剥离 2～3 刀。

横突间针刀治疗：在病变节段，棘突水平旁开 3～3.5cm 处定点，有时可触及横突尖，按四步规程进针，针刀刀口线与脊柱纵轴方向平行，针体垂直皮面刺入，当刀锋到达横突骨面时，调转刀口线使刀口线与横突下缘平行，沿骨面将刀锋移到横突尖下缘，紧贴横突下缘骨面，由外向内对横突间韧带、横突间肌进行松解治疗，当刀下有松动感时出针刀。

关节突关节针刀治疗：棘突间旁开 1.5～2cm，按四步规程进针，针刀刀口线与脊术纵轴平行，针体垂直皮面刺入，达到关节突骨面时，调转刀锋 90°，对关节突关节滑囊进行切开松解 2～3 刀，调转刀锋与脊柱纵轴平行，沿关节突关节骨面达关节突关节外侧缘，对脊神经出口进行松解，局部针刀进行铲剥 2～3 刀，但不进行通透切割治疗。

腰臀部、下肢压痛点的针刀治疗：在定点处按四步规程进针，针刀垂直于皮面，刀口线与该处肌肉、神经血管走向一致，施术部位避开重要神经和血管，垂直刺入后要摸索进针刀，一般当针刀到达病变的软组织时，病人会出现明显的酸胀感，施术者手下针刀可以感觉异常的紧张阻力等感觉，即可对局部进行切割松解治疗，若患者有触电或串麻感时，要稍微退针刀，改变方向后再进针刀，以免损伤神经或大血管。

术毕，出针，按压针眼2～3分钟，防止局部出血、血肿形成，用创可贴外敷针眼，保持创口清洁干燥48小时，以防感染。每5～7天1次，2～3次为1个疗程。

二、中药辨证论治

（一）颈椎病的用药特色

1. 神经根型颈椎病

以脊神经根受到卡压，出现相应卡压神经根支配区域的酸痛、麻木为主要症状。

治则：疏风解肌，通络止痛。

方药：桂枝加葛根汤加减。

基本方：桂枝12g，芍药12g，生姜10g，炙甘草10g，大枣10g，葛根30g，桑枝15g。

加减：肩痛加桑枝、片姜黄、炒枳壳；疼痛剧烈加元胡、川楝子，泽泻、猫爪草、白花蛇舌草；风寒湿较重可加徐长卿、青风藤；上肢麻木可加僵蚕、地龙、乌梢蛇等。

桂枝葛根汤，主治太阳经证，外感风寒，太阳经气不利，筋失所养，项背强几几。项为太阳经、督脉所主，太阳为人之藩篱，外邪侵入，太阳受之，经气不利则项背强几几，姚师用桂枝葛根汤加减治疗神经根型颈椎病，是取其治经之意。

2. 脊髓型颈椎病

脊髓型颈椎病变是脊髓压迫症引起的病理改变之一。上肢通常以下运动神经元通路损害为主，手笨拙，无力，表现为精细动作困难，霍夫曼征多显示阳性，下肢以上运动神经元通路异常，表现为肌张力不同程度的增高和肌力减损，多表现为下肢乏力、步态异常、踩棉花感。

治则：活血化瘀，和血通痹。

方药：黄芪桂枝五物汤合血府逐瘀汤加减。

基本方：黄芪 30g，桂枝 12g，芍药 12g，桃仁 12g，红花 12g，当归 12g，生地黄 12g，牛膝 15g，川芎 12g，桔梗 9g，枳壳 12g，甘草 10g，柴胡 9g。

加减：血瘀严重加三棱、莪术或水蛭；四肢痿弱加重黄芪用量，加地龙。

姚师认为脊髓型颈椎病证多本虚标实，肝肾不足，气血已亏，而瘀血甚重，所以姚师以黄芪桂枝五物汤合血府逐瘀汤加减来治疗。

3. 颈源性眩晕

临床以眩晕为主要表现，排除眼源性、内耳迷路性及颅内等因素所引起的眩晕。

治则：活血通络，通阳定眩。

方药：通窍活血汤加味。

基本方：葛根 30g，桂枝 12g，赤芍 12g，川芎 12～20g，桃仁 9g，红花 9g，地龙 9g，僵蚕 9g，甘草 10g。

加减：疼痛剧烈可以加元胡、枳壳，或加重川芎用量；眩晕较重加白术、天麻；气血不足加当归、黄芪；咽干、口苦加柴胡、黄芩。

颈性眩晕多为阳气不通，推动乏力，气血运行不畅，导致髓海失养所致，所以颈性眩晕与脾失健运，气血亏虚之眩晕，肝肾不足髓海失养之眩晕及清阳不升，痰浊上扰之眩晕有本质上的不同。其治疗当以通阳为主，阳气通，则能推动血液运行、温煦血液，加速血液运行。

（二）腰椎间盘突出症的用药特色

1. 在以"筋"论病机下对"从筋论治"中药治疗的理解

腰椎间盘突出症基本上都属于伤筋病，大多是软组织源性的疾病（虽然椎间盘的结构从解剖角度来说属于"关节"范畴），因此强调要"从筋论治"。通过前述对"理筋"概念及其外延的探讨，"理筋"手段（包括其外延的概念）在该类疾病的治疗中是贯彻始终的，针刀技术、推拿、正骨整脊、针灸、理疗、功能锻炼（包括康复训练）等，均已涵盖在广义的"理筋"范畴之内。以"筋"为主线，使得各种非药物治疗手段得到了统一。那对于传统的中医药物治疗来说，能否融合在"从筋论治"的理论框架之中呢？

（1）肝主筋

关于肝主筋在《黄帝内经》中已有详细的论述，如《灵枢·九针论》曰：

"肝主筋。"《素问·痿论》曰："肝主身之筋膜。"《素问·六节藏象论》曰："肝者……其充在筋。"《素问·经脉别论》曰："食气入胃，散精于肝，淫气于筋。"《素问·上古天真论》曰："七八，肝气衰，筋不能动。"肝主筋指的是肝主全身筋膜，与肢体运动有关。肝之气血充盛，则筋膜得其所养，则筋力强健，运动灵活。肝之气血亏虚，筋膜失养，则筋力不健，运动不利。筋之病变多与肝有关。如筋痿不用，可见于肝阴不足；筋脉拘挛抽搐，可见于肝风内动。

（2）肝为罢极之本及与肝藏血、肝主疏泄的关系

肝为罢极之本出自《素问·六节藏象论》，是用来形容肝之藏象的。"罢"，音义同"疲"，和全身筋的活动有关。历代医家、学者对"罢极"的诠释虽不尽相同，但大都认为"肝者，罢极之本"是指肝与人体运动及运动时耐受和消除疲劳的能力有关，"罢极之本"说明的就是肝主管筋的活动，能够耐受疲劳，是运动机能的根本。

肝藏血指肝具有贮藏血液、调节血量和防止出血的功能。肝贮藏充足的血液，化生和涵养肝气，使之冲和畅达，发挥其正常的疏泄功能。肝贮藏充足的血液，可根据生理需要调节机体各部分血量的分配。当机体剧烈运动时，肝就将所贮藏的血液输布到相应部位，以供所需。当机体处于相对安静状态时，部分血液归藏于肝。《素问·五脏生成》说："人卧血归于肝"，王冰注曰："肝藏血，心行之，人动则血运于诸经，人静则血归于肝脏。

肝主疏泄是指肝气具有疏通、畅达全身气机，进而促进精血津液的运行输布、脾胃之气的升降、胆汁的分泌排泄以及情志的舒畅等作用。肝的疏泄功能反映了肝为刚脏、主升主动的生理特点。《碣塘医话》曰："肝为五脏之长，而属木，……""……不知肝木属春，生生之气，如无此气，人何以生……"肝气主升、主动的生理特点决定了肝能够疏通、畅达气机，使全身之气通而不滞、散而不郁。而气是构成人体和维持人体生命活动的最基本物质，具有推动、温煦、防御、固摄、气化、营养等重要功能。

气机指气的升降出入运动，《素问·六微旨大论》云："故非出入，则无以生长壮老已；非升降，则无以生长化收藏。是以升降出入，无器不有。"人体脏腑、经络、形体、官窍等的功能活动，全赖气的升降出入运动。肝在五行中属木，与春气相通应，对气机的疏通、畅达、升发、开泄具有重要的影响，肝气疏泄，则人体生化不息。刘渡舟曰："因为春天的阳气上升，促进了万物的欣欣向荣，人之于气交之中，也必须顺应这个规律，所以肝应春

生之气，而主升发的作用，它是人的生命源泉和动力……"，周学海曰："……肝者，升降发始之根也。"肝主疏泄所产生的生理效应都以疏泄气机为基础。《杂病源流犀烛·肝病源流》说："……故一阳发生之气，起于厥阴，而一身上下，其气无所不乘。肝和则生气，发育万物，为诸脏之生化；若衰与亢，则能为诸脏之残贼。"指出肝主疏泄的功能具有重要的整体调节作用。

肝藏血与主疏泄的生理功能相辅相成、相互为用，共同调控着气血的运行，为维持人体的运动能力营造有利的内环境，其理论实质上反映的是中医学对于人体生理功能的认识，恰恰是"肝者，罢极之本"的理论基础。

（3）肝与风的关系

肝与风之间关系密切，《素问·至真要大论》中说："诸风掉眩，皆属于肝"，掉，即振掉，指肢体震颤，动摇不定的一种症状，也涵盖了肌肉抽动，涉及现代医学的帕金森症、运动神经元疾病等，应以"肝风"为主，须从肝、从风论治，这得到了众多临床验证。《素问·宣明五气》："五脏所恶，肝恶风。"马莳注："肝属木，其性与风气相通，而感风则伤筋，故恶风。" 有研究表明，国家级名中医叶海的经验方"治腰第一方"从风论治，针对慢性腰腿痛，取得了良好的临床疗效。

总而言之，引用《素问·痹论》所言："筋痹不已，复感于邪，内舍于肝。"因为肝之合为"筋"，"筋"病久而不去者，内舍于其合，临证往往可见肝之郁者、虚者。而"风为百病之长"，往往又与寒、湿、痰、瘀等相互夹杂而痹阻经脉，在腰椎间盘突出症的治疗上，目前许多医师在临证时往往只顾及温热祛邪化瘀，却忽视"肝与筋，肝与风"之间的密切联系。

2. 从筋论治、从肝论治及从风论治之间的关系

姚师主张中药内服治疗慢性腰腿痛的基础在于总体把握筋、肝、风之间的关系。要善于治"风"，既要治疗"外风"，也应兼顾"内风"，既要重视筋脉痹阻的局部表现，更不能忽视全身气血运行及脏腑功能，尤其是"肝"，柔肝、疏肝、平肝、补益肝肾是不同病机下不同的治则，同样重要；同时，"治风先治血，血行风自灭"，组方又应酌配活血养血之品。姚师的基本经验方由桑寄生、牛膝、鸡血藤、防风、秦艽、五加皮、细辛、海风藤、络石藤、川续断、白芍、延胡索、枳壳等组成，在此基础上随症加减。

从筋论治包括：舒筋活络、养血壮筋，从肝论治包括：柔肝、疏肝、平肝、补益肝肾，从风论治则含了疏风通络、活血祛风、祛风胜湿、滋阴熄风等，同时，在辨证论治的基础上，分清寒热、虚实，结合病理产物再注重化湿祛痰之法，紧紧围绕着筋及肝的生理功能。

常见的遣药处方思维包括：重用白芍以柔肝、平肝；肝气郁结，予疏肝解郁，可合用柴胡疏肝散或复元活血汤；肝阴血不足，则补血养肝，可合酸枣仁汤；肝脾不合，合以四逆散、逍遥散；肝胆火旺者，予清泻肝胆；寒甚阳虚者加用附子、乌头、桂枝之品；痛甚者加用三棱、莪术、乳香等；下肢出现拘挛感，则加用白芍合甘草、木瓜以柔筋止痉；气血亏虚者加用四君、四物、黄芪等；肾虚者加狗脊、淫羊藿、杜仲等；滋补肝阴则加用地黄、麦冬、枸杞子、芍药、阿胶等；滋阴熄风则运用鳖甲、龟板、龙骨、牡蛎、赭石等；根据病情还常配伍蜈蚣、全蝎、僵蚕、天麻、地龙等以疏风解痉，通经活络。针对肢体麻木不仁之气血凝滞、痰瘀相搏者，即石氏伤科所言："腰痛有痰湿，腰胯肿痛为积痰乘经络流注，搏于血亦然；麻木亦有痰在血分，痰挟瘀血气滞而病。"则治以化痰祛瘀，以畅达经络，可选逍遥散合指迷茯苓丸；又根据患者的体质、脾胃功能，灵活运用调和剂、健脾养胃等，不一概而论。

总之，姚师在腰椎间盘突出症包括慢性腰腿痛的内服药物治疗中，其着力点在于"筋"、"肝"与"风"，兼顾整体，顾及全身气血运行及脏腑功能，同时，还要颈腰同治，注重脊柱的整体平衡性，应体现出整体、局部兼顾的治疗原则。

三、特色手法治疗

（一）颈椎的手法治疗

姚师在通过针刀治疗使得局部软组织松解的基础上，有时还须对颈椎小关节进行整复。针刀与手法的有机结合是姚师治疗颈椎病的主要方法。

颈椎定位旋转牵拉扳法：患者取正坐位，术者立于患者身后。做旋牵手法前，先用㨰法、揉法、拿法，对颈项部及背部肌群进行放松治疗，以便于进行旋牵整复手法。以右侧为例，术者以左手拇指顶住患椎棘突（一般有明显压痛）向左下推，右臂屈肘使前臂置于患者颌下及左颊部，嘱患者略低头，右臂用力向上、向右提牵旋转，先将患者头颈右旋至有固定感处，再左、右手同时加力，作一个有控制的快速顿旋，此时往往可听到关节的弹响声。

对于关节整复术有三方面要特别重视，一是手法的适应证：姚师在临床上非常重视手法复位的适应证，首先要排除手术复位的禁忌证；其次强调临床症状、体征、影像学三方面统一，要做到"心里有数"；最后注重手法复位的针对性,要起到立竿见影的效果。

对于定位旋转牵拉扳法而言,首先就要定位精,根据症状、体征、影像学三方面做到定位精准,结合颈部屈伸活动时棘突间隙开合进行手法定位;其次定位后用一手拇指压住相应的颈椎棘横突交界下缘,另一手前臂与肘关节抱住患者头部,并作向患侧的旋转运动,使得关节产生交锁定位;最后用抱头之手作向上的缓慢牵拉,在极限位时作向上偏后的轻微扳动。

(二)腰椎的手法治疗

针刀治疗后,当配以腰部手法治疗。姚师常在针刀治疗基础上配合腰椎旋转定位扳法。腰椎旋转定位扳法首先强调定位要精准,要针对性地对错位的关节突关节、卡压的脊神经根出口进行手法整复治疗;其次,手法要做到稳、准和果断;最后,姚师认为手法治疗中病即可,不须每次都进行手法整复。另外,在脊柱退行性疾病中的各种手法治疗,均以"微调"为重要理念,而不追求复位中的关节"弹响",如对于一个小提琴手而言,由于其职业原因,脊柱将长期保持在一个"非对称性姿势",适度的脊柱侧弯恰恰符合其生理状况,如果以"纠正侧弯"为目的,将导致"本末倒置",反而不得要领,因此,很多时候手法是辅助性的,调整筋之间的平衡更为重要,而这正是"以筋为主"、"理筋为先"的重要理念。

姚新苗教授在脊柱及脊柱相关疾病治疗方面的临床经验丰富,这里并未能概括完全,但其所倡导的"理筋为先,中药相辅,结合正骨调曲,练功贯彻始终",将是这一类疾病治疗中的"主干线",将会长期指导着临床实践。

第三节 动静结合利诸节

"动静结合"是骨伤科疾病治疗的基本原则,而骨伤科疾病亦往往以运动系统的功能作为核心问题。自华佗的五禽戏开始,历代医家均注重功能锻炼,姚新苗教授在中西医结合骨伤康复领域,颇有造诣,其对"动静结合"更有其独特的认识。2014年2月,姚新苗教授在青年时报发表了一篇科普文章,题为"当动则动,当止则止;知所先后,则近道矣",比较系统地阐述了中医运动养生之"动静"辩证观。结合该文章的主要观点,本节将对"动静结合"的科学含义予以进一步的概括,同时结合"动静结合"对骨伤科疾病治疗中的功能锻炼的方法及理念予以分析。

一、"动静结合"基本的科学含义

生命的要义不仅仅只是活着，更要活出精彩，活得有质量，让生命活出精彩是一门学问。"生命在于运动"是由 18 世纪法国著名思想家、哲学家伏尔泰提出的久盛不衰的格言，而远在我国古代的三国时期，华佗就提出了"流水不腐、户枢不蠹"的观点以及运用"五禽戏"进行强身健体，即"以古之仙者为导引之事，熊颈鸱顾，引挽腰体，动诸关节，以求难老"，这说明了运动的重要性。

另一个方面，龟鹤的故事又告诉了我们长寿的秘诀，乌龟运动迟缓、新陈代谢缓慢；而鹤喜独处，飞行时动作轻柔而缓慢，但它们却是寿星一族！静、慢、低温是生命节能的三大法宝，生命犹如蜡烛，燃烧得越旺，熄灭得越早。

姚新苗教授认为，维护健康不仅要有"作"还要有"息"，不要仅仅考虑"做什么"，也要考虑"不做什么"，其实一个人独自傻傻地"发呆"，在现代超快节奏的社会生活中，也显得尤为重要，可千万不要有"难得糊涂"之类的感慨！而这就是"动静结合"最基本的含义。

适量的运动，能改善机体健康状况；不合适的锻炼，特别是剧烈运动反而会破坏人体内各系统之间的平衡，加速人体某些器官的"磨损"和部分生理功能的失调，进而引起疾病，最终缩短了人的生命进程。正如虎豹活动力惊人，可是寿命却远远不及龟鹤。与过激运动相反，那就是外在运动几乎停止的静身养性，这对老年人来说尤为重要。

因此，姚教授认为所谓"动静结合"实为中医运动养生之大法。生命在于适度的运动，也在于合理的静养。静养通过"调身"，使全身放松，消除紧张状态；通过"调息"，平心静气地和缓呼吸，调节神经功能；通过"调心"，凝神定意，撇开一切念欲情缘，获取一个无忧无虑的心境，最终将使人获得心神安定、体格刚健的结果。

二、"动静结合"符合辩证唯物主义

"运动是绝对的，静止是相对的"，这是辩证法唯物主义的基本观点，即运动的绝对性。这是因为一切事物都处于运动之中，而且每一事物自始自终都在运动，没有不运动的物质。运动是普遍的、永恒的和无条件的，因而是绝对的。同时，辩证法唯物主义也承认物质存在着某种相对静止状态。相对静止是运动的一种特殊状态，是表示物质运动在一定条件下、一定范围内处于暂时稳定与平衡状态。静止是有条件的、暂时的，因而是相对的。或许我们就有了疑问，既然运动是绝对的，那么"生命在于运动"就更符合生理，但"长寿在于不动"也有一定道理，如何认识他们之间的内在关联呢？对此，姚新苗教授也有更深刻的思考。

人作为高级动物，始终在进行着新陈代谢、物质交换，中医"天人合一"的整体观就说明了在人体中不停发生着"运动"，所谓"静养""不动"，只是在人类在活动方式上的相对静止。"一张一弛""张弛有度"这才符合辩证法之对立统一规律。对于老年人来说，其生理呈衰退状态，但"静养"并非是对"运动"的否定，恰恰体现在这"张弛有度"上。

"动能马上动得起来，静也能快速入定，这就是健康最好的保障，就像成语'静若处子，动若脱兔'中的含义"，姚新苗教授这么说。

现代社会的高节奏、高压力性，使得更多的人都处于"浮躁"状态，对于这样的人群，除了适度的运动，东方式的"修身养性"理念就尤为重要，这也是瑜伽、正念冥想这一类以静为主的健身形式很快就在国内得到普遍认可的原因之一。瑜伽、正念冥想这一类形式都可以很好地激活人体内在的"本体感觉"，尤其正念冥想中"有意识地觉察"，从形体上看是"静"，但在身体内部实为"动"，而且是剧烈的动，是不断在强化意念对身体的感知与控制能力，符合"意识的能动性"。只有对此有深刻的认识，才真正触碰到了"动静结合"的本质。

传统的运动养生法如五禽戏、八段锦、太极拳等都要讲求调息、意守、动形，概括而言，就是要做到"动静结合"，在一呼一吸、一张一弛之间方显神韵。所谓"宁静以致远，淡泊以明志"，修心往往比健身更来得重要。"动静结合"体现的是一种中医的中庸之道、平衡观，即所谓的"阴平阳秘"。

因此，"动静结合"完全符合辩证法。

三、疾病治疗中的"动静结合"

中医治疗骨折的基本原则中最重要的就是"动静结合"，强调功能锻炼的重要性，其实，除了骨折，大部分中医骨伤科疾病的治疗中都离不开"动静结合"，尤其是涉及关节的疾病。强调功能锻炼的重要性，恰恰是姚新苗教授高超医术的关键组成部分之一，对很多疾病，在功能锻炼上的指导方面，他都有自己的一套，唯有"动静结合"，方能"利关节"。

（一）骨折治疗中的相关要义

随着微创手术技术的发展与成熟，选择非手术治疗骨折的患者越来越少。手术治疗有其优势，关键在于骨折稳定后可以快速恢复大部分功能，使得患者早期就能运动关节，可避免后续软组织萎缩的并发症。但许多老年人，由于手术耐受力下降，还是会选择非手术治疗。

无论夹板、石膏，对于有外固定的患者，指导功能锻炼是姚师在诊疗中必不可少的环节。对于一个常见的桡骨远端骨折，姚师也是反复嘱托弟子们不要忘记让患者锻炼肩关节。这时，让患者用健侧手托起患侧前臂，俯下身，进行肩部的摇摆、旋转就尤为重要，也要求尽量让患者能上举过肩，这是防止继发肩关节周围炎的有效措施。每次打石膏固定时，都要求我们注意要保证掌侧的石膏绝对不能超过掌侧横纹，这样就不会影响掌指关节进行活动，通过这些细节恰恰确保了疗效。

利用自己健侧的肢体来引导进行功能锻炼是姚师经常在临床中应用的技巧，当股四头肌无力时，在坐位无法完成膝关节伸展时，用健侧腿托住患侧小腿，这时，就可以通过控制健侧腿的力量，来帮助进行股四头肌锻炼，而且安全。在骨折后期，姚师善于指导患者利用自己的身体（重力）来自我锻炼，对于膝关节屈曲挛缩的，在平卧位用健侧下肢压在髌骨上，就能起到下压逐渐牵拉挛缩组织的作用，有保护下的"弓箭步"是利用自身重力进行膝关节锻炼的另一个有效手段，可增加关节的屈曲度，此类技巧不再列举。

在骨折的功能锻炼中，一定不能忽视骨骼肌的"等长收缩"锻炼，许多人认为"等长收缩"不那么重要，因为关节运动需要"等张收缩"，这样，骨骼肌就通过长度的改变使得关节活动起来。但是，这样的观点是完全错误的，现代研究已经表明，在骨骼肌的等长收缩基础下，肌腱发生长度的改变是关节运动中最为常见的情形，尤其充分体现在匀速行走等活动中。所以，看似一个很普通的肌肉"绷紧"动作，实为功能锻炼中的关键环节之一。"绷紧"动作，不仅可以有效促进静脉回流，关键是可以通过对局部对筋膜的挤压改善组织细胞的代谢，所以，无论骨折早期、晚期，无论有没手术，以"绷紧"动作代表的"等长收缩"训练都是重点。

从中医阴阳角度，不妨将"等张收缩"定义为阳中之阳，"等长收缩"

定义为阳中之阴，这样就更能理解。

另外，主动抗阻拉伸训练也是骨折康复技术中的一个重要组成部分，其原理是骨骼肌在单纯被动拉伸时，并不会触发高尔基腱器官（位于肌腹与肌腱的连接处），高尔基腱器官只对肌肉主动的动作做出反应，它们会降低肌肉张力，以免它们承受过大的负荷而劳损，从而保护肌腱和关节。因此，在骨骼肌主动收缩时，此时由康复治疗师予以拉伸（等张收缩中的离心运动），将可提高拉伸效果，这对于软组织挛缩的改善具有非常重要的作用。而这样的离心收缩，其实是骨骼肌常见的活动方式，如行走中，足跟着地时的胫前肌与股四头肌。还可以利用自身重力来实施这样的技术，如双侧全足先站立于台阶上，站稳后，将患侧足改为前足站于台阶后方，足跟悬空，这时，重心在健侧，在保持平衡的过程中，将重心慢慢移回到患侧，此时，一方面要求患者主动收缩小腿三头肌，另一方面，利用重力同时拉伸了跟腱，这是对上述原理的一个灵活运用，也是现代倡导的"筋膜健身"中的一个重要理念，可有效诱导局部筋膜在各个方向上的张开，起到更好的锻炼效果。

对于骨折患者，姚师总会根据患者病情并结合经验进行针对性的指导，一方面，要求患者放松情绪，提高对疾病治愈的信心。对四肢骨折患者，注意指导患者休息时适度抬高患肢，以利静脉回流，但强调"静中有动"，对下肢而言尤其注重床上的相关功能锻炼，在安全的情况下，积极下地活动，逐步增加对骨折端的应力刺激，促进骨折愈合，整体提高这类疾病的临床疗效。

（二）颈椎病治疗中的相关要义

颈椎的功能锻炼与康复保健中存在着许多误区，常见的包括：以"甩头"动作进行功能锻炼、过度拉伸，有人认为牵引在能耐受下越重越好，有人喜欢佩戴气圈式的颈围并形成依赖，这些误区，往往建立在对颈椎生物力学机制的认识不足或错误之上。

颈椎的运动，比较特殊，解剖上将颈椎分为上颈椎（枕—寰—枢）与下颈椎（颈3—颈7），下颈椎各节段都有屈伸运动，但没有单纯的侧弯以及单纯的旋转，而是侧弯—旋转运动的耦合，这样在颈椎的功能锻炼上就有一些不同的理念。

1. 以颈椎操、米字操为主导的颈椎活动度锻炼

在这类锻炼中，强调确立颈椎中立位的概念。一般而言，这须保持下巴微收，头颈部基本与地面垂直，颈部有"虚灵顶劲"（将在后续关于太极拳相关章节中予以阐述）的感觉，这样可以激发以"颈长肌"为代表的深层肌群的激活。每向一个方向的运动完成后，必须回到中立位，再往下一个方向活动，在活动时保持缓慢，不求速度，更忌"甩头"，强调在锻炼中对颈椎"控制力"感觉的培养，这利于提高对局部的"本体感觉"能力。

2. 仰头望掌

仰头望掌指双手上举过头，手指交叉，掌心向上。将头仰起看向手背，保持5秒左右，这与八段锦的第一式"双手托天理三焦"基本相同，如果要提升效果，可按下述口诀实施："吸气上提小腹前，呼气翻掌上托天，闭气停顿稍片刻，两臂下落沉肩肘，吸气回返膻中前，呼气手落意丹田，式随气走要缓慢，一呼一吸一周旋。"所以，如果能同时进行腹式呼吸，找到"气沉丹田"的感觉，则效果更佳。

3. 腹式呼吸训练

现代脊柱康复医学研究已经表明，颈椎病与患者的呼吸方式有密切的关联性。"低头族"往往呼吸比较表浅，以胸式呼吸为主，对于一些不善于运用腹式呼吸的人群而言，这样的危害就更大。一些情绪容易紧张的患者，在情绪异常时，会加快呼吸，使得斜角肌、前锯肌等吸气辅助肌被异常激活，疲劳之后就会导致肌肉损伤、痉挛，而诱发出颈椎的问题，所以，腹式呼吸是颈椎病中尤为关键的一个环节，尤其是太极拳理论中的"气沉丹田""逆腹式呼吸训练"，将在后面的章节里予以阐述，有个简单的方法就是在吸气的时候配合"提肛"，这样就调动了腹横肌收缩，就是要用"夹着尾巴做人"这样的感觉，进行呼吸训练，但注意，呼吸方式的改变需要比较长的时间。

4. 头手相抗

双手交叉紧贴颈后，用力顶头颈，头颈向后用力，互相抵抗。这对颈椎肌力的锻炼有益处，同时，双手可以逐渐加大力度，使得颈部保持后伸力量的同时屈曲，这样就可以达到前述的主动抗阻拉伸训练（离心运动），这反而有利于颈背伸肌群的放松，但要控制好双手的用力度。对于脊髓型患者，进行该动作练习时必须完全掌握该原理，否则不建议使用。

5. 颈项争力与伸颈回望

颈项争力指左手放在背后，右手手臂放在胸前，手掌立起向左平行推出，同时头部向右看，保持几秒钟，再换左右手。

伸颈回望指双手向前平伸叠掌，努力向前伸颈到最大限度，做扩胸运动，头向一侧回望,保持2秒,换另一边。通过这样的锻炼有利于调动颈椎各方面的肌群。

6. 神经肌肉反馈重建(Neurac)技术

Neurac技术主要指长时间低负荷的运动,指在仰卧颈部中立位摆放、俯卧颈部中立位摆放两种体位下,治疗师将患者脊柱曲度略变直,嘱患者放松浅层肌群状态下维持。记录患者发生疲劳的时间与患者停止(在发生疼痛或无法支持时停止)的时间。正常人能持续120秒而不产生不适。再次操作时如果患者能够在上述时间有所增加,则继续此训练,这被称为"holding time"。该技术的特点包括:①闭链运动,强调多关节的协同,较开链运动更接近于功能性康复;②通过特殊体位下静态训练,更好地激活局部稳定肌,通过动态重复性训练,重建正常的神经肌肉控制模式;③通过不稳定的支持面,最大限度地激活神经肌肉控制能力;④强调无痛原则,避免不良信号输入,影响疗效甚至加重病情。因此,可运用该原理进行相关训练。

7. 枕下肌群相关训练

枕下肌群位于枕骨的下方,寰、枢椎的后方,头半棘肌的深面,作用于寰枕及寰枢关节,包括头后大、小直肌和头上、下斜肌四肌。头后大直肌、头后小直肌作用相同,一侧收缩头转向对侧。头上斜肌一侧收缩使头转向对侧并向同侧侧屈,两侧收缩使头后仰。头下斜肌一侧收缩使头转向同侧并屈。

枕下肌群颈前深屈肌共同维持着上颈椎后缩的姿势,其神经支配高度密集,每个神经元支配的肌肉非常少,为3~5根肌纤维,同时,枕下肌中每克肌肉组织中有36束肌梭,对比臀大肌每克中仅有0.7束肌梭,由于枕下肌群组织中含有大量这样的牵张感受器,通过反馈,使得这些肌肉张力可迅速发生变化,从而可精确调整头颅的位置。当人们用眼睛和内耳水平地引导头部方向时,会对枕下肌群产生一定的张力,因此,任何眼睛转动都会在这些枕骨下肌群产生张力的变化,因此枕下肌群又被认为是整个脊背部的功能中心,连接着从眼球动作到大脑到脊背部肌肉的信号传入和输出及动作协调性,可以说如何使用眼睛,特别是如何使用颈部,决定了背部肌肉的张力形式。

同时,由于下颈椎运动方式的特殊性,即前述的侧屈—旋转的耦联,故在下颈椎的单纯侧弯或单纯旋转时都须上颈椎的协同,因此,枕下肌群在颈椎的作用极为重要。

综上所述,眼球的运动是可以诱发枕下肌群的活动,因此,针对眼球的运动训练可以帮助进行枕下肌群的锻炼，另外，在颈椎功能锻炼的过程中，收缩面部表情肌，也有利于颈部局部的稳定，这与歌唱时的表情要求是一致的，符合运动生物力学。

8. 加强背部肌群锻炼的重要性

颈椎病中往往会表现出"上交叉综合征"，这不能忽略胸大肌的紧张与上背部肌群的减弱这一矛盾，因此，姚师认为在颈椎病的锻炼中必须加强上背部、肩部的活动及力量训练，同时可结合针对胸大肌的放松治疗，很多时候，胸背问题反而是颈椎病功能锻炼的关键环节。太极拳中的"含胸拔背"与"沉肩坠肘"，就描述得比较清晰，将在后面章节中予以阐述。

另外，对于患者而言，如果能结合一些主动拉伸训练，会对治疗起到重要的辅助作用，可缓解斜角肌、斜方肌、肩胛提肌等的紧张程度，但患者需具备一定的解剖知识基础，对老年人而言，在日常活动中较难开展。

对于适合颈椎牵引的患者，在适度牵引、肌肉放松的前提下，进行有控制的各向活动有利于激发深层肌群。

上述是姚新苗教授针对颈椎病的一些运动康复理念，同样也强调"动静结合"，让低头族在30分钟内强迫起身活动是减少颈椎病发病率的一个有效措施。

（三）腰椎间盘突出症治疗中的相关要义

腰椎间盘突出症的运动康复训练比较复杂，前述的逆腹式呼吸训练是激活腹横肌的重要手段，常规的"燕子飞""搭桥"等训练不再复述。脊柱的稳定性训练是腰椎间盘突出症的核心，因此，针对腹横肌及单侧不平衡姿势的锻炼在腰椎间盘突出症的运动康复训练中尤为重要。

1. 增强对腹肌控制能力的训练

腰部有问题的人群，往往会表现出腹部肌群减弱的表现，但腹肌训练中以"仰卧起坐"为代表的"卷腹"并不适合腰椎间盘突出症的患者，同时，"仰卧起坐"由于本身并不够合理，也已逐渐淡出健身界，但要强调腹肌控制能力的训练。

最简单的方法是让患者双腿伸直下仰卧，此时腰椎会出现一个凹陷，此时可将手部放置在该凹陷中，此时尝试收缩腹肌，使得凹陷部位紧紧向手压紧，此时会使得腰椎前凸减少，这个动作负荷低，通过反复练习，能提高对腹肌的控制力。若找不到感觉，可先屈髋屈膝，这时，也可感受到腹肌的收缩，以这样的感觉再次尝试，一般都能熟练掌握，而这个动作是其他一些动作的基础。

在双膝着地手撑起的爬行体位下，Cat-Camel 练习（通过猫、骆驼背部这两种姿势的转化）同样可针对腹肌控制力进行训练。但这类动作训练最终的目的是要求患者在坐位及站立位时能维持这样的控制能力。

在仰卧位下，屈髋屈膝足着地平放，扭动腰部，利用双侧下肢的重力也可激活腹横肌、腹斜肌，也会提升腹部控制能力，只有在保持腹横肌为主的腹肌收缩，才使得腰椎能额外获得"稳定"的力量。

此外"紧绷腹"训练也是必不可少的一个重要环节，须与腹式呼吸相配合。

2. 单侧不平衡姿势下的训练

前述在双膝着地手撑起的爬行体位下向后伸出一侧下肢，或在向后伸出一侧下肢同时伸出对侧上肢，也可在俯卧位下，将一侧下肢抬离床面或同时将对侧上肢抬离床面，这些都是安全的锻炼方式，通过这样的运动形式可以激活多裂肌等深部肌群。

在仰卧位下单侧踢腿练习，或者"空踩单车"练习，也是属于单侧不平衡练习，双侧直腿抬高训练是用于训练腹直肌下部为主的，但单侧的直腿抬高其实更有利于训练腹横肌与多裂肌的协同功能。

在经过上述针对腰腹肌的控制能力训练之后，在保持下腹部收缩下，可进行腰椎的小范围的环转训练，可逐渐加大训练量。对于适合腰椎牵引治疗的患者，同颈椎一样，在肌肉放松的情况上，应在牵引床上先做这些强化腰腹及控制能力的训练，然后再离开，对于腰腹肌控制力较弱的患者，应短期佩戴腰围，通过增加腹压来提高脊柱的稳定性。

另外，小区里常见健身器材"漫步机"，是提高腹肌控制能力的优良辅助工具，建议患者常规使用。

所以，不仅仅是腰椎间盘突出症，对于大部分慢性腰痛的患者，这样的措施都是有效的，当然对于一个急性期发作的患者，需要卧床休息，但床上休息的时间不宜超过3天。在床上休息时，同样须进行一些仰卧体位下的锻炼。在缓解期，养成锻炼习惯，并逐渐提高负荷下的协调能力，是改善这类疾病预后的关键要素。

（四）膝骨性关节炎治疗中的相关要义

四肢关节的功能锻炼中，以膝与肩最为重要，这里着重讨论一下膝关节的锻炼要点。或许大家有疑问，膝关节的活动以屈伸为主，只有在屈膝下才有内外旋转运动，锻炼的形式比较单一，不就是加强股四头肌锻炼吗？可是姚新苗教授并不这样认为，膝关节其实是"动静结合"理念中最好的范例。

医学界应该基本已形成共识，不动更容易诱发膝退行性关节病，但仍有不少医师给出了减少行走可减少磨损的建议。的确，膝骨性关节炎患者不应该去爬山，减少走楼梯，因为这样的方式会增加磨损，但这不代表着应该禁止走路，反而，除非是急性滑膜炎，否则就应该鼓励患者尽可能多走走，尤其是在疾病缓解期。

走路是人体的本能，通过行走产生的应力改变，是促进关节内软骨、半月板等组织结构新陈代谢的必要因素。关于弹性行走的概念将在后续章节予以阐述，可见本书第五章第三节中关于行走的相关内容。而合理的行走方式是膝骨性关节炎防治的极为关键的要素，在膝关节功能锻炼中，首先就要学会"弹性行走"。

这里，需要着重强调的是对股四头肌锻炼的认识，单纯坐位下进行伸膝的负荷锻炼不应常规推荐给患者，除非该患者出现严重的股四头肌萎缩，以致肌力不平衡，因为，这对恢复下肢功能无明显的帮助，且不是日常的运动方式。

在膝关节的功能锻炼中主要的难点在于膝关节屈曲挛缩的患者，由于膝关节不能伸直，将无法获得一个"弹性行走"的效应，会降低行走效率，增加行走时的关节负荷。

因此，姚新苗教授在这类患者的治疗中，将腘窝周围软组织的松解作为要点，针刀可选择坐骨结节及腘窝四个髁部，同时，结合对腘绳肌、腓肠肌进行主动抗阻拉伸训练（离心收缩），以降低肌肉张力，结合关节腔注射玻璃酸钠，药物控制疼痛，要求患者主动伸膝锻炼，可以让患者在卧位休息时以对侧肢体或其他固定稳妥的重物持续下压膝部，起到牵引松弛的作用，逐渐可让患者恢复部分功能，对于严重的屈曲挛缩患者，遵循循序渐进的原则，以逐渐改善功能，这类患者建议住院治疗，以进行全程的康复训练与指导。对于髌骨力线异常的患者，可予针刀技术针对性的干预，并逐渐在运动中纠正。

重视康复技术的运用，是姚新苗教授在临床中取效良好的重要保证，尤其是针对这些常见病。

第四节　骨痿痹痛集大成

骨痿——骨质疏松症是姚新苗教授毕生的研究与临床主攻方向，尤其对中医药复方防治原发性骨质疏松症的基础与临床方面有深入独到的见解，成果多次获得省政府的嘉奖，其根据老年性骨质疏松症虚瘀夹杂的病理特点，运用中医传统理论，研发出补肾活血经典方"益骨汤"。其主要学术成就体现在：①将筋骨平衡理念运用于骨质疏松防治中，体现"以筋为主""理筋为先"，将在后续章节予以进一步阐述；②确立骨质疏松主要病机是以肾精亏虚为本，瘀血等痹阻经络为标，其病性多属本虚标实，本虚有责于脾肾，而标实则多系瘀血、痰湿、气滞。③以"补肾健脾活血法"为其治疗骨质疏松之大法，形成以"益骨汤"为基础方的临床用药思路。

一、骨质疏松防治重在预防

骨质疏松防治重点在于早预防、早发现和早治疗。治未病的观点贯穿姚师日常临诊和教学，

（一）鼓励患者积极调整生活方式

进食富含钙、低盐和适量蛋白质的均衡膳食；坚持规律的负重运动，适当的户外活动和光照；调整实行健康的生活方式，避免嗜烟、酗酒和过量咖啡及含咖啡因的饮料；积极采取措施以预防跌倒，注意是否有增加跌倒风险的疾病和药物。对于老年人许多有下肢关节炎尤其是膝骨性关节炎的关于运动的矛盾问题，姚师通过对"弹性行走"的概念，已抛弃既往错误的观点，鼓励患者尽可能多行走，但强调行走姿势的合理性

（二）注重营养平衡

重视钙剂和维生素 D 的补充是骨质疏松防治中的常规理念，我国营养协会制定成人每日钙摄入推荐量 800mg，绝经后妇女和老年人每日钙摄入推荐量为 1000mg。而维生素 D 能促进钙的吸收，对骨骼健康、维持肌力、改善身体稳定性有一定帮助能够降低骨折风险。此外，姚师注重对"胶原蛋白"的补充，胶原蛋白是各类结缔组织的重要成为，骨作为一个特殊的"结缔组织"，其占比及含量决定了骨骼的韧性，任何饮食结构都应符合营养

平衡的理念。

二、骨质疏松的中医药治疗及其用药特点

在辨证论治的基础上，把握主要病机，确立了"从肾论治""从脾论治""从瘀论治"治疗思想。以益骨汤为基础方：生地黄15g，山药20g，骨碎补10g，补骨脂10g，淫羊藿10g，丹参10g。方以补骨脂、骨碎补、淫羊藿补肾填精、强壮筋骨为君药，宗其"肾为先天之本""肾主骨生髓"的理论；山药健脾为臣药，宗"脾为后天之源"含义，佐以生地益肾养阴，兼能清热；因久病必瘀，瘀则致痛，故选丹参活血化瘀。

（一）"从肾论治"

肾为先天之本，肾主骨生髓，是骨质强健的主要内在因素，肾中精气不足是骨质疏松发生发展的主要内在因素，所以治疗骨质疏松当以补肾为主。"肾气热，则腰脊不举，骨枯而髓减，发为骨痿"，"肾者水脏也，今水不胜火，则骨枯而髓虚，故足不任身，发为骨痿"。故《下经》曰："骨痿者，生于大热也。"姚师认为骨质疏松多证见肾阴不足，肾精不足，多阴虚内热，所以治疗时当滋阴清热。同时肾藏精，肝藏血，精血同源，则肝肾同源，肾主骨，肝主筋，筋骨互联当以同治，所以补肾要兼顾益肝。

（二）"从脾论治"

脾胃者，仓廪之官，气血生化之源，后天之本，肾中先天之精有赖于后天的补充与滋养，所以治疗骨质疏松，补肾为主的同时当以健脾。脾是人体生命活动所需一切精微物质的吸收和输送的关键，脾之运化正常，则气血生化有源，肾精得充，骨有所养。所以遣方用药时，一方面要健脾和胃，促进脾的运化与升清，同时要注重保护脾胃的运化功能，以防药物所伤。

（三）"从瘀论治"

瘀血是一种病理产物，同时也是一种致病因素，痛症多瘀，久病必瘀。王清任《医林改错》云："元气既虚，必不能达于血管，血管元气必停留而瘀。"《读医随笔》云："经络之中，必有推荡不尽之瘀血，若不驱除，新生之血不能流通，元气终不能复，甚有传为劳损者。"二者说明瘀血的

成因和瘀血作为致病因素所造成的影响。姚师认为瘀血是骨质疏松痛症的主要原因，同时也是加重骨质疏松的因素，所以在治疗骨质疏松时当佐以活血化瘀之品。

（四）临证辨证用药特点

骨质疏松的治疗基础是补肾健脾活血，在此基础上，应随症加减，如肝气郁结在绝经期后骨质疏松症中较为常见，只要证型相符，就须加强疏肝解郁。临证之时更需鉴别有无风寒、湿热、痰瘀，酌情予温经通络、清化痰湿、破血逐瘀等法。

1. 补肾须阴中求阳

益骨汤兼补肾阴肾阳，姚教授在临证之时针对肾阳虚往往合以六味地黄丸为基础，针对现代人的体质特点，传承了补肾阳需阴中求阳的学术思想。补阳与补阴配伍，阴阳并补，而以补阳为主，根据病情可酌情在滋阴之中配入少量桂、附以温阳，意在微微生火，鼓舞肾气，取"少火生气"之意，而不是峻补阳气。根据病情，姚老师会再酌情添加狗脊、川断、杜仲等品，加强补肾之功。

2. 健脾护胃

脾胃为后天之本，对于脾胃虚弱之患者，姚教授往往合六君子汤或参苓白术散，同时临证之时注意关注胃气，以通为顺，酌情添加焦山楂、焦神曲、炒谷麦芽、炒鸡内金等品消食导滞以护胃养胃。

3. 疏肝解郁

疏肝解郁为治疗绝经后骨质疏松的重要治则。绝经期妇女往往伴有情绪的异常，常伴有胸胁部胀痛、失眠等肝气郁结之象，姚老师常合柴胡疏肝散加减；对于肝脾不和，姚教授则合以四逆散、逍遥散等；胆胃不和则合用小柴胡汤；肝郁头痛较甚者，加川芎、白芷；肝郁失眠者加远志、酸枣仁、煅龙牡等；兼有嗳气吞酸、口苦者，加用左金丸。

4. 注重化痰化湿之法

骨质疏松以老年人为主，尤其对于肥胖者，往往多痰多瘀，而痰湿为患，病情多变。姚教授传承了"百病多由痰作祟""痰之为病，变幻百端"等学术见解。另外，湿为阴邪，其性重滞，易伤人阳气，易阻碍气机，其性黏腻，病程长，湿性重浊，身体沉。因此，姚教授认为，骨质疏松既以脾肾两虚为本，必定会影响水湿代谢，化痰化湿之法尤为重要。在补肾健脾的基础上，针对痰湿予温化、清化，灵活运用健脾化湿、利水渗湿、祛风胜湿，同时，祛湿不忘理气，以求"气化则湿亦化"，兼顾三焦的决渎及膀胱的气化。化痰常用半夏、陈皮、茯苓、贝母、枳壳、厚朴等，清热利湿常合龙胆泻肝汤、四妙丸，利水渗湿常合猪苓汤、五苓散，祛风胜湿多伍独活、寄生、海风藤、青风藤、络石藤等。

5. 掌握活血与破血之度

老年人多瘀，化瘀之法须掌握其度，不可一味破血逐瘀，鸡血藤、元胡、川芎、丹参、郁金、赤芍、牛膝等为姚老师常用活血之品，对于气血虚弱的骨质疏松症患者在补益气血的基础上予活血化瘀。若瘀证确实较重，尤其对于自发性骨质疏松性骨折患者，则加用三棱、莪术，必要时予炮山甲、水蛭等破血逐瘀。同时，化瘀不忘行气，酌情添加川楝子、陈皮、枳壳等品。

6. 善用虫类药，搜风通络

姚教授针对骨质疏松痹阻经络的特点，常运用虫类药，如白花蛇、乌梢蛇、僵蚕、蜈蚣、全虫、地龙等搜风通络。虫类药有较好的镇痛作用且强而持久。针对痹痛，按行痹、痛痹、着痹、热痹，在辨证论治的基础上，合用几味虫类药，以提高疗效。

三、运用"理筋技术"积极控制疼痛

疼痛特别是腰背疼痛是骨质疏松患者首要的就诊因素，明显的全身疼、夜间休息的静息疼或翻身疼痛是骨质疏松疼痛的特征性表现。一般认为骨质疏松疼痛的原因包括：①骨转换失衡：大量快速的骨丢失导致骨组织微结构破坏，以及微骨折的发生，同时骨骼畸形导致肌肉、韧带受力异常，造成背部肌肉疲劳、痉挛而发生疼痛；②骨折：脆性骨折所致，通常出现在轻微外伤后，骨折时疼痛多出现在骨折发生的区域；③其他：供血减少，骨膜下及关节处的疼痛感受器受到刺激，长期卧床制动等。

姚师认为骨质疏松腰背疼产生的主要原因除上述因素外，骨质疏松所导致的脊柱力学平衡失调，所造成的脊椎周围肌群及韧带的损伤、痉挛、萎缩、无菌性炎症损害以及损害组织对神经干的刺激也是骨质疏松腰背痛发生的原因。骨质疏松导致驼背、脆性骨折，脊柱畸形逐渐增加，随着畸形的改变往往导致脊柱骨性生物力学关系改变，从而使脊柱周围软组织力学平衡发生改变。生物力学失衡导致脊周深、浅层肌群可继发肌肉松弛、萎缩、痉挛、损伤、粘连等一系列病理改变，这可能是导致骨质疏松疼痛的直接原因，而椎体的压缩及脊柱的变形使附着于局部的软组织易于受损，是间接因素。将其疼痛按软组织外科学分类属椎管外软组织无菌性炎症。

从中医理论来说，骨质疏松疼痛的主要原因在于以下方面：瘀血、风寒湿痹阻。王清任《医林改错》云："元气既虚，必不能达于血管，血管元气必停留而瘀。"肝肾不足，气血运行不畅，气滞血瘀，不通则痛。脏腑不足，气血亏虚，则脉络空虚，风寒湿邪乘虚而入，痹阻经络。寒瘀互阻，不通则痛，气血不运，组织失其荣养，不荣则痛。

针刀疗法是目前公认的快速缓解软组织性疼痛的最有效的治疗方法。通过小针刀对这些粘连、瘢痕及痉挛组织进行松解剥离，可以迅速缓解肌群的紧张痉挛，解除其与周围组织的粘连，改善肌肉的营养供给，能有效地改善肌群与肌群之间、肌群与脊柱之间的力学平衡关系，一定程度上改善、恢复脊柱的生物力学关系。同时，切开瘢痕及粘连组织后，局部组织压减低，循环和代谢得到改善，致痛物质代谢加速，而局部血供的改善也可促进损伤组织修复，因而能较迅速缓解无菌性炎症，减轻疼痛。这遵循了中医"急则治其标"的原则，强调"经络以通为用"。

同时姚师认为，除了推拿（手法应柔和）之外，针灸、拔罐、火龙灸、粗盐包热敷、蜡疗等亦是广义的"理筋"手段，可以用于疼痛的控制，并舒畅经络，以期达到"骨正筋柔，气血以流"。

四、姚新苗教授治疗骨质疏松验案分析

（一）老年骨质疏松症验案

裘某，男，71岁，因"腰痛反复7年余，加剧2个月"前来就诊。

三年来，患者自诉腰部疼痛时时发作，喜暖畏寒，四肢不温，行走乏力，曾多方诊治，但症状无明显改善。2个月前，因体劳出现腰痛症状加剧，不能久坐久立，不便于行，休息未见好转，前来求治。

患者有高血压病病史10年余，口服降压药，血压控制良好（门诊时血压130/80mmHg）。患者血糖正常，否认遗传病、传染病病史，否认食物、药物过敏史。

查体：腰椎曲度存在，向左轻度侧凸，双侧腰肌紧张，有较广泛的压痛，

尤以 L1、L3 棘突左侧、L4 两侧棘旁压痛为甚，双下肢叩击放射性疼痛未引出，双下肢直腿抬高试验左右各 60 左右，加强试验（-），左"4"字试验（+），左右屈膝屈髋试验（+），双下肢肌力正常，生理反射正常，病理征未引出。

辅助检查：骨密度测定提示 T 值 -2.8SD。

中医诊断：骨痹。

西医诊断：骨质疏松，压缩性骨折，腰椎间盘膨出。

初诊脉案：反复腰部疼痛 7 年，加剧 2 个月，喜暖畏寒，四肢不温，行走乏力，饮食不馨，食后腹胀，大便日行 2 次，夜尿频多，舌质淡、边有齿痕，苔白腻，脉沉缓。证属脾肾阳虚证。拟温补脾肾、宣痹通络。

方案：针刀 + 中药。

小针刀治疗定位：腰部压痛点（阿是穴）。

操作：①定位：通过按压触诊进行进针点定位，并用龙胆紫笔进行标记；②皮肤消毒：用 5% 聚维酮碘溶液对局部皮肤进行常规消毒；③局封：先用 2% 利多卡因注射液 4ml、维生素 B12 注射液 0.5mg、复方倍他米松注射液 1ml，配合成混合药液，在标记处作局部封闭，每部位 2ml；④针刀治疗：按针刀治疗四步规程进针，循局封针孔处进针，根据触诊所得和针下感觉，对局部痉挛的浅筋进行纵向松解，并可以旋转针柄 90°。对增厚的筋膜或结节进行横向切割，一般 2～3 刀；出针，按压针眼 5 分钟，以防出血，然后用创可贴外敷针眼，保持创口清洁干燥 48 小时，以防感染。

处方：阳和汤加味。

熟地 15g，杜仲 20g，淫羊藿 15g，当归 12g，桂枝 9g，鹿角霜 15g，怀牛膝 15g，白芍 20g，川芎 12g，炙麻黄 5g，熟附片 9g，细辛 3g，茯苓 12g，生薏苡仁 15g，炒白术 12g，炙甘草 10g。

共 14 剂，每天早晚各 1 次饭后温服。

复诊：诉腰痛减，肢冷畏寒明显改善，腹胀亦减，食欲有增，然每至凌晨大便溏泄。拟温肾逐痹，理气健脾，原方加砂仁 6g，广木香 10g，再进 14 剂。

三诊：腰痛已基本缓解，泄泻已除，胃和纳可，舌质淡，苔白，脉缓。拟温肾健脾，活血通络以善后，方拟益骨汤加减。

骨碎补 10g，补骨脂 10g，仙灵脾 15g，川断 20g，牛膝 10g，杜仲 10g，桑寄生 30g，丹参 15g，茯苓 15g，白术 12g，炙甘草 10g，共 14 剂。

四诊：服汤已，诸症基本消失，劳累后偶感腰痛，程度较轻，拟续服益骨汤，以益肾壮骨。服汤 3 个月，腰痛消失而未反复。

（二）绝经后骨质疏松症验案

张某，女，50岁，因"反复腰背酸痛3年，伴四肢酸痛、痿软无力"前来就诊。

患者近3年来腰背酸痛反复发作，畏寒肢冷，遇冷则重，活动后减轻，劳累后症状加剧，伴四肢酸痛、痿软无力，下肢关节屈伸不利。曾先后多次到当地医院就诊，行腰椎X线片、骨密度等相关检查，诊断为骨质疏松，但治疗效果欠佳。

患者否认家族遗传病病史，否认传染病病史，否认高血压、糖尿病、冠心病等慢性病病史，否认食物、药物过敏史。5年前因多发性子宫平滑肌瘤，行次全子宫切除术，术后停经。

查体：心肺无殊，血压126/76mmHg。腰部活动可，脊柱正直无侧弯，脊椎两侧腰背肌质软，张力正常，按压触诊可及广泛性压痛，特别是在T11、T12、L1、L3、L4椎体两侧。肾区叩击痛（-），下肢放射痛未引出，双上肢臂丛神经牵拉试验（-），双下肢直腿抬高试验右：75°，左：70°，"4"字试验（-），四肢肌力正常，温觉、痛觉、触觉正常，生理反射正常，病理征未引出。

辅助检查：外院X片提示腰椎退行性改变。骨密度T值为-2.6SD。

中医诊断：骨痿证（肾精虚兼气血虚证）。

西医诊断：骨质疏松证。

初诊脉案：反复腰背酸痛3年，伴四肢酸痛乏力，四肢畏寒，面色萎黄，气短乏力，潮热盗汗，食纳不佳，口干微苦，二便正常，舌质红有齿痕、苔薄白，脉沉细。拟益肾填精，滋阴清热，补益气血，活血通络。

处方：补骨脂10g，骨碎补10g，淫羊藿12g，鸡血藤30g，枸杞子12g，女贞子15g，当归15g，生地12g，白芍20g，丹参15g，青蒿9g，炙鳖甲20g，知母12g，黄芪20g，白术12g，太子参15g，茯苓12g，炙甘草10g，共7剂。

嘱增加钙含量高的食物摄入，适当的运动，增加户外光照时间，保暖。

一周后复诊，腰背酸痛有所减轻，畏寒好转，口干苦症状改善，潮热汗出已明显缓解，仍感四肢酸胀乏力，偶有心烦。方已对证，拟续补肝肾，对症加减：

补骨脂10g，骨碎补10g，淫羊藿12g，鸡血藤30g，枸杞子12g，女贞子15g，生地12g，白芍20g，丹参15g，黄芪20g，白术12g，太子参15g，茯苓 12g，木瓜 9g，五加皮 9g，柴胡 9g，炙甘草 10g，共 7 剂。

其他治疗同前。

三诊：自诉：腰背痛已明显减轻，四肢酸痛乏力已明显好转，胃纳可，夜寐欠安，舌质红，苔薄，脉沉细。上方去木瓜、五加皮，加酸枣仁 15g，共 14 剂。

四诊：腰背酸痛已基本缓解，四肢感觉正常、行动便利。嘱常服六味地黄丸补肾养阴，并适当锻炼、加强营养等。

（三）骨质疏松之腰背痛验案

林某，女，71 岁，患者因"腰背部疼痛 1 年余，加剧 1 个月"前来就诊。

患者反复腰背部疼痛 1 年余，痛无定处，劳累后加剧。近 1 个月来疼痛加剧，仰卧痛甚，转侧翻身困难。

患者有高血压病病史，长期服用降压药物（苯磺酸氨氯地平），血压控制良好，否认传染病、糖尿病、心脏病病史，否认食物、药物过敏史。

查体：胸腰椎生理曲度正常，未见明显侧弯，双侧腰背部肌肉紧张度增加，腰背部存在较广泛的压痛、叩击痛，放射痛未引出，肾区叩击痛（-），双下肢直腿抬高试验（-），屈膝屈髋试验（±），"4"字试验（±），双下肢皮肤浅深感觉正常，双下肢膝腱反射正常，病理征未引出。

辅助检查：胸腰椎 DR 示胸椎部各椎体排列正常，L4/5 椎间隙略变窄，各椎体显示唇样增生，胸椎部分椎体呈双凹征改变。提示：胸腰椎退行性改变，考虑骨质疏松，建议进一步检查。骨密度测定：T 值 -3.0SD。

中医诊断：骨痹。

西医诊断：骨质疏松。

初诊脉案：腰背痛年余，加剧 1 个月，痛甚，转侧不利，下肢乏力，常有小腿抽搐，神清，精神欠佳，少气懒言，盗汗，口干欲饮，胃纳尚可，夜寐不佳，二便调和，舌质红，苔薄腻，脉弦细。证属肾虚血瘀，本虚标实，拟滋阴补肾、活血通痹止痛。

方案：针刀+中药。

小针刀治疗定位：腰背部压痛点（每次选 4～6 个点）。

操作：按针刀治疗四步规程进针，当到达操作面时对局部痉挛组织、筋膜作松解切割；出针，按压止血后，用创可贴外敷针眼，保持创口清洁干燥 48 小时，以防感染。

处方：益骨汤加减。

补骨脂10g，骨碎补12g，枸杞子15g，生地15g，怀牛膝12g，白芍30g，芡实10g，龟甲20g，制军10g，丹参15g，五加皮12g，木瓜12g，芦根30g，天冬15g，南沙参15g，北沙参15g，麦冬15g，钩藤30g，薜草30g，乌药10g，蜜甘草10g。共14剂。

嘱增加钙含量高的食物摄入，适当的运动，增加户外光照时间，保暖。

复诊，服汤已，患者自觉疼痛缓解十之七八，腰背活动可，下肢乏力好转。晨起仍感口干，偶有潮热汗出，舌红，苔薄，脉弦细，拟续滋阴健脾，活血通痹。

方案：同前。

小针刀治疗：略。

处方：益骨汤加减。

补骨脂10g，骨碎补12g，枸杞子15g，生地15g，怀牛膝12g，白芍30g，芡实10g，龟甲20g，制军10g，丹参15g，天冬15g，南沙参15g，北沙参15g，麦冬15g，炙甘草10g，茯苓15g，炒白术12g，怀山药30g，炒枳壳12g。共14剂。

三诊。自诉腰背部疼痛已基本缓解，活动可，夜寐安，无口干，无潮热盗汗，舌质淡，苔薄白，脉细缓。拟益肾壮骨，续服益骨汤，基础治疗同前。服汤3个月，腰背痛消而未反复。

（四）糖尿病合并骨质疏松验案

陈某，女，63岁，患者因"双下肢酸痛乏力3个月"前来就诊。

患者近2年来，经常反复出现腰膝酸痛，3个月前，在无明显诱因下出现双下肢酸痛乏力，曾去他院诊治，腰椎MRI提示腰椎退行性改变，以腰肌劳损进行物理治疗，症状未有改善。

患者有糖尿病病史10年，长期服用药物控制，空腹血糖一般控制在正常值以内，患有高血压病史3年，血压舒张压偏高，收缩压正常，自诉舒张压常在95mmHg左右（本次测得血压为126/96mmHg），但一直未服用降压药。否认遗传病、传染病病史，否认食物、药物过敏史。

查体：患者腰骶部过屈，腰椎无明显侧弯，双侧腰肌紧张，双侧棘旁有广泛性压痛，以酸痛为主。腰椎叩击痛（+），无双肾区叩痛，双下肢直腿抬高试验左右各60°左右，加强试验（-），"4"字试验（-），双下肢屈膝屈髋试验（-），双下肢肌力Ⅴ⁻，膝跳反射减弱，病理征未引出。

辅助检查：外院腰椎 MRI 提示，腰椎生理曲度正常，无明显侧弯，各椎体前缘唇样改变，各椎间隙未见明显狭窄，各椎间盘未见明显突出。本院骨密度测定：T 值 -2.6SD。

中医诊断：骨痿，消渴。

西医诊断：骨质疏松，糖尿病。

初诊脉案：反复腰膝酸痛 2 年，突发双下肢乏力 3 个月，患者素体阴虚，潮热汗出，口干微苦，多饮，胃纳佳，小便频数，大便 2 日一行，夜寐不安，失眠多梦，舌质红、苔薄，脉细数。拟滋阴清热，益肝肾，强筋骨。

处方：牛膝 10g，杜仲 10g，鸡血藤 30g，仙灵脾 12g，生地 12g，山萸肉 12g，山药 30g，泽泻 12g，茯苓 12g，丹皮 12g，青蒿 9g，鳖甲 20g，知母 12g，白术 12g，炒白芍 12g，木瓜 9g，五加皮 9g，炙甘草 10g。共 7 剂。

二诊：服汤已，潮热汗出、口干多饮症状缓解，大便 1 日一行，患者仍感腰膝酸软乏力，方已中的，续方 7 剂。

三诊：上方服用 14 剂后潮热汗出已明显缓解，腰膝酸痛有所好转，但仍感乏力，胃纳可，夜寐欠安，方拟，补益肝肾，强健筋骨。

处方：川怀牛膝各 10g，杜仲 10g，鸡血藤 30g，淫羊藿 12g，生地 12，山萸肉 12g，山药 30g，泽泻 12g，茯苓 12g，丹皮 12g，白术 12g，炒白芍 12g，木瓜 9g，五加皮 9g，炙甘草 10g，黄芪 20g，酸枣仁 15g。共 14 剂。

四诊：患者自诉，腰膝酸痛有明显好转，潮热汗出近来未复，晨起略有口干微苦，纳可，夜寐欠佳，舌红，苔薄，脉细。续前方之义，更服之。上方去木瓜、五加皮，加补骨脂 10g，白芍加至 20g。再进 14 剂。

治疗后患者诸症已基本消失，医嘱其续服益骨汤合六味地黄丸以固疗效，并补充适量钙剂。随访腰膝酸痛乏力症状未复，患者血糖控制良好。

（五）严重骨质疏松症合并双眼中心性浆液性脉络膜视网膜病变

陈某，女性，61 岁。主因"反复腰背部疼痛 4 月余，眼胀痛视物变形 3 月余"就诊。

患者于 3 个月前因"右眼前黑影飘动 1 周余"在外院眼科就诊，OCT 提示："双眼黄斑区色素上皮脱离，局部可见神经上皮脱离"。眼底荧光造影提示："双眼黄斑区可见规则圆形隐蔽荧光，双眼黄斑区色素上皮脱离"。诊断：脉络膜脱离合并视网膜脱离。告知预后较差，建议其行抗 VEGF（血管内皮生长因子）治疗，但患者限于经济条件，未接受。因为症状一直未改善，感觉眼部胀痛，视物变形，基本看不清，步行须由家人搀扶。

查体：患者腰骶部过屈，腰椎无明显侧弯，双侧腰肌紧张，双侧棘旁有广泛性压痛，以酸痛为主。

辅助检查：外院行骨密度检查提示 T 值 -3.0SD，胸椎 MRI 提示：T9/10、T10/11 椎间盘突出，压迫硬膜囊；胸椎退行性改变；T12 椎体 Schmorl 结节，局部椎体骨髓水肿。

中医诊断：骨痿，视瞻昏渺。

西医诊断：骨质疏松，双眼中心性浆液性脉络膜视网膜病变。

初诊脉案：畏寒，腰背部冷痛，双眼胀痛，视物模糊、变形，行走须他人搀扶，胃纳可，夜寐欠安，二便无殊，舌淡苔薄白腻，脉弦紧。

既往患者曾诊断：骨质疏松症，治疗上予抗骨质疏松治疗，予鲑鱼降钙素注射液、阿法迪三软胶囊等治疗，腰背部疼痛仍时有发作。

处方：茯苓 30g，附子（先煎）、桂枝、猪苓、白术、赤芍、炒白芍、桃仁各 12g，鲜生姜、泽泻、丹皮各 20g，7 剂。同时，背部棘突旁多个痛点予小针刀深筋膜层松解。

复诊：诉畏寒背冷症状明显缓解，刚开始服用药物后感眼睛视平物时有如同看沸腾的开水以及有五颜六色的变化，但上述现象在逐渐减少，已明显感觉双眼变得轻松、舒适，胀痛感明显缓解。效不改方，在前方基础上加阿胶 9g 补血养阴、滑石（先煎）20g 加强利水消肿之功，7 剂。

三诊：在前方基础上加黄芪 12g 以益气利水，再进 7 剂。之后随访，患者不仅腰背痛症状缓解，双眼视力得以恢复如常，后续服益骨汤颗粒剂，随访至今，患者视力情况良好，已治愈，表现为有时看手机、电脑时间长则易疲劳，偶感腰背部疼痛。

综上所述，在骨质疏松的治疗上，姚师留下了许多宝贵的医案、验案，值得我们借鉴、学习。

此外，在国家自然科学基金、浙江省自然科学基金以及浙江省中医药防治重大疾病攻关项目的支持下，益骨汤在临床研究的基础上，通过基础实验研究证实了补肾活血法是治疗骨质疏松症的较为理想的治疗法则，并取得丰硕的成果。益骨汤随症加减可以显著改善患者的临床症状，提高其生活质量，全方具有补肾壮骨、活血通络、益气养阴的功效，通过多成分、多靶点、协同配伍增效来达到治疗骨质疏松症的目的。益骨汤可以有效缓解去势大鼠骨质疏松疼痛功效，可通过提高骨密度、痛阈、降低血清炎性因子、血管内皮素（ET）、血小板活化功能等达到缓解症状，改善血液流变学的目的。益骨汤水提液还可以明显提高去势大鼠的血清激素水平、骨密度，改善了益骨汤组大鼠的骨生物力学性能，具有促进成骨细胞BMP-mRNA表达的作用，从而间接抑制破骨细胞的分化与活性，具有促进骨细胞活性，促进骨形成而减少骨丢失的作用。益骨汤能调节经典Wnt信号通路中Wnt蛋白、β-catenin、LRP5相关因子及BMP信号通路中BMP-2，4、ALP等的表达，其机制可能是通过调控Wnt、BMP2、β-catenin、Runx2、Osx等因子，进一步明确了益骨汤通过调节BMP-2和经典Wnt两条信号通路的crosstalk的作用靶点Runx2及Osx来实现诱导成骨细胞增殖，从而达到促进骨形成，防治骨质疏松症的目的，由此证实了益骨汤具有治疗骨质疏松症的作用，并初步分析了其作用机理。

姚新苗教授在骨质疏松防治上，正所谓"骨痿痹痛集大成"。

第五章 学术成就

第一节 筋骨平衡精思辨

"筋骨平衡"是中医骨伤科认识疾病的基本观点之一,是治疗伤骨科疾病的基本思路。尚天裕教授提出的骨折中西医结合治疗原则——"动静结合、筋骨并重、内外兼治、医患协作"即是该基本理念的具体写照。姚新苗教授在骨伤科先哲及中医整体观的影响下,对于"筋骨平衡"有着更深刻的认识,在其临证中始终倡导"筋骨平衡观"。针对骨伤科常见的骨关节退行性疾病的诊治,其旗帜鲜明地倡导"以筋为主""理筋为先",此乃基于对各类筋组织的阴阳属性及其功能更深刻的认知,实为筋骨并重的进一步升华,而这是姚新苗教授最为重要的学术思想之一。

同时,姚新苗教授是针刀医学的践行者,在针刀医学关于人体弓弦力学系统及慢性软组织损伤病理构架网眼理论的基础上,结合脊柱核心稳定性肌与核心稳定性训练相关理论及现代筋膜学的相关研究成果,其对筋的功能认识更为深刻。在该认识下,一则,灵活运用针刀技术,进针层次时浅时深,有时在肌腱、韧带的附着点,有时又在筋膜、肌筋膜层,其主要依据软组织损伤后所形成的病理基础以及对骨骼肌肉解剖知识的熟练应用;二则,积极倡导科学合理功能锻炼的重要性,强调练功导引治未病,谋求古今相融、中西交融,注重在骨伤科疾病中积极运用现代康复干预技术,牵头并积极推进面向广大市民的"椎间盘学校"公益健康宣教栏目,并在电视台等媒体多次进行相关健康讲座。2017年其牵头制定完成了《中医骨伤科临床诊疗指南·人工髋关节置换围手术期康复专家共识》。在其引领下,医院的康复科成为"十二五"国家临床重点专科，其为专科负责人及学术带头人，在2016年10月其个人被浙江省康复医学会授予"浙江康复三十年突出贡献奖"。

一、"以筋为主""理筋为先"学术思想概述

（一）"以筋为主""理筋为先"学术思想的形成

在2015年12月，姚新苗教授在国家级杂志《康复学报》发表了《从"以筋为主"的视角认识现代脊柱康复医学》一文，文章深刻地阐述了在脊柱退行性疾病诊治中该学术思想的价值。在2017年3月，其全国第五批师承学术继承人在《中华中医药杂志》发表了《姚新苗"以筋为主为先"治疗慢性腰腿痛经验介绍》学术论文，之后，其学术继承人、研究生发表了其学术思想、临证经验相关的一系列文章，这些文章的观点基本形成了"以筋为主""理筋为先"学术思想的理论框架。

（二）"以筋为主""理筋为先"学术思想的渊源

探讨"以筋为主""理筋为先"学术思想的渊源，须考究内经。《素问·生气通天论》曰："骨正筋柔，气血以流"，这高度概括了"筋"与"骨"之间的内在联系。"骨错缝""筋出槽""筋萎""筋挛""筋强"等均将导致机体运动功能的失调、引起气血运行的紊乱，"骨正筋柔"是保障机体正常运动的必备条件。"骨正"是指骨须具有符合功能需求的解剖结构，"筋柔"代表着筋应具备正常的柔顺、坚韧又或收缩、舒张的生理功能，正如筋伤大家孙树椿所言："筋喜柔不喜刚"，先哲以"正"与"柔"两字形象地表述出了"骨"与"筋"正常的生理状态，并且两者紧密联系，一阳一阴，相得益彰。尚天裕教授在骨折的中西医结合治疗原则中提出了"动静结合、筋骨并重"，正符合阴阳之道，旨在倡导在骨伤科疾病的治疗中除了"接骨""治骨"之外，更应全面地去关注"筋"的功能，是对既往骨伤科存在着的以关注"骨"为主治疗理念的矫正。

阴阳五行理论始终强调动态的"平衡"。正如《素问·生气通天论》所言："阴平阳秘，精神乃治，阴阳离决，精气乃绝"，这不仅仅体现在"筋"与"骨"的对应关系上。对于"筋"而言，遵循"万物皆可分阴阳"的规律，其生理病理状态亦可再分阴阳。"筋"重要的病理变化包括痉挛与萎缩，痉挛为阳，

第五章 学术成就

萎缩属阴，痉挛可以通过"理筋"手法而舒缓，萎缩则必须通过合理的功能锻炼才能得以恢复，在骨伤科伤筋类疾病的治疗中，往往更多关注的是针对痉挛的治疗，而容易忽视恰当功能锻炼（针对萎缩）的重要作用。中医整脊的创始人韦以宗教授提出了"理筋、调曲、练功"三大治疗原则，强调要以"理筋"为先，同时，始终将"练功"作为治疗体系中一个重要的组成部分，这对脊柱疾病的防治起着重要的指导作用。

"关于椎间盘手术的泛滥，尤其脊柱融合手术指征的扩大，已引起了巨大的争议，Allan 和 Waddell 指出，'在一段时间内不必要的手术已成为主要问题，椎间盘手术迅速及狂热的增长，很快便暴露了它的局限与不足。它所遗留下来的悲惨事件，比历史上的任何手术都要多'。"这是一段令人震惊的评论！椎间盘手术指征的宽泛，不重视康复训练仍是目前存在着的一个弊病。现代康复医学提出了交叉综合征、协同 - 拮抗肌的失平衡等概念，揭示了痉挛往往伴随着其他肌肉（尤其深层局部稳定性肌）的萎缩。肌电生理的检查尤其是表面肌电图通过对腹横肌、多裂肌等的研究揭示了"前反馈机制"，这加深了人类对脊柱稳定性的认识，核心稳定与核心稳定性训练因此而成为现代脊柱康复医学的主流观念。而姚新苗教授在中医整体观念的指导下，将中医导引、功能锻炼、现代康复训练有机地融入到"理筋"的概念之中，把对"筋"功能的关注提高到更深的层次，这是其"以筋为主""理筋为先"学术思想重要的理论基础。

胥荣东先生在《筋柔百病消》一书中鲜明地提出的"百病生于筋""百病由筋治"的观点，这源于经筋理论。经筋理论亦在近年来逐渐被社会接受与认知。经筋一旦出现问题，不仅运动系统会出现极大的影响，同时，如果涉及脊椎，会继发引起脊柱相关性疾病，也会造成许多内科系统的疾病，典型的如颈源性高血压、颈源性耳鸣，甚至会引起抑郁、失眠、心脏病、哮喘等的发作，如果着眼于对"筋"的治疗，许多问题都可以迎刃而解。针刺、针刀、推拿正骨手法等技术之所以能够取得很好的疗效，很多即源于此。

在临床当中不乏这样的实例，如推拿正骨手法中的特殊扳法；如"燔针劫刺"——《灵枢·经筋》中明确提出了经筋病的治疗原则——"治在燔针劫刺，以知为数，以痛为腧"（"燔针"就是指烧热了的针，即火针，"劫刺"是指操作时需要很快地进针，但又要很快地出针）；又如超微针刀技术对"经筋层"进行有效地松解，上述正是"以筋为主""理筋为先"学术思想的在临床应用中的一些实证。

综上所述，姚新苗教授"以筋为主""理筋为先"学术思想源于临床经验的总结，又扎根于中医基础理论，并融合现代康复医学的理念，对临床具有普遍的指导意义。

（三）"以筋为主""理筋为先"学术思想的理论内涵

其一，"以筋为主""理筋为先"并非是对"骨正筋柔""筋骨并重"的否定，而是在其基础上将对"筋"状态、功能的认识推向更深的层次。"筋"是运动产生的直接动力系统，"筋"功能的失衡势必会影响到骨。以骨赘为例：骨赘源于异常应力的刺激（通过筋来传递），并不引起临床症状，恰恰是正常的生理变化，其加强了脊柱与关节的稳定性；只有当其刺激神经血管、诱发疼痛等症状时才是病理状态。而人体面临这样的损害时又有自我躲闪机制，通过改变姿势、调整运动模式等代偿形式去获得新的平衡。该类慢性疾病的发展变化与筋骨动态平衡的建立与破坏密切相关，往往会呈现出一个反复缓解、发作的病理过程，显然，"筋"起着关键性作用。"以筋为主""理筋为先"首先就是要着眼于对"筋"状态、功能的干预，体现的是"筋为骨用""骨病治筋"的理念。

其二，"以筋为主""理筋为先"对骨伤科疾病具有普遍的指导意义，适用于诸多的伤筋伤骨类疾病。针刀医学独创性地提出了"筋"——软组织病理构架的网眼理论及弓弦力学系统理论，这就是建立在对"筋"功能的认知之上的。通过针刀技术，丰富了软组织力学平衡的干预手段，运用得当，其疗效也较为独特，可广泛地运用于脊柱常见病证、骨关节疾病、软组织损伤中。同时，"以筋为主""理筋为先"也体现在骨折脱位的治疗中。骨折复位技术离不开拔伸牵引，而拔伸牵引实为舒筋理筋技术，即使复位成功，同样需要捋顺筋脉，以利于骨折愈合，而除了拔伸牵引，中医小夹板固定通过关节受限性的功能锻炼，可以减少了骨折远期并发症如肌肉萎缩与骨质疏松，通过骨骼肌的等长收缩锻炼，可以促进局部的静脉回流，改善骨相关代谢物质的循环，亦促进了骨折的修复。骨折的手术从坚强内固定逐渐趋于弹性内固定及微创治疗，除了关节内骨折不再追求解剖复位，而是强调对骨折周围软组织（筋）的保护。暴露清楚、层次分明、加压固定已逐渐被小切口、闭合复位、桥接固定所取代。对于不稳定的伴有关节脱位的骨折如肘关节的恐怖三联征，在稳定骨折断端的基础上，更强调对侧副韧带损伤的修复，因为这决定患者能否早期进行关节运动训练，而这对患者关节功能的恢复程度起着决定性作用。临床实践已表明,当遇到关节内严重粉碎性骨折的患者,即使无法手术解剖复位,但可通过早期活动进行关节"模塑",往往可以取得意想不到的疗效,这样的训练实则是通过"理筋"而获得了最大程度骨与关节功能的恢复。在临床中恰恰是一些韧带软组织的损伤如肩袖、膝交叉韧带、侧方韧带、半月板等,一旦无法修复或无法重建,往往遗留严重的后遗症。关节及周围的稳定性比骨的损伤本身更为重要。关节脱位后(除了并发神经血管损伤患者须严格制动),允许关节在一定角度范围内活动的固定形式逐渐为临床医师所接受。尽快解放关节,循序渐进地恢复其活动能力,在骨科康复中愈来愈被学者推崇,而通过合理的训练,可以达到"柔筋""强筋"之效,促进了骨折及周围的血液等循环,增加了对骨折端的应力刺激,进而促进了骨折及周围组织的修复。在膝关节置换术中,除了保证假体的对位对线,要想获得良好手术疗效的关键还在于膝关节周围软组织的平衡,尤其对于严重屈曲挛缩畸形或内翻畸形的案例。可以说,"以筋为主""理筋为先"治疗理念已体现在诸多骨伤科疾病治疗的方方面面之中。

其三,"理筋为先"亦是创新动力的源泉。有学者通过单纯腓骨截断术治疗膝关节内侧骨性关节炎取得较好疗效,恰是在"以筋为主""理筋为先"理念下的创新。通过截断腓骨近端,看似"治骨",实为"理筋",对腓骨截除一小段后利用的是比目鱼肌、腓骨长肌等肌肉的收缩牵拉腓骨头,增加了膝外侧关节囊及周围韧带的张力进而减少了内侧胫股关节腔的负荷,调整了内、外关节腔的应力平衡。通过对截骨后的解剖学研究及结合临床实践认为腓骨头下6cm处截骨术后效果优于腓骨颈下截骨,这一现象可以有效地证明小腿肌肉牵拉是截骨术后患者疼痛减轻的重要因素,进一步证实了上述观点。随之而来,形成了膝关节不均匀沉降理论。又如,神经肌肉反馈重建(Neurac)技术旨在重新训练颈部深层肌肉(局部稳定性肌群)的运动控制,是慢性颈痛患者重要的辅助治疗策略,其通过长时间低负荷的运动,克服了常规运动疗法中局部稳定肌较难得以激活的难点。在现代脊柱康复医学中,以重新训练躯干深层肌肉运动控制为基础的脊柱节段性稳定性训练,得到广泛应用。Itensic核心肌群训练装置,运动分析与实时反馈的训练系统如ISO健脊塑身仪、数字化运动监控跑台等现代康复设备的诞生和推广,正是基于"理筋为先"理论中关于主动、科学康复训练的创新应用。在"以筋为主""理筋为先"的理论框架下,姚新苗教授及其学术继承人通过对骨科手术牵引床(针对股骨颈骨折术中的闭合复位技术)进行了重新设计,旨在通过改进设备使得术中能有效实现在股骨颈纵轴方向上的牵引，达到较佳的"拔伸牵引"及复位效果，已获得国家专利授权，即"一种混合式的下肢骨科手术牵引床的辅助装置"，专利号：ZL 201610334159.6。

综上所述，骨伤科疾病的治疗离不开"理筋"，离不开科学的功能锻炼，"以筋为主""理筋为先"学术思想将现代康复训练作为"理筋"的重要组成部分，这拓展了对"筋"状态、功能干预的认识。正如骨正筋柔中的"正"与"柔"，一个"理"字，可以形象地包容针对"筋"的众多科学而有效的干预手段，这在理论的统一与延续层面上具有重要意义。现代脊柱康复医学的研究深刻地揭示了以往众多不为人知的关于骨骼肌激活、调控等方面的内在机制，虽然现代医学迄今为止并没能洞悉这其中所有的问题，尤其在神经精确调控方面，但已为进一步深入的研究指明了方向。中医导引以太极拳、八段锦、五禽戏、六字诀等为代表，其在脊柱等疾病防治中的内在机制并未得到充分地阐述，尤其在结合脊柱核心训练理念、运用现代脊柱康复医学的研究手段方面，但临床实践已表明了中医导引是非常具有实用价值的。姚新苗教授竭力倡导要通过"以筋为主"的视角，提高对现代脊柱康复医学的认同，显然，这是具有重要临床指导意义的，而这正是其"以筋为主""理筋为先"学术思想的具体体现之一。总之，"以筋为主""理筋为先"学术思想其理论内涵丰富而且深刻。

二、"筋骨平衡"中对"筋"概念中相关问题的认识与探讨

"以筋为主""理筋为先"从字面理解角度，都是紧紧围绕着"筋"。"筋"一词早在《内经》中就已出现，《素问·痿论》曰："宗筋主束骨而利机关也"，《素问·五脏生成篇》："诸筋者，皆属于节"。"筋"满布于躯体和四肢各部，与脉、肉、皮、骨共为五体，为肝脏所主，气血所养。从形态学上来说，肌腱、韧带等组织更符合"筋"的概念，而骨骼肌的肌纤维部分比较符合"肉"，但人体的运动又基本是通过骨骼肌的收缩、舒张而产生的，那么骨骼肌究竟是属于"筋"还是属于"肉"？这是首先须要明确的一个问题。筋与脉、肉、皮、骨共为五体，因此，"筋"的概念如何与脉、肉、皮进行区别这就须要进行深入的探讨。姚新苗教授认为："筋"的中医学概念必须与现代解剖学、生理学相关观点予以有效结合，方能对"筋"的认识进行更深刻的探讨。

中医学认为筋的生理功能有三：首先具有"束骨"即连接和约束关节的

作用。《素问·五脏生成篇》："诸筋者，皆属于节"，说明具有包裹约束功能的筋都聚集在关节周围。其次筋具有"利机关"主持运动的功能，《素问·痿论》曰："宗筋主束骨而利机关也"。《黄帝内经》中宗筋有狭义和广义之分，狭义者为前阴之代称，广义者指诸筋所聚之处。《素问·厥论》："前阴者，宗筋之所聚，太阴阳明之所合也。"即指狭义的宗筋。《素问·痿论》："阳明者，五脏六腑之海，主润宗筋，宗筋主束骨而利机关也。"此为广义的宗筋。筋通过对骨骼的约束，附在骨上收缩与弛张，产生各种运动。其三"筋为刚"，归于"五体"之一。为构成人身形体的重要组成部分，具有保护人体内脏的功能。《灵枢·经脉》"人始生，先成精，……筋为刚，肉为墙。"明确提出了筋具有刚强的生理特性。现代解剖及生理研究表明了骨骼肌不仅仅由肌纤维构成，在肌肉的最小单元肌纤维之间实由肌筋膜予以分隔，肌肉与肌肉之间又由肌间隔（亦为筋膜组织）分隔，可以说，骨骼肌实为肌纤维与筋膜组织形成的复合体，显然，就骨骼肌而言，实为兼容了中医"筋"与"肉"的两种属性，而从筋这三种生理角度而言，显然，骨骼肌包括肌腱均应属于"筋"的范畴。

《说文》曰："筋，肉之力也。从肉从力从竹。竹，物之多筋者。"从力，指出了筋可以产生力量；从月（肉）旁者，指出了筋是肉性组织。从解剖上来说，肌腱为肌肉组织的延续，可见筋的概念与骨骼肌是密切相关的。骨骼肌肌腱均附着于关节周围骨骼，跨越过一个或多个关节，正如《素问·五脏生成篇》所说，"诸筋者，皆属于节"，当肌肉收缩时，可使得肢体沿关节的运动轴而产生运动。骨骼肌肌腹由肌纤维组成，维持着肌肉的外形，居两关节之间，正是"其所结所盛之处，则唯四肢溪谷之间为最"。筋肉包绕了关节，又隆盛于两关节之间。从这角度来看，骨骼肌显然也应该涵盖于筋的概念之中。

其实，中医学"筋"的概念从广义的角度而言，皮肤、皮下组织、肌肉、肌腱、筋膜、韧带、关节囊、滑液囊以及神经、血管等均可涵盖在其范畴之中，这与西方医学的软组织相对应。之所以要对骨骼肌的中医属性进行探讨，因为该问题指向的实为骨骼肌与五脏的对应关系究竟是"肝主筋"，还是"脾主肌"？

有不少学者从现代医学角度对中医的"筋"进行了探讨，提出了一些不同的观点。一般认为"筋"包括肌肉及其附属组织肌腱、韧带，肝与筋在生理上关系密切，在病理上也相互影响。在此基础上，有学者认为筋不但包括外周骨骼肌系统，还包括内脏平滑肌系统。因为，"动"是筋十分显著的生理特性，而人体中的运动不但包括骨骼肌的自主运动，还包括平滑肌的自律运动，这一说法符合筋司运动的功能。还有的学者认为脾脏在体所合应为脂肪而非肌肉，即中医学理论中的"筋"、"肌肉"其实体分别与现代医学解剖学中的肌肉、皮下脂肪相对应，简单地说就是中医学"脾主肌"中的"肌"实为脂肪组织。亦有学者从生理学、形态学及运动学等现代科学角度对"筋"及"肝主筋"进行了深入探讨，提出了新论点，认为"筋"与人体骨骼肌密切相关，"肝"与神经系统的部分功能密切相关。"肝主筋"说明了肝对骨骼肌的运动功能具有调控作用，上有相关的运动中枢，中间有传导神经，末端有效应器即骨骼肌及其附属物。同时认为，中医学的筋与现代解剖学上的Ⅱ型肌纤维、"肉"与Ⅰ型肌纤维有相关性，而这理论源于对《灵枢·九针》所说"五劳"中"久行伤筋""久坐伤肉"的深入探讨。

可以说，就"筋"与"肉"，"肝主筋"与"脾主肌"而言，还是存在着不同的观点的，但其分歧的核心其实就在对于骨骼肌的认识上。此外，现代医学中关于"激痛点"的描述以及现代筋膜研究还揭示了在"筋"概念中许多尚未为人熟知的部分，而对该部分知识的理解更有助于深化姚新苗教授"以筋为主""理筋为先"的学术思想，提升"思辨"能力，因此，有必要结合骨骼肌、肌腱、筋膜的生理、病理及现代研究成果予以更深刻地探讨。

（一）关于骨骼肌相关解剖生理概述

人类的肌纤维有两种基本类型：慢肌纤维（slow-twitch fibers）和快肌纤维（fast-twitch fibers）两大类，慢肌纤维亦称作红肌纤维或 Type Ⅰ 纤维；快肌纤维亦称作白肌纤维或 Type Ⅱ 纤维，可再被划分为Ⅱ A、Ⅱ B。快肌纤维直径较慢肌纤维大，含有较多的收缩蛋白，肌浆网较慢肌纤维发达，由较大的运动神经元支配，神经纤维较粗，传导速度较快。慢肌纤维周围毛细血管较快肌纤维丰富，慢肌纤维含有较多的肌红蛋白及含有较多的线粒体，而且线粒体体积较大，由较小的运动神经元支配，神经纤维较细，传导速度较慢。快肌易疲劳，因为其含有丰富的糖酵解酶，无氧代谢能力高，产生乳酸，易疲劳。慢肌抗疲劳，其线粒体体积大，而且数目多，线粒体中有氧代谢酶活性高，肌红蛋白含量也较丰富，毛细血管网较发达，因而慢肌有氧代谢潜力较大。在不同的人体内的同一块肌肉、相同人体的不同肌肉以及同一块肌肉的不同区域肌纤维的分布都有所区别，快肌纤维会倾向被征用于短时间而强度大的活动，而慢肌纤维则会被主要征用于长时间的耐力活动。总的来说，在一般的情况下，慢肌纤维会最先被征用于活动之中，再根据活动的强度、持续时间或有无疲劳的出现，快肌纤维亦会加入工作的行列。对于中等强度的活动，慢肌纤维和ⅡA纤维会一同运作，若活动持续下去，ⅡB纤维亦会加入工作。至于更高强度的活动，慢肌纤维和两种快肌纤维（ⅡA和ⅡB）都会很快地按次序加入工作的行列。

在了解肌肉运动的形式时，还必须理解肌肉的运动单位概念，即一个α运动神经原和受其支配的肌纤维所组成的最基本的肌肉收缩单位。在同一运动单位的肌纤维的兴奋和收缩是同步的，其肌纤维都只会属于同一类型，亦即是说，"快"运动单位内只包含有快肌纤维，"慢"运动单位内则只有慢肌纤维。不过，在同一块肌肉之内，却可以由不同数量的"快"和"慢"运动单位所组成。

每一条运动神经元所支配的肌纤维数量与肌肉本身的大小并无实际关系，反而与肌肉运作时要达至的精确度和协调性有关。负责细致和精密工作的肌肉如眼部肌肉，每一个运动单位内可能只有一条至数条的肌纤维。反过来说，专门负责粗重工作的肌肉如股四头肌，每一个运动单位内就可以有数百以至数千条的肌纤维。所有骨骼肌运动单位的运作都大致相同，不过并非所有运动单位的代谢和工作能力都一样。虽然所有运动单位，亦即所有肌纤维均可于有氧或无氧下运作，但当中一些无论在生化或生理上，都较适宜于在有氧的情况下运作，而另一些则较适宜于在无氧下工作。

运动单位又分为运动性运动单位与紧张性运动单位，对于运动性运动单位来说，肌纤维兴奋时发放的冲动频率高，收缩力量大，但易疲劳，氧化酶的含量较低，属于快肌运动单位。对于紧张性运动单位来说，肌纤维兴奋时发放的冲动频率较低，但发放可持续时间较长，氧化酶的含量较高，属于慢肌运动单位，同一块肌肉中，不同的肌纤维还可以交替收缩。

骨骼肌肌肉的收缩形式还是比较容易理解的，但真正困扰临床医师的应是神经系统的调控机制。不同肌群需要互相协调与配合，才能真正实现可控制的运动，越复杂的躯体运动就越需要高水平的神经系统的参与。骨骼肌的运动主要有两大类：反射性运动与随意性运动。前者是在较低级神经中枢整合下实现的，主要是锥体外系和小脑系统的机能，主要是维持肌张力、管理骨骼肌的协调运动、保持正常的体态姿势，当然它也受高位中枢的调控。后者则由大脑皮层发出指令实现的。运动中枢各种下行的运动命令和脊髓内部的传出，最后均进入脊髓前角运动细胞，称为最后通路。前角运动细胞分为大型的α运动神经元和小型的γ运动神经元。较大的α运动神经元支配快肌纤维，较小的α运动神经元则支配慢肌纤维。α运动神经元接受从脑干到大脑皮层等高位中枢下传的信息，而产生一定的反射传出冲动，也同时接受来自皮肤、关节、肌肉等外周组织器官传入的信息。α运动神经元发出纤维进入前根，其又分为张力型α运动神经元和位相型α运动神经元。

张力型α运动神经元轴突传导速度慢，支配红肌纤维，维持肌张力，作用于张力性牵张反射。张力性牵张反射肌紧张是指缓慢持续牵拉肌腱时发生的牵张反射，为正常情况下骨骼肌经常处于一种持续性轻度收缩状态，使肌肉保持一定的张力，即肌张力。由于肌肉紧张但不表现出明显的动作，所以又称为紧张性牵张反射。在自然条件下，导致这种反射经常出现的原因主要归于人体需抵抗重力，维持身体平衡。肌紧张是维持躯体姿势最基本的反射活动，是姿势反射的基础。肌紧张与腱反射的反射弧基本相似，感受器也是肌梭，但中枢的突触接替可能不止一个，即可能是多突触反射，其效应器主要是肌肉内收缩较慢的慢肌纤维成分。肌紧张的反射收缩力量并不大，只是抵抗肌肉被牵拉，因此不表现明显的动作。同时可能是因为在同一肌肉内的不同运动单位进行交替性的收缩而不是同步性收缩，所以肌紧张能持久维持而不易疲劳。

位相型α运动神经元轴突传导速度快，支配白肌纤维即快速收缩肌肉，作用于位相性牵张反射（腱反射）。腱反射为快速牵拉肌腱时产生的牵张反射，在腱反射中，由于被牵拉的肌肉产生快速的、同步性的收缩，而发生位移，故又称位相性牵张反射。例如，叩击膝关节下的股四头肌腱使之受到牵扯，则股四头肌发生一次收缩，这称为膝反射；叩击跟腱使之受到牵扯，则小腿腓肠肌发生一次收缩，这称为跟腱反射。这些腱反射的感受器为肌梭，传入神经纤维的直径较粗（12～20μm）、传导速度较快（90m/s以上），效应器为同一肌肉的肌纤维；反射反应的潜伏期很短，据测算兴奋通过中枢的传布时间约0.7ms左右，只够一次突触接替的中枢延搁时间。因此，腱反射为单突触反射，传入神经纤维经背根进入脊髓灰质后，直达前角与运动神经元发生突触联系。当叩击肌腱时，肌肉内的肌梭同时受到牵张，同时发动牵张反射。因此肌肉的收缩几乎是一次同步性收缩。腱反射主要发生于肌肉内收缩较快的快肌纤维成分。

牵张反射主要是使受牵拉的肌肉发生收缩，但同一关节的协同肌也能发生兴奋，而同一关节的拮抗肌则受到抑制（交互抑制），但并不影响其他关节的肌肉，伸肌和屈肌都有牵张反射，但脊髓的牵张反射主要表现在伸肌。屈肌的牵张反射表现不明显，主要表现为它的拮抗肌（即伸肌）受到抑制。牵张反射（尤其是肌紧张）的主要生理意义在于维持这种站立姿势，因此伸肌比屈肌的牵张反射明显更符合生理情况。牵张反射的基本反射弧是简单的，但在整体内牵张反射是受高位中枢调节的，而且可以建立条件反射。腱反射的减弱或消失，常提示反射弧的传入、传出通路受脊髓反射中枢的损害或中断。而键反射的亢进，则常提示高位中枢的病变（例如锥体束综合征）。因此，临床上常用测定腱反射的方法来了解神经系统的功能状态。

在脊髓前角还有γ运动神经元，其胞体分散在各α运动神经元之间，较α运动神经元要小。γ运动神经元支配骨骼肌肉的梭内肌纤维。经生理学研究证实，γ运动神经元的兴奋性较α运动神经元高，常以较高的频率持续放电。γ运动神经元和α运动神经元一样，其末梢也是以释放乙酰胆碱作为递质的。在人体正常情况下，当α运动神经元活动加强时，γ运动神经元的活动也相应加强，以调节肌梭对牵张刺激的敏感性。

慢肌较快肌含有更多的肌梭，γ运动神经元不仅在肌肉收缩时（动态）刺激肌纤维，而且在肌肉安静弛缓时（静态）也刺激梭内肌纤维，从而保持肌肉始终处于具有持续适宜张力的状态。肌梭的感觉感受器对牵拉刺激敏感，极易感受牵拉刺激并向中枢传入神经冲动。牵拉刺激可能是外力对肌梭肌纤维的被动牵拉，也可能是梭内肌纤维的主动收缩造成的牵拉。肌梭的传入神经纤维有两类，一类属于传导速度快、直径较粗的Ⅰα类传入神经纤维，与α运动神经元发生兴奋性突触联系。另一类传入神经纤维系直径较细Ⅱ类神经纤维，与本体感觉有关。牵拉产生的传入冲动引起脊髓的牵张反射，这对于控制运动、维持姿势和肌紧张的中枢调节起着重要作用。

当γ传出神经纤维活动增强时，梭内肌纤维收缩，从而提高了肌梭感受装置的敏感性，其传入冲动增加，引起支配同一肌肉的α运动神经元兴奋，使梭外肌收缩，这一反射称为γ环路。γ传出神经纤维通过调节肌梭内感受器的敏感性，进而调节牵张反射。当梭外肌收缩，梭内肌纤维将被放松，于是其传入冲动减少，α运动神经元的兴奋性减弱，肌肉的收缩将不会持续。牵张反射受中枢神经系统调节，中枢神经系统损伤后，由于失去大脑皮质及其他高级中枢的抑制，牵张反射阈值降低。γ运动神经元敏感性增强，极度的牵张反射造成肢体痉挛。

除了交互抑制，还须关注主动肌-拮抗肌的协同活动，互为拮抗的肌肉的共同收缩可以帮助韧带保持关节稳定性，这在脊柱稳定中尤为重要，协同收缩增加了脊柱承载的压缩负荷，但同时提升了脊柱的稳定性。腰背肌的屈曲-放松现象（躯干完全前屈过程中观察到的腰椎旁肌电活动静止的一种正常现象）的缺失，表明腰背肌在损伤或超负荷时会紧张或过度活动，表明了协同-拮抗肌的协调活动在脊柱稳定中起着重要作用。在肌肉对损伤或炎症的反应机制研究中还表明一些肌肉会受到抑制，如多裂肌、颈深曲肌、股内侧肌等。在对协同-拮抗肌失平衡的研究中还发现存在协同替换现象。慢性腰痛患者存在着多裂肌、腹横肌等局部稳定性肌激活延迟、消失，相关研究还证实慢性腰痛的发作，同下肢肌肉的活动也存在关联，如臀肌、股四头肌、腘绳肌等激活模式出现异常。

人类骨骼肌的调控机制是复杂的，肌肉的力量、柔韧性、协调能力、抗疲劳能力之间的关联以及肌电生理的研究在不断深入，作为中医"筋"概念中最为重要的组成部分——骨骼肌，需要中医临床医师去深入研究，而对其认知水平的提高，无疑具有重要意义。

（二）中医学对"筋结"与"激痛点"的认识

"筋结"是骨伤科疾病中常见的临床表现，根据临床经验，在正常生理状态下，人体是不会出现"筋结"这类病理组织的，只有损伤后才能触到。"筋结"类似于西医学中的"激痛点"（亦被称为"触发点"或"扳机点"）。许多学者把肌筋膜激痛点定义为在骨骼肌纤维中可触及的紧张性索条上高度局限和易激惹的点，其产生是由于肌肉本身或其他组织的损害、积累性劳损或长期姿势不良所引起的长时间的肌肉紧张所致。这样的肌紧张或许与γ环路有着密切关系，可能存在着肌肉损伤后增强了肌梭内感受器或γ运动神经元敏感性的潜在机制。前述的腰背肌的屈曲-放松现象的缺失说明机体内确实存在着一些机制，抑或是代偿反应会导致肌肉紧张、痉挛的发生。临床中患者很多的疼痛症状其实与肌筋膜扳机点的形成具有密切关系。

关于激痛点方面的经典著作首推珍妮特·特拉维尔与大卫·西蒙主编的《肌筋膜疼痛与机能障碍：触发点手册》。珍妮特·特拉维尔女士一生均致力于激痛点的临床与研究，而目前，关于激痛点的相关科学与临床研究仍旧是医学界的热点问题。激痛点是引起骨骼肌出现一系列复杂临床表现（有时不仅仅出现在运动系统）的罪魁祸首。正如前述，骨骼肌出现劳损后会出现"筋结""条索状改变"等，而基本上目前的"低头族"都可以通过自我触摸感受到这样的病理改变,而如何通过治疗手段消除或逆转这样的病变实为临床中的一个重要课题。可是,遗憾的是,国内骨科医师作为运动医学研究的主力军大都致力于外科手术的相关研究,以致目前运动医学方面的康复或物理治疗发展缓慢,大多这类问题的患者都是在中医科室如针灸科、推拿科就诊,如果没有相关激痛点方面的知识,将对临床思路的拓展造成很大的限制。

  可以毫不夸张地说,骨骼肌是人体中最大的器官,因为其重量占人体中重量的42%~47%。有观点认为,人体75%的疼痛都与骨骼肌相关,而几乎所有的疼痛都与激痛点有一定的关联,无论是办公室职员、运动员、运动爱好者或者家庭妇女。意外损害、运动伤病、日常生活劳损都会引起骨骼肌的病变。可是,诊断和治疗激痛点并不简单,激痛点可引发的头痛、颈痛、腰痛、下颌痛,甚至引起网球肘、腕管综合征之类,临床中关节周围的疼痛往往容易轻率地就给出一个"关节炎"的诊断,这就显得有些"粗暴",而很多仅仅是因为存在激痛点,甚至一些肌腱炎、滑囊炎有时也是源于骨骼肌中存在激痛点。笔者作为一个跑步爱好者,虽然不属于"资深"一类,但对此已深有体会。因为有一次在跑步机上跑步前没充分准备,回想当时情形或许那天的鞋子也不是很合脚,在跑步过程中突然感觉足底前部出现一阵刺痛,但当时并没有选择立即停止,而是继续坚持了一段时间,结果,在很长一段时间,足前部在第2、3跖趾关节下方出现了行走时的疼痛,当然,即使作为一位骨伤科医师对此的第一反应就是跑步中损伤跖趾关节,一段时间之后,虽然日常生活中疼痛已不剧烈,但只要跑步,就会明显感受到足底部其实还是存在问题,会酸痛不适,甚至有时是剧烈的刺痛,考虑关节的问题基本应该恢复,才重新思考是否该疼痛应源于肌腱、肌肉的损伤,当时,亦局限于疼痛点附近如拇短屈肌、拇收肌,经过自我按摩相关症状并未能得到改善,而且,明显感觉到足底前部有一处肌腱的条索状改变,弹拨这处病变,即可出现类似的疼痛,这时方拓展了思路,出问题的肌腱可能是趾长屈肌腱,联想到是否趾长屈肌肌腹出现了"激痛点",因此,在"承山"穴的内上方经过仔细触压,触及了2个明显的压痛点,按压时酸胀并可向足底放射,原来,这个部位才是足前底部疼痛及肌腱条索状改变的罪魁祸首,经过一段时间的自我按压,很快彻底解决了该处的疼痛问题,之后就再也没影响跑步动作。而恰巧,在这次受伤之前,一位外地朋友因为类似的问题曾来杭向我求助,当时给予排查了痛风、风湿全套,并在足底疼痛部位给予了针刺治疗,效果并不佳，联想到自己亲身经历，笔者电话告知了关于趾长屈肌激痛点的相关知识，1个月后，外地的朋友很高兴的来电告知，他足底的疼痛自己解决了，这一刻，作为一位医务人员感到由衷的欣喜。事实上同样的案例还在另一条腿的膝关节，同样是跑步之后出现膝内侧疼痛，由于曾有过外伤病史，并在当时确诊有半月板损伤，担心是否跑步诱发了半月板损伤的加重，但运用"激痛点"知识，很快找到了在髌骨上缘"3寸"，偏向内侧有一个压痛点，其实，这是股内侧肌最常见"激痛点"部位，通过一段时间的自我按摩，膝关节内侧的疼痛同样消除了。

激痛点的概念之所以如此重要，就像前述的案例，其引发的"牵涉痛"往往会给临床的诊断工作带来"混淆"，这就提示了软组织压痛点的切寻在临床体格检查中的重要作用。中医早就提出了"阿是穴"的概念，"阿是穴"往往不在常规经脉的循行路线之上，而临床实践亦表明，它往往并不在患者疼痛主诉的范围之中，肌腱的条索状改变是寻找"阿是穴"的重要线索，但"条索状"病变并不一定是关键部位，需要找到的是真正的"幕后凶手"，这就需要有充分的骨骼肌解剖学知识，中医的"阿是穴"与"激痛点"在这里达成了共识。需要强调的是，肌筋膜激痛点并不局限于骨骼肌纤维中可触及的紧张性索条上高度局限和易激惹的点，一块骨骼肌可能存在着多个"激痛点"，"激痛点"完全可以引起骨骼肌远处的紧张性条索。

（三）现代筋膜理论下对"筋"功能认识的拓展

筋膜的研究及相关理论已是目前的热点问题。说起筋膜，无论是浅筋膜还是深筋膜、肌筋膜，在很长一段时间里对其作用的本质认识都停留在比较肤浅的阶段，或许它仅仅起到了对组织结构的分隔作用，并没有引起临床足够多的关注，甚至在局部解剖课程中，除了相对重要的知名韧带结构之外，都是被解剖刀片无情地"剔除"，因为，解剖中学习的重点对运动系统而言是骨骼肌及其起止点、血管、神经的走行，在目前的解剖学教材中关于筋膜的描述也是寥寥几行。

另一方面，我们赋予了骨骼极为坚强的"承重"功能，人体的骨骼非常"优美"，形态各异，但与人体的功能有着完美的结合，我们通常将骨骼、关节与韧带结合，视为人体结构中重要的"被动稳定子系统"，而骨骼肌则充当了"主动稳定子系统"，因为骨骼肌接受意识并通过运动神经控制，能通过收缩与舒张，通过肌群间的协调维持运动平衡。可是，随着对曾经"没

第五章 学术成就

多大用处的筋膜"的研究深入，我们逐渐认识到这样的分类需要修正了，因为筋膜在人体运动中一直发挥着令人难以想象的巨大作用。筋膜的作用恰恰是"以筋为主""理筋为先"学术思想最有力的佐证。

首先，筋膜能充分提升骨骼肌收缩的效能，尤其是在下肢肌肉的运动形式中。跟腱作为一个人体重要的"能量存储器"已得到充分的认识，无论行走、奔跑、跳跃，跟腱具备着将势能转化成动能的能力。原地起跳跳跃的高度往往比不上有助跑后的跳跃摸高，因为通过有力的助跑将更多的势能通过拉长跟腱的形式予以存储，而在跃起、足尖离地时再完全释放出来，因此，对于一个优秀的跑跳运动员而言，"弹力十足"就是对其运动能力的最佳"赞誉"，可是，对于人体弹性的认识，以跟腱为代表的肌腱结构本质就是筋膜的延续，单纯考察肌腱，并不够全面，它们仅仅是机体发挥弹性作用机制中的一部分而已，甚至还不一定完全就是主角，关于弹性更多的秘密其实隐藏在对"筋膜"功能的整体认识中。

或许，大多数人对于这样的说法都报以绝对怀疑的态度，这怎么可能呢？肌腱、韧带是人体中已知的最有力的弹性结构，事实上，在人体中也的确找不出弹性能力能够超过跟腱、髌腱、强力韧带这样的组织结构，那上述说法是否正确岂不"一目了然"了吗？可是，人体的结构非常奇妙，因为前面的观点其实是处于一种"割裂整体与局部"的状态，中医学最大的特点之一就是强调"整体观"，而考察筋膜组织，恰恰要用这个"整体观"思维。人体何尝不是由一张筋膜覆盖并分隔而成的不规则的"球状物"？现代筋膜研究通过认识到筋膜的"双囊袋结构"已经证实了人体的筋膜网其实是完全连续的、不可割裂的，无论是骨骼肌、内脏，还是消化器官、呼吸器官，其实所有运动及内脏器官都由筋膜进行分隔而形成功能单元，可以说，筋膜无处不在，是筋膜构成了人体的基本框架，并且是人体其他功能细胞的支持系统。

或许，大家还是不能明白缘何筋膜与弹性之间的关系并不仅仅指向肌腱与韧带。关键其实在于对"筋膜球"概念的理解。当一个气球没有充满气体的时候，其所具备的弹性极为有限，仅仅局限于制造气球的天然乳胶的弹性，可是，当充满气体之后，而且充得越足，作为一个"球"的整体，其弹性越足。一直以来，我们在研究人体弹性的时候，都没有将包绕人体且"密不透风"的筋膜作为一个整体来进行弹性研究。无论筋膜里面包裹什么，当然很少是气体，而是充满着液态的"基质"，当被充满时，就会发挥出它的弹性效应。

对于运动系统而言，骨骼肌就是筋膜所包裹的主要成分，通过骨骼肌的收缩或舒张，就可以轻易改变外在筋膜的形状，使其变得更有弹性，或失去弹性，绷紧的肌肉完全可以承受住一定力量棍棒的锤击，假使当处于松弛状态时，这样的锤击就可能造成骨骼的损伤，同时，对于不同层次骨骼肌而言，通过不同肌群间筋膜的联系，一块骨骼肌的收缩或舒张还可以改变其他骨骼肌外在筋膜的"弹性"结构，恍然之间，以往所掌握的在骨骼肌肉系统的力学计算方式需要全部重新审视，关于人体结构中的力学分析因为没有引入人体作为一个整体而发生的弹性改变变得完全地失去了其精准度，仿佛一座大厦因为根基的问题而突然倒塌。而要真正运用人体整体的弹性予以重新并精确计算的话，其计算的复杂程度将超乎我们的想象。因此，一旦明白骨骼肌可以通过收缩或舒张活动影响人体整体筋膜弹性的相关原理，那么我们对人体的运动机能或原理的认知就将进入到一个崭新的层次。

可是，在日常生活中，我们并没有充分体会到筋膜的弹性在发挥相关作用。比如，行走中，我们可以清晰地感受到跟腱的变化，小腿三头肌、股四头肌抵抗重力的收缩，可以感受到足弓（足骨之间以及韧带、肌腱、关节囊形成的弹性结构）发生的弹性变化，使得我们行走得比较轻松，而从一个"筋膜球"的角度，我们并没有感受到它所带来的整体弹性效应的提升。其实，这种效应并不能为我们所熟知或轻易感知，但它所带来弹力的提升是确确实实存在的。

一直以来，我们认为在匀速行走、跑步等周期性运动时，小腿三头肌将以等张收缩为主，但相关研究表明，其实在这样的运动之中，小腿三头肌是以等长收缩为主的，这里需要说明的是考察这个周期性运动是要保持相对匀速且运动姿势基本一致的前提下，起步与停止阶段所引起的肌肉形态改变不在考察中。以等长收缩为主的小腿三头肌收缩方式会带来什么样的好处呢？正如前面关于骨骼肌生理中所阐述的，这样的收缩将以慢肌纤维为主，其适宜于在有氧的情况下工作，耗能小，且不易于疲劳。小腿三头肌等长收缩的目的就在于通过绷紧肌肉进而通过改变肌筋膜的张力使其成为跟腱的另一个类似"跟骨"的附着点，这样就能充分发挥跟腱的弹性作用了。相比较，足底内侧足弓又称为弹性足弓，其主要韧带，连接于跟骨和足舟骨之间的弹簧韧带的功能就比较容易理解，人体正是因为有了这样的弹性结构，使得人类天生就是一个行走者，耐力十足，因为可以从跟腱与韧带等结构中获得"免费的能量"，而此机制用一个术语来表示就是跟腱与韧带的"拉伸-短缩周期"，拉伸时储存能量，缩短时释放能量，当然，对跟腱与足弓，这样的能量主要对抗了身体的重力。

可是，这只是揭示了人体弹性的一个方面，在匀速步行中，骨盆还在不断地发生扭转与旋转作用，下肢行走还伴随着脊柱的扭转、上肢的摆动——同手同脚会让人觉得别扭，同时也是一种低效的行走方式，可以说，在每一个环节中都充满着各式各样"拉伸-短缩周期"，而且，这样的"拉伸-短缩周期"都在持续地发挥着作用，甚至，无意之中推动了人的前行。对于长跑运动员而言，找到适合自己跑步的节奏与步频很重要，时快时慢是该项运动的大忌，因为匀速奔跑可以非常充分利用这样的免费能量；此外，放松肩部也很重要，因为通过"拉伸-短缩周期"，可以避免将人体内宝贵的能量储备浪费在上肢的摆动中，当然这主要是针对"马拉松"这一类耐力竞技项目。其实，不能忽略，腹部在这样的奔跑中也是非常重要。在步态分析中，如果从足跟与地面接触后开始考察，就会发现在这之后在地面反作用力的作用下，会使得距骨在跟骨上产生一个内旋运动，这恰恰是人类距下关节的奇妙之处，随之，这样的旋转效应会依次传递通过踝、膝、髋、骨盆、腰椎，直至胸椎，最终通过上肢的摆动来平衡这样的扭转，其实每一次的扭转都在人体存储了前述的免费能量，而腹部因为其类似球状的筋膜结构恰好可以更充分地发挥出其弹性功能，当然，有一个前提，腹部要保持合适的张力，但这样的弹性功能与前述的足弓、跟腱有着明显的区别，因为跟腱、弹簧韧带更多是起着"弹簧作用"，而腹部就好比通过扭转"气球"的形式带来了免费的摆动力量，引领前行。好比小孩子玩的"扭扭车"，仅仅通过上半身、上肢的左右扭转就可以使得"扭扭车"向前滚动一样。可爱的企鹅的步态虽然滑稽，但对其身体构造而言，其夸张的左右摇摆步态是其在陆地上非常"省力"的运动方式。对于一个"大腹便便"的患者而言，如果习惯松弛腹部，那么其行走就会显得尤为吃力，或许可用步履蹒跚来形容，因为没有通过收紧腹部，发挥腹肌尤其腹横肌、腹斜肌的收缩作用以拉紧整个腹部的筋膜，这样就将无法通过扭转效应来获得免费能量。一个轻松弹性的步态，可以让人看上去气质非凡，人体可以简单地通过利用骨骼肌及全身筋膜结构的共同作用，使得自己可以在短时间内发生气质上的"蜕变"。"外八字"是常见的不合理步态之一，这之所以成为一个低效的行走状态，并非在于这样的步态没有充分发挥足弓的弹性，相反，鞋跟更多的磨损消耗在内侧，说明反而是内侧的弹性足弓更多起到了支撑作用，理应通过"拉伸-短缩周期"获得更多弹性，可是，因为"外八字"的步态降低了前述发生在腰腹部的整体扭转效应，使得腰腹部无法高效地扭动起来，也就失去了重要的免费能量来源。

这些现代研究所揭示的筋膜在运动中的作用，已经可以让我们彻底改变对运动机能的传统认识，这为目前所兴起的针对筋膜层的超微针刀技术在一定层面上提供了理论支持。

事实上，更为不可思议的是现代筋膜理论通过"张拉整体结构"的原理还揭示了人体的骨骼系统的承载能力并非像以往认识中的那么"突出"，在骨骼肌与筋膜的共同作用下，尤其在脊柱的生物力学分析上，还有着更为关键的颠覆性认识。

（四）骨骼只是"漂浮在张力的海洋中"

脊柱的生物力学分析，远比四肢复杂。在前述的"拉伸-短缩周期"的基础上，这里将引入"张拉整体结构"的概念。"张拉整体结构"源于建筑学，好比几十年前所看到的电线杆，都被呈三角形布局的钢索牵拉着并牢牢地埋入或固定于地表，每当台风要来时，我们保护树木也会运用这样的原理并采用这样的结构，"张拉整体结构"的特征之一就是它可以将压力或张力变化分散到整个结构，虽然，钢索的牵拉增加了电线杆向下的"力量"，这就好比先通过增加向下的负荷，继而通过这增加的负荷再获得更多的"好处"一样，这个"好处"就是大幅增加了电线杆的稳定性。对电线杆而言，这就好比用相同长度、相同体积的铁杆替代木杆（铁杆密度大，其重量优势明显）插入相同深度的地下并不能获得更强的稳定性，而假使通过绳索牵拉使得木杆像铁杆一样"沉重"，这时，结构的稳定性就会成倍地增长，所以，通过"张拉整体结构"是可以节约大量的建筑材料的。北京奥运会著名的建筑"鸟巢"、宏伟的"港珠澳跨海大桥"都是建筑学上"张拉整体结构"的典范，既节约又环保，并且线条清晰、优美而富有艺术感。通过张拉整体结构，分散了应力，使得建筑物可以通过"弹性"承载各个方向的负荷，而一旦这样的负荷消失，结构又可恢复原样。我们曾经一度对高层建筑物上出现的摇晃而深感担忧，这完全没有必要，在一个"合理"的"张拉整体结构"中，出现摇晃恰恰是安全的体现，相反，完全固定不动的高层建筑其"脆性"才会大幅提升，反而变得不安全。其实，同样的原理在骨科内固定中也经常涉及。骨科内固定理念由"AO"到"BO"的转变，最重要的一点就是摒弃了追求所谓的达到"Ⅰ期愈合"的绝对"坚强内固定"，同时，内固定材料及固定方式均更推崇"弹性"

固定,这就是"张拉整体结构"带给我们重要的启示之一。可是,在大自然中,人体才是最为神奇的"张拉整体结构",缘何这样表述?因为人体除了拥有着尤为坚韧的、像橡皮筋一样的韧带结构来充当缆绳之外,还拥有着骨骼肌这个具备着主观能动性的结构并通过肌腱最终调控这个结构的能力,而同其他陆地动物比较,人类是目前唯一能"完全"直立行走的物种。可以想象,这样的"张拉整体结构"其实已趋近于完美。

通过前面的论述,我们已能够认识到,骨骼肌、肌腱、韧带、筋膜毫无疑问就是这个"张拉整体结构"中的张力的控制者。

帆船的甲板、桅杆、缆绳以及风帆亦是这样的"张拉整体结构",此时,不妨把骨盆、骶骨、骶髂关节及韧带形成的复合体看作是一艘船以及船上的甲板,腰椎、胸椎、颈椎借助椎间盘及椎间小关节则共同组成了一根具有弹性的桅杆,通过最下端的椎间盘弹性地支撑在骶骨之上,脊柱周围的韧带就充当起相对静止的、被动的缆绳结构,而竖脊肌、腰方肌、腹肌、腰大肌以及脊柱深层肌都附着于甲板上或甲板的延伸之处,而这些骨骼肌则是具有主观能动性的缆绳,在脊柱的稳定性系统中,我们往往将脊柱、椎间盘、关节、韧带作为脊柱稳定中的被动子系统,骨骼肌则是主动子系统。根据脊柱周围肌肉的功能,可大致分为局部稳定性肌与整体稳定性肌,所谓的局部稳定性肌是指其收缩时主要起到维持脊柱稳定的作用为主,大多是单关节肌,不以产生关节运动为其主导能力,完全不产生关节运动或只能引起轻微关节活动,对整体稳定性肌(跨越多个节段的大肌群为主)起到重要的节段稳定作用,以利于整体稳定性肌发挥其力臂长、收缩能力强的特点,产生脊柱大幅度运动,所以,整体稳定性肌是以产生大幅度的关节运动为其主导能力的,虽然,对于脊柱的稳定也能发挥出重要的作用,但效能低,前提是需要脊柱各个节段都保持稳定,才能通过增加对骶骨的压力负荷而获得结构的进一步稳定。因此,考量脊柱的稳定性时,需要采用局部(节段)与整体相结合的策略。所以,从人体整体的、合理的运动方式进行考量,各个肌肉收缩形式具有整体性与连续性,运动过程中实现动作模式持续的主要原因是由于多运动环节的合理动员。脊柱运动功能的实现首先是稳定肌群(局部稳定性肌群)先发力,先起到稳定关节的作用,为主动发力肌群(整体稳定肌群)提供支撑,然后通过主动发力肌群收缩,与此同时,拮抗肌再对主动肌群的过多张力实现抑制或抵抗,才最终实现整体运动功能有序的表现。

现代康复医学研究表明,脊柱疾患往往源于脊柱的不稳定。一旦出现脊柱稳定性的下降，往往首先表现为局部稳定性肌的疲劳。稳定机能下降，当然也可能源于严重创伤所导致的"被动子系统"功能失调，这都将使得整体稳定性肌的运动效能大大降低。从整体策略上来讲，此时，整体稳定性肌就不得不更多地参与到维持脊柱稳定性的作用中来，但由于其效率低下，使得这些肌群过度使用，很快也出现劳损，只能通过肌纤维的挛缩，甚至肌痉挛来代偿稳定机制的下降，带来的直接后果就是椎间盘及小关节的负荷大幅度增强，即增加了桅杆对底座的作用力，这就会导致椎间盘及椎间小关节的退变与损伤，而对于一个本身已有病变的椎间盘，则将陷入了一个恶性循环，即因为退变，导致椎间隙变窄，弹性下降，导致韧带松弛，局部稳定性肌效能进一步下降，这又导致椎间盘负荷进一步增加，而负荷进一步增加，又加重了椎间盘退变或突出的程度。同时，当"张拉整体结构"功能降低之后，其抵抗负荷的能力也下降，导致机体更容易出现更多结构上的损害。

  通过对这样的损害机制的认识，反而让我们就更容易理解骨骼只是"漂浮在张力的海洋中"这句话的含义了。假使，人体脊柱这个"张拉整体结构"是健康的、稳定的，虽然，椎旁肌的收缩暂时使得骶骨与腰椎之间的负荷增加，但是，却由此使得整体结构获得了更多的、更强大的抵抗各个不同方向负荷的能力。此时，不妨把腰骶部这个核心部位所承受的负荷（在人类经过长期的进化之后，已被设计成一个合理的区间），表述为"预应力"。超过这个"预应力"区间的，人体所要更进一步承受的各向负荷（当然这个负荷不是无限大，而是具有一定限度的）都可以被人体这个"张拉整体结构"轻而易举的通过各个肌腱、韧带的锚定点分散到整体结构中，此时，虽然结构整体承受了巨大的负荷，但考察甲板和桅杆之间所产生的"应力"，将不会变大或者只会增加一小部分的"应力"，显然，此时结构整体虽然承受着巨大负荷，但原本需要由脊柱承担的负荷，却不知不觉地消失了，此时，脊柱这个理所当然的负荷承载体将不再承载"额外"的负荷，即只是漂浮在这样的张力的海洋中。

  通过上述论述，我们已将对脊柱生物力学原理的认识推进到一个更高、更深的层次了，似乎对这类问题的分析也已比较透彻了，但其实这还是不够，因为我们还需对筋膜这个全身复杂网络系统且连为一体结构进行更深刻的阐述。

（五）对筋膜功能更深刻的剖析

  前面已经论述了筋膜与骨骼肌如何作为一个整体结构并发挥作用的部分

机制，在日常生活中，除非快速移动，如高速奔跑，下肢骨骼肌的收缩方式都不是以等张收缩为主的，只有在短跑运动员或者场地自行车追逐赛之类的运动员或者那些刻意进行"增肌"训练的健美人士身上，我们才会看到大块的腓肠肌、股四头肌。人类都是采取比较"节能"的工作方式来移动，包括以耐力训练为主的有氧运动，下肢的骨骼肌大都以等长收缩的方式进行工作，同时，筋膜可以有效地提升骨骼肌的功效，两者相互依存、相互影响。

肌腱、韧带从组织结构属性而言就是筋膜，是筋膜这个结缔组织的增厚部分，其实，骨骼也是结缔组织之一，还包括软骨、血液、脂肪等，它们都是同源的，只是组织中的各个组成成分的比例不同而已，它们都是由胶原蛋白、弹性蛋白、结缔组织细胞以及基质构成。人体的筋膜包括：疏松结缔组织（含有较多的基质与液体）、致密结缔组织（包括肌腱、韧带、肌肉表面肌筋膜、脏器的外膜如心包膜）、弹性结缔组织（皮下组织）、多向性结缔组织（包括真皮层、脑膜）、特殊类型的结缔组织（脂肪）等，其重要的功能包括：塑形（包裹、填充、支撑以及赋予结构形状）、供给（新陈代谢、输送液体、供应营养）、交流（接收和传递信号和刺激），以及运动功能——可以传送和储存肌肉的力量、抗衡阻力与拉力，肌肉与筋膜是协同合作的组合，每一纤维都由筋膜包裹，肌纤维形成的肌束由肌束膜包裹，肌肉外部由肌外膜包裹，就好比打开一个柚子，我们可以看到无数个筋膜的分隔，这样的构造使得两者紧密地捏合在一起，骨骼肌肌纤维收缩产生的力量就由筋膜层层传递。

在这里，还是要重新强调腹部肌肉与筋膜的特殊性。在前面的论述中，已表述了一部分的观点，即腹肌及其筋膜是通过扭转效应来发挥"拉伸-短缩周期"的作用，收紧腹部这个经常被忽视的"好习惯"，可以充分提升人体运动机能。反之，一个"大腹便便"的人，其行走的效率将会变得低下。

腹肌是由腹直肌、腹外斜肌、腹内斜肌、腹横肌组成的一个复合整体。腹肌最主要的运动功能包括腰部侧弯、旋转以及屈曲。腰部的侧弯运动由腰方肌与腹内、外斜肌产生力矩。旋转主要由腹内、外斜肌主导，腹横肌也能发挥一定的作用。在前屈（弯腰）动作时腹肌可以同时拉直腰椎的前凸，这与椎旁肌相拮抗，必须注意的是该动作是由腹直肌、腹内斜肌与腹外斜肌共同产生屈曲的力矩。腹部的特殊之处还在于腹壁的大肌肉纤维和它们的腱膜相互"编织"在一起，形成一个完整的环，且腹外斜肌与腹内斜肌形成一个"斜线交叉"结构，正是这样的编织方式造就出了所谓女性的迷人"小蛮腰"，由"圆柱体"转变成两头粗、中间细的柱状结构。通过这样的柱状结构，更能充分发挥出腹肌及其筋膜在扭转、弯曲中的弹性作用。

在这里必须再着重强调腹横肌的重要作用。腹横肌是人体在脊柱周围一块非常重要的局部稳定性肌，这似乎同前面的定义相矛盾。不是局部稳定肌大都跨越单个节段的吗？虽然腹横肌的跨越从肋骨直达髂骨，但须注意其纤维是沿水平走向为主的，单独腹横肌的收缩只能引起微弱的关节活动，但是，通过腹横肌的收缩，可以勒紧整个腹部。所以，从局部稳定性肌与整体稳定性肌的协同机制来说，运动之前先由局部稳定性肌收缩起到稳定作用，这里主要指腹横肌，然后再由整体稳定性肌收缩产生大幅度的运动（主要指腹直肌、腹外斜肌、腹内斜肌、腰方肌等），所以，腹横肌的功能就显得尤为重要，因为其功能能否正常发挥将对腹部运动、腰椎负荷及其稳定性均造成显著的影响。

腹横肌能否正常发挥功能是维持核心稳定的关键环节之一。一方面，就如同钢筋混凝土的结构，钢筋抵抗张力为主，混凝土抵抗压力，在腹横肌的主导作用下，整体腹肌的结构就好比围绕在脊柱周围的混凝土，唯一不同的是，这个混凝土结构还具备各向的弹性，还能发挥出主观能动性。另一方面，通过腹横肌的收缩，在其他腹肌的协同下，还增加了腹内压，使得腰腹部筋膜被充分拉紧，进一步强化了弹性功能，对维持人体腰骶部及脊柱的稳定，起到了关键作用。许多腰痛患者通过表面肌电图的检查，发现腹横肌预先反应的能力削弱，即"前馈机制"的减弱或消失，这是表明腹横肌在核心稳定中地位的有力证据。

通过对腹部肌群相互作用以及其对脊柱核心稳定作用的认识，使得我们在认识"筋膜"的功能上又向前推进了一步。通过骨骼肌收缩，第一，可以影响其表面及内部的筋膜，使其成为一根"可调节"的韧带，发挥出抵抗"张力"的能力，第二，通过各个肌群之间筋膜的联系，还可以改变其他肌肉筋膜的张力，其三，在更广泛的"整体"结构中，使得肌肉与筋膜的高效组合结构发挥出类似"球状"的弹性作用。其实，这样的认识，可能还不够充分，随着研究的深入，骨骼肌与筋膜在运动中的奥秘将会更多、更清晰、更深刻地被发现、揭示出来，但基于目前的这些认识，已足够让我们对中医"筋"的功能有了更为深刻的理解。

综上所述，我们提升了对运动中筋膜作用的认知水平，但正如前面所讲到的筋膜作用中，还包括了塑形（包裹、填充、支撑以及赋予结构形状）、

第五章 学术成就

供给（新陈代谢、输送液体、供应营养）、交流（接收和传递信号和刺激）。

以往，我们建立的思维一直是骨架支撑起了人体的结构，软组织围绕着骨架发挥相应的功能，骨架是人体塑形的最为关键因素。通过前面对人体"张拉整体结构"的论述，我们已经发现这样的观点是错误的，无处不在、紧密联系的筋膜结构才是人体中塑形的最为关键因素，骨骼的承载功能，在"张拉整体结构"当中，虽然被赋予了远超过承载部分重力的"预应力"，但却通过结构的应力分散机制获得了后续承载更多、更复杂负荷的能力，这时，骨骼只是"漂浮在张力的海洋中"，所以，维持人体这个结构形状的最关键要素就是全身的筋膜组织。

筋膜还具有"供给"功能。在结缔组织的基质中，根据结缔组织类型的不同，含有着不同比例的"液态"物质，通过这些"液态"物质，组织细胞进行新陈代谢，交换营养与水分。现代生理学家认为这样的新陈代谢应为结缔组织最核心的功能。血管、淋巴管等管道结构只是为液体、营养成分等物质提供远程转运的通道，在局部，新陈代谢则由基质中的"液态"物质主导，因为，筋膜所分布的范围比血管等全身的管道系统更为广泛，是真正遍布全身、无处不在的组织，人体的运动、按摩均可促进这样"液态"物质的流动，促进代谢。

另一个让人感到意外的功能是"交流"，筋膜所组成的网络系统同时是人体中不可或缺的感觉器官，相关研究已发现，筋膜具有大量的感受器、游离神经末梢、血管和循环液，他们负责将信息从肌肉中导出并传递给大脑。筋膜具有丰富的感觉器已被实证，包括帕西尼小体、鲁菲尼小体、高尔基腱器官等。帕西尼小体负责感受快速的压力变化、震动或者压力刺激，它们工作的前提是刺激状态的变化。如果运动或者一种刺激长时间保持不变，帕西尼小体就不再做出反应。鲁菲尼小体主要负责感受时间较长的、变化中的、持续不断的压力刺激，更倾向于对相对缓慢和持续加强的刺激做出反应，比如来自按摩或者健身操的缓慢拉伸的刺激。高尔基腱器官对被动的刺激不做出反应，而只对肌肉主动的动作做出反应。它们位于肌腹与肌腱的连接处，在肌腱收到拉力时，它们会降低肌肉张力，从而保护肌腱和关节，以免它们承受过大的负荷而劳损。筋膜中的感觉器是人体最强大的感觉系统，我们的大脑无时无刻不接受着来自躯体的机械性刺激信号，让我们可以通过反馈感知我们在空间中的位置、对称性和运动的生物力学。这些感受器可以改变牵拉筋膜的肌肉张力。

正是基于前述认识，我们可以通过推拿技术有效地干预筋膜中的感觉器，还可直接促进局部的营养代谢，包括对肌肉中的触发点进行自我按摩（简单的自我治疗方法，通过基质促进局部组织代谢，修复病灶），从而改变人体的健康状态，而这种干预手段就不仅仅限于运动系统，而且可以影响全身各大内脏系统。因此，筋膜相关理论同样印证了推拿是可以治疗包括内、外、妇、儿等各科疾病的，临床也已有丰富的实证，如小儿推拿、脏腑推拿技术等，筋膜的相关理论为中医打开了一扇窗，就是运用现代科学研究去解释推拿技术的本质。

为什么说，通过筋膜可以干预内脏系统？就像前面反复讲述的，全身的筋膜是保持连续的，是无缝连接的，体表筋膜通过双囊袋结构不断地进行延伸，就像切开一个柚子观察里面的网络状结构，有大的分隔，在大分隔之中又有小分隔，而在人体中就更加复杂，不仅每个肌束外面有筋膜分隔，每个内脏也有数不尽的大大小小的分隔，而这些结构都是紧密相连的一个整体，而中医"由外揣内"就是这样的理念，这也间接说明了中医学在方法论上的先进性，但不能否定，中医的传统经络、经脉学说可能将遭受到筋膜理论的挑战，因为通过筋膜，比较完美地展示了关于脏腑经络彼此复杂联系的物质基础，而不再是一种假想。

关于"假针灸"的实验研究亦需要引起中医界高度关注。在该实验中，研究人员不在传统的穴位下针，而是把针扎在穴位旁，结果与真针灸一样也能奏效。超微针刀针体细，远小于常规针刀，而且进针表浅、安全，但临床疗效显著，不乏有疑难杂症得到治愈的相关报道。这些信息提示我们，结合对筋膜功能的认识，筋膜极有可能是针灸、推拿、针刀等中医技术重要的干预靶点之一。

因此，姚新苗教授在中医骨伤科疾病中的"以筋为主""理筋为先"学术思想的先进性为现代筋膜学说所强力支撑，亦将绽放出更多的光芒。

（六）"经筋"的概念及"经筋"理论

1. "经筋"的概念

"经筋"首见于《灵枢》，经筋系统是针灸理论的重要组成部分，之所以要论述"经筋"一词，是因为对经筋的解剖定位及经筋理论存在着许多不同的看法。有学者认为经筋为神经，而肌肉、肌腱不属于经筋范畴的。与之相反，有学者认为经筋不包括神经，是由于腱的形状和连结骨关节之韧带外观与神经相似,因此古人在记载时误将神经也包含其中。有学者认为经筋包含肌腱、韧带以及周围神经,经筋的行走路线与神经关系密切,也有学者将中医经筋与膜原实质进行整合,以筋膜学说立论,认为经筋泛指人体广泛的筋膜支架体系。

虽然,对于"经筋"的实质并未统一,但目前比较一致的看法是经筋涉及范围极为广泛,在部位上遍及全身,在组织类型上,几乎与所有软组织相关。《说文》曰:经,织也,从系,是会意字。"系"指的是丝织的交织线,而经指的是主干与纵长者。与"经"相对应的是"纬",却无"纬筋"之说,说明古人取"经纬"中的"经"来强调"筋主束骨而利机关"的功能力线,是对古时划定的十二条运动力线所涉及的肌学、韧带学等生理病理内容的规律性总结。

因此,从系统科学的角度,综合中医经筋理论和易筋经相关理论与练功实验体验,结合西医学运动生理知识,有学者认为:中医的经筋实际上既包括了其结构基础——肌肉、韧带等软组织,又包括了其效应基础——神经系统,但又不是两者单纯的结合,而是经筋由肌梭、肌腱以及韧带关节囊等具有张力本体感受器的线性组织功能连续而成的,是具有形态、功能与信息感知相统一的人体有机系统组织。它在人体生成与发育中形成,是身体和脑脊髓神经系统联系互动的运动本体感知系统。姚新苗教授完全赞同这样的认识,这较好地融合了中医理论与现代筋膜学说,具有明显的先进性。

2."经筋"理论

关于经筋理论,在针灸学中仍将十二经筋表述为十二经脉的附属,这是存在较大争议的。早在隋朝杨上善在《黄帝内经太素》中已将经筋与经脉分立卷宗,同时对"以痛为腧"进行了详尽的注释:"输,谓孔穴也。言筋但以筋之所痛之处,即为孔穴,不必要须以诸输也。以筋为阴阳气之所资,中无有空,不得通于阴阳之气上下往来,然邪入膝袭筋为病,不能移输,遂以病居痛处为输,故曰:筋者无阴无阳,无左无右,以候痛也。《名堂》依穴疗筋病者,此乃依脉引筋气也。"此处,输与腧为通假字。认为:经筋不运行气血,所需之气血营养由经脉、络脉所渗灌,因此经筋病的一个重要病机特点是邪结于筋,筋伤络阻,气血壅滞,不得输布,不通则痛。认为经筋与经脉是相对应存在的,经筋必须依赖于经脉来灌输以"通阴阳之气",而经筋则包裹了经脉,经筋不通,如同通道塌方,必定影响经脉中气血的传输,将影响周围部位的营养供应而产生病理变化,故两者功能上密不可分。

之后，明代张介宾对于经筋的论述则更为详尽，"十二经脉之外而复有经筋者，何也？盖经脉营行表里，故出入脏腑，以次相传；经筋联缀百骸，故维络周身，各有定位。虽经筋所盛之处，则唯四肢溪谷之间为最，以筋会于节也。筋属木，其华在爪，故十二经筋皆起于四肢指爪之间，而后盛于辅骨，结于肘腕，系于关节，联于肌肉，上于颈项，终于头面，此人身经筋之大略也。筋有刚柔，亦犹经之有络，纲之有纪，故手足项背，直行附骨之筋皆坚大，而胸腹头面支别横络之筋皆柔细也。但手足十二经之筋又各有不同者……"。现代薛立功对经筋理论则进行了更深入的研究、发掘和整理，认为十二经筋是古医家运用当时的医学词汇，对人体的肌肉、韧带及其附属组织沿十二条运动力线对其生理、病理所进行的规律总结。通过对经筋、结筋病灶点、腧穴、经脉的形成发展过程重新考察，提出了广义的经络学说体系，认为：十二经筋的概念与十二经脉应是属于不同的理论体系的，经筋学说应与经脉学说并列成篇，而不应将"经筋"简单地归入经脉系统的附属部分。经筋学说侧重于对病灶，尤其是超出自我修复能力的病灶的认识和治疗，兼有经脉刺激作用。经脉学说则侧重于对人体的自主反应进行调节，自主反应的调节是一切治疗方法取效的关腱。强调经筋与经脉治疗原理应有机结合。

人体十二经筋有阴阳之分，这可能受限于当时阴阳五行学说，细究而来，十二经筋与十二经脉之间是存在着诸多不同的。从循行路线上来说，十二经脉是依次相传，而十二经筋无论阴阳均由四肢末端循行至胸腹，而且两者之间分布的范围亦存在差异。十二经筋更可能就是古人依据对骨骼肌、肌腱、韧带等结构的解剖知识按其大致循行路线而设定的。因此，薛立功对经筋理论的认识更符合医学临床实践。

3. "经筋"理论的进一步发挥

对于经筋病来说，疼痛是其主要症状，当以痛处为腧，大量的临床实践也证明这是一种简单的疾病定位方法，且见效快，有一定的疗效，尤其是近代针刀技术的发展，着眼于对压痛点（阿是穴）与"筋结"进行探寻，干预的重点就是针对软组织以粘连、瘢痕、挛缩为主要表现的病理状态，同时，变针为刀，加强了其切割、松解之能力，大幅地提高了对经筋病或伤筋病的治疗效果。

除了以"以痛为腧"为指导原则，通过对"筋结"的研究，张天民等对慢性软组织损伤病理构架的网眼理论以及网眼理论的物质基础——人体弓弦力学系统进行了比较系统的阐述，明确了人体力学解剖结构的紊乱在慢性软组织损伤、骨质增生类疾病以及慢性内脏疾病发生发展过程中所起的基础性作用，逐渐成为针刀技术在实际运用中的指导原则，那就是注重整体松解。认为在人体各骨骼与软组织之间是以骨骼为弓、软组织为弦，在软组织骨的附着部则形成弓弦结合部的一个力学单元。静态弓弦力学单元中是以关节囊、韧带、筋膜为弦，动态弓弦力学单元则在此基础上增加了一个主动的弦即动力系统骨骼肌，构成了骨骼杠杆力学系统，使骨关节产生主动运动。籽骨、副骨、滑液囊、皮肤、皮下组织、脂肪等则为其附属结构，又各司其职。如：髌骨作为籽骨则将原先的一个弓弦力学系统一分为二，形成一个股四头肌为弦的动态弓弦力学单元及一个以髌韧带为弦的静态弓弦力学单元；滑液囊通过分泌滑液减少弓弦力学单元中相邻结构间的摩擦，皮肤、皮下组织、脂肪则对弓弦力学系统起到保护作用。通过弓弦力学系统，将中医概念中"筋"的各种组成成分有机地串联起来，较好地涵盖了中医"筋"的概念，并使之形成一个密切联系的有机体。

在人体弓弦力学系统的基础上，依据骨骼肌主动协同 - 拮抗协调的原理，以受损软组织的行径路线为导向，形成以点成线、以线成面的立体网络状的一个病理构架，好比一张渔网，渔网的各个结合点即是弓弦结合部，是组织病变包括粘连、瘢痕、挛缩最为严重与集中的部位，这就形成了网眼理论。对于慢性伤筋病而言，不再是局限于一个点的病变，而是以更整体的视角，认识"经筋"的运动及其损伤。

综上所述，对人体弓弦力学系统的阐述及软组织损伤病理构架的网眼理论是中医对经筋学说的进一步发挥。在此理论的指导下，改变了以往比较单一的"以痛为腧"的治疗理念，对经筋病、伤筋病等以软组织损伤为主要表现的疾病有了更深刻的认知，有利于进一步提高针刀技术的疗效，改变既往存在的针刀治疗"有效率高，但治愈率低"的现状，为针刀治疗疑难软组织源性疾病，包括疑难脊柱相关慢性内脏疾病等提供了中医理论依据，是对传统中医学的发展与创新，同样，这样的认识与现代筋膜学说的相关研究成果及理念向暗合。

（七）现代筋膜学说下对"肝主筋"的认识与争鸣

《灵枢·九针论》曰："肝主筋。"《素问·六节脏象论》曰："肝者……其充在筋。"说明筋的营养来源是从肝而得。筋附于骨节，由于筋的弛张收缩，使全身肌肉关节运动自如，故又有"肝主运动"之说。但筋必须在得到充分营养供应的情况下，才能运动有力。《素问·上古天真论》："七八，肝气衰，筋不能动……"就是说男子一般到了56岁左右，就可能感到运动不大灵便，认为这是由于"肝气衰，筋不能动"的缘故。说明肝和筋、筋和运动之间有着密切联系。

在中医基础理论中，肝又称为"罢极之本"。一般认为，"罢极"是力大至极而耐劳之意。肝为罢极之本，是指肝为人体力量最强大并能耐受疲劳的根本。"罢极"是肝的生理特性，《素问·灵兰秘典论》曰："肝者，将军之官，谋略出焉。胆者，中正之官，决断出焉。"肝胆相照，谋略决断，果敢、强勇、喜条达、忌逆怒。肝为罢极之本主要表现在：其一，木曰曲直，筋主屈伸，同气相求，人体关节的屈伸、肢体的运动，由筋之弛张、筋之运动而形成的屈伸，类同"木曰曲直"之性，故筋之功能与肝有关。其二，肝藏血，血养筋。筋，即筋膜，其附于骨而聚于关节，连接关节、肌肉，主司运动的组织，包括现代医学的肌腱、韧带等。故《素问·五藏生成》曰："诸筋者，皆属于节。"

筋之功能，依赖肝血之濡养，"食气入胃，散精于肝，淫气于筋"，肝血充足，筋膜得养，关节运动灵活有力。故曰"肝主筋""肝生筋""肝藏筋膜之气也"。由于人之运动，由乎筋力，筋之充养，源于肝血，故肝血充足，则筋力强健，运动灵活，且能耐受疲劳，故《素问·五藏生成》曰"足受血而能步，掌受血而能握，指受血而能摄。"《医门法律·脏腑赋》说："人身运动，由乎筋力所为，肝养筋，故曰罢极之本。""若久行久动，则筋力疲惫，即所谓久行伤筋"。若肝血亏虚。筋膜失养，则见肢体麻木，筋力减退，甚或屈伸不利，如《素问·脉要精微论》所说："膝者，筋之府也，屈伸不能，行则偻附，筋将惫矣"。人之老年，筋力减退，活动不便，易于疲劳，即是年老血亏，筋膜失养之故。故《素问·上古天真论》曰："丈夫……七八肝气衰，筋不能动。"肝血亏虚，血不养筋，还可引起手足震颤，肢体麻木，屈伸不利等症；若邪热炽盛，侵入营血，灼伤津血，筋失所养亦可出现手足抽搐、牙关紧闭、角弓反张等症。以上两种病症，皆称为"肝风内动"，其病机虽不相同，一为"血虚生风"，一为"热极生风"，但其实质相同，皆为肝之津血亏虚、筋失所养所致。可见肝为"罢极之本"是对肝脏生理功能病理变化的概括。

现代医学认识到，肝脏是人体内具有多种代谢功能的重要器官，它是机体的"代谢中枢"，它与糖、脂肪、蛋白质、维生素以及激素的代谢有着密切的关系。人体精神的好与坏除了精神和情绪因素外，大部分与能量是否充足有关。肝脏作为机体的代谢中枢，肝脏功能的正常与否势必影响能量代谢的功能。

上述表述，基本清晰地表述了中医学中"肝"及西医"肝脏"的功能属性，显然，中医中的"肝"并不是仅仅指向解剖学中的肝脏，从功能角度，其与西医中的"肝"完全不同，只是在某些功能方面比较接近，如：肝亦是血液的存储器之一，西医中的慢性肝病也确实让人容易有疲劳感，但肝脏除了代谢功能之外，其分泌胆汁的功能并没有在中医学中得到清晰的阐述。

我们必须清醒的认识到，中医理论中对于脏腑功能的认识是完全按照机体功能来分类的，就如前面讨论的骨骼肌从中医属性而言，究竟是隶属于"肝主筋"还是"脾主肌"？其实，就如中医学的"脾"，如果用西医解剖学意义的脾脏去解释显然是行不通的。回到"筋"的概念，筋以运动为其本质属性，筋束骨、利机关，且筋为刚，从这个角度理解，筋遍布了全身，包括了皮肤、皮下组织、肌肉、肌腱、筋膜、韧带、关节囊、滑液囊等，因为这些结构的损伤均会导致关节运动功能的下降。肝主筋、脾主肉，两者可以同时指向骨骼肌，这并不矛盾，因为肝主筋司运动，直接指向的是骨骼肌的运动机能；脾主肉，为后天之本，负责水谷精微的生发，主营养，更注重于机体物质本身的营养状态。此外，还有肺主皮毛，中医的皮就是指解剖意义的皮肤吗？显然并不是，其所指向的是中医学上皮肤腠理的开合功能。对于骨骼肌而言，就其中医"属性"而言，无论"肝主筋"还是"脾主肌"，均适用，从机体的营养状况角度，属于"脾主肌"，从骨骼肌的运动角度，则"肝主筋"。

"久行伤筋"，容易理解，过度运动势必会有损"筋"的功能，但如果营养状况跟不上，同样也"伤肉"；"久坐"仅仅伤肉吗？临床实践表明，颈椎病、腰痛病很多都是因为坐的时间过多，缺乏合理运动包括基本的运动时间，抑或不良的姿势所导致的，这就提示了"久坐"亦"伤筋"，但"久坐伤肉"所揭示的理论内涵应该在于是缺乏合理运动所导致的机体整体对脾胃这个"后天之本"功能的不良影响。

前面，已经论述了现代筋膜研究所揭示的有关筋膜的功能问题，除了在运动中有"杰出"的表现之外，筋膜掌握着对全身细胞的新陈代谢作用。消化系统消化并吸收食物精华，这与中医脾胃功能一致，通过运输系统如血液循环，将"营养成分"运送到组织细胞中，这时，就需要"筋膜"组织来发挥作用了，人体存在着内在的促进物质交换的力学调控机制使得细胞通过包裹在其外无处不在的筋膜，完成最终的新陈代谢，对于骨骼、胶原纤维等非细胞结构，则其更新显得缓慢，因为，他们需要由结缔组织细胞来产生、修复、替代，而这也是一切组织损伤的"愈合"机制，只是，这些机制的关键要素并没能得到非常清晰的阐述。

此外，正如前面所论述的，筋膜中还富含丰富的感受器，筋膜甚至被称为人体内最大的"感觉器"，这些感受器以本体感觉为主，每时每刻都向中枢传递着力学信号。所以，通过筋膜的感受器是可以干预内脏功能的，坐禅、瑜伽、正念冥想这些看似相对"静止"的状态却能让人体去激发身体深处的"本体感觉"，同样，这亦是维持机体健康的一种有效干预手段。

由此，我们可以做出一个大胆的推测，中医学中的"肝"，不仅仅局限于传统认识：肝主筋、肝主全身筋膜，而是，"肝"就是这遍布全身、无处不在的"筋膜"。因为"筋膜"具有前述强大的对全身细胞新陈代谢的干预作用，同时，还具备着丰富的感受器，可以进行全身的力学调控，而狭义上的"筋"则由"筋膜"汇聚、延伸而成，自然由"肝"所生，由"肝"所主，对运动机能而言，"筋膜"与肌肉的组合就是其关键要素。正因为"肝"（"筋膜"）遍布全身，无处不在，其才能承担起"将军之官"的功能，就好比排兵布阵，将所有士兵有效地串联而成为一个整体，增强了战斗力，也只有"肝"（"筋膜"）功能正常，才能发挥出"罢极之本"的生理功能，筋膜强则弹性足，自然更耐疲劳。由此，"肝风内动"与"热极生风"也能得到合理解释：手足震颤，肢体麻木，屈伸不利甚至手足抽搐，牙关紧闭、角弓反张，皆是因为全身"筋膜"生理功能的紊乱，使得"筋膜"失去了对肌细胞的新陈代谢的干预能力，称为"肝阴不足"，在高热这个病理变化面前，将进一步灼伤"肝阴"，而肝阴的物质基础就是这布及全身筋膜网络里面的液态基质，所谓"热极生风"。

中医学的"肝"本身与解剖中的"肝脏"并无太大关联。这里出现的最大的争鸣就在于通过现代筋膜研究的成果，揭示了"筋膜"的功能与中医学的"肝"基本一致，虽然，现在就认为中医学的"肝"等同于"筋膜"，尚为时过早，还有待更多学者对这一假设进行科学的论证与研究，但这是姚新苗教授"以筋为主""理筋为先"学术思想带来的重要启发。

其实，从功能角度，中医的五脏都能予以理念上的拓展，好比肺主气，指的是氧气的全身输布及转换的过程；脾胃为"后天之本"，指对营养物质的吸收运化；心则代表了全身的调控中枢；肾为"先天之本"，如"命门"学说，代表着生命的原动力，又主生殖、遗传，并调控着人体的体液代谢，即"气化作用"。摆脱中医五脏与实体器官之间的关联,将是中医学获得"理论"突破的关键!

三、"以筋为主""理筋为先"学术思想的再回顾与发挥

"以筋为主""理筋为先"的学术思想的提出源于偶然,但亦属必然。首先,姚新苗教授在长期的临床实践中都是以"针刀"、"针刺"、正骨手法为主导,结合中医辨证施治进行相关临床诊疗工作,接触了大量骨关节病、脊柱退行性疾病、腰椎间盘突出症、非特异性下背痛等患者。中医骨伤科的经典理论就是"筋骨平衡",强调"筋骨并重、动静结合",但是源于对"软组织平衡干预技术"的深刻思考,姚新苗教授很偶然地提出了"以筋为主"的理念,同时结合现代脊柱康复医学的观点,对"理筋"技术有了更多的反思,在核心稳定及核心稳定性训练理念的引领下,使其对脊柱及脊柱相关疾病也有了更多突破性的认识,尤其结合了现代筋膜学说的最新研究成果,通过层层对骨骼、骨骼肌、肌腱、韧带,尤其是筋膜组织等的生物力学机制分析,逐渐加深了对人体运动机能的理解,最终融会贯通,并将中医基础理论有效地结合在了运动医学之中,可以毫不夸张地说,姚新苗教授这一理念将会长期地指导着中医骨伤科的临床实践,也包括对骨折这样看似完全属于"骨病"的疾病。

随着医疗技术的进步,对关节、肢体功能要求的提高,骨折很多都需要行内固定。"以筋为主"如何来指导骨折的手术治疗呢?"AO"向"BO"理念的转变就是最好的实证,保护软组织,保护骨折端的血液循环,加速愈合,不再追求所谓的绝对坚强内固定,注重"生物学固定",这就是"以筋为主"的具体体现之一。对于骨科生物力学及内固定而言,弹性模量是一个非常重要的概念,大多金属的弹性模量均数十倍于骨骼,远远高于正常骨骼,发展新型合金、惰性金属的制造工艺,降低弹性模量就成为骨科内固定器材最重要的一个发展方向,所以现在大多数内固定选择二代钛合金,但即使是二代,其弹性模量也往往3倍于人体骨骼,因此,为了提高内固定与骨之间的相容性,以现代骨科MIPPO为代表的内固定技术应运而生,通过锁定螺钉的设计,减少了对骨折端血液循环的干扰,利用长节段,分散应力,为了保护软组织,不再大刀阔斧地完全切开手术,而是更多地采用微创手段,最大程度地保护了软组织,也在骨折内固定相关理论中,提出了"内固定在早期保护骨骼,

骨骼在恢复功能的过程中，逐渐开始保护内固定物，避免金属的疲劳断裂，两者之间存在着微妙的动态的变化"，虽然，这一理念已深入人心，但如果从"以筋为主"的角度以及用现代筋膜学说的视角下分析，这样的认识并不全面。

微创手术最重要的是保护了软组织，尤其是筋膜组织，这就为快速康复打下了最坚实的基础，前面所论述的"骨骼只是漂浮在张力的海洋中"这一原则同样适用在下肢，如果下肢筋膜结构能得以快速修复，筋膜就可以通过"张拉整体结构"发挥出其保护骨骼的作用。虽然，目前提出了所谓的外科快速康复的理念，如手术流程的精细化管理，如对手术技术要求更精确，有效地控制创伤性疼痛等，但这一切，远没有"尽快恢复筋的功能"来的重要。因此，在有效控制疼痛的基础上，进行专业的软组织功能康复训练与指导才是真正的"外科快速康复理念"，还可以充分应用推拿、按摩等简单的中医技术来进一步加速功能的提升。一个肌肉逐渐萎缩的患者，内固定再牢固也很可能最终被"折断"。因为，它缺乏了"筋"对骨骼的保护作用。所以，哪怕是骨折内固定中，"以筋为主""理筋为先"的理念同样适用。

随着一些新兴的、与筋膜有一定关联的干预技术的蓬勃发展，如超微针刀、腹针、颊针、掀针等，如前面所提及的正念冥想、瑜伽、脏腑推拿，已积极运用于各个系统疾病的防治中，只是其中具体机制的阐明还有待于科研工作者进一步展开相关研究。但姚新苗教授"以筋为主""理筋为先"的学术思想通过对"筋骨平衡"的层层思辨，带来了许多开拓性的思维，再一次充分地展示了"理论突破"的弥足珍贵之处。当然，该学术思想的价值与实际运用还有待于后来者去不断发展与验证。

第二节　求因论治探真源

除了整体观与辨证论治，"求因论治"亦是中医学的基本特征之一。何为求因，就是要准确把握疾病的病因，明确疾病的病位，只有明确诊断，才能给予针对性的治疗，取得良好的临床疗效。中医一直重视对疾病病因的把握，如经典著作《诸病源候论》，如三因制宜原则，认为疾病的发生、发展与转归受多方面因素的影响，如时令气候、地理环境、体质强弱、年龄大小等。因而在治疗上须依据疾病与气候、地理、病人三者之间的关系，制定相适宜的治疗方法，才能取得预期的治疗效果，这同样是中医学整体观念和辨证论治在治疗中的体现。在中医骨伤科疾病的诊治中，尤其是慢性疼痛类疾病，能否明确诊断，把握致病因素，洞悉损伤机制，对临床疗效的提升，具有重要意义。

姚新苗教授临床诊治经验丰富，其在临床教学及带教中一直强调疾病的诊断及鉴别诊断，强调对病因的把握，强调临床诊治逻辑思维能力的提升，尤其在中医骨伤科相关疼痛类疾病的诊治过程中，要透过现象，把握本质，这尤为重要。中医骨伤科疾病因创伤、运动损伤、劳损等导致的比较常见，但涉及骨病、骨痹，以及风湿类疾病亦为数不少。临床当中，哪怕颈椎病、腰椎间盘突出症、肩关节周围炎（冻结肩）等常见疾病，其诊断准确率亦是不容乐观。诊断颈椎病的，很多其实都是颈部软组织的劳损，亦有胸廓出口综合征、前斜角肌综合征、腕管综合征等周围神经卡压；诊断腰椎间盘突出症的，有时只是凭借影像学的表现，而临床体征并不完全符合，症状可能只是源于腰臀、大腿部等骨骼肌中存在着"触发点"而已，甚至不少是源于心理障碍，如抑郁症、焦虑症；肩部的疼痛与活动障碍有时会轻易诊断肩关节周围炎，而忽略了肩袖损伤、肩撞击综合征等常见的鉴别诊断。同样，因肩关节周围骨骼肌中存在"触发点"而导致的"冻结"现象，在临床中亦不少见。所以，姚新苗教授反复强调，要在临床中多问自己几个"为什么"，通过临床规范、仔细的体格检查并结合相关影像学检查做好"诊断"的功夫，才能切实提高医术。同时，我们不能忽视临床当中其实很多疾病的最终痊愈其本质并非根源于医师的"医疗技术"，而是源于患者自身激活的"自愈力"，医疗技术有时仅仅是激发这个"自愈力"的一种促动剂。因此，想要有效提升一位临床医师真正的技术能力，就要求每个医务人员要善于在临床中摸索、总结，并且重视治疗后的回访工作，才能真正获得技术能力的提升。

因此，姚新苗教授所倡导的"求因论治"的学术思想，不仅仅是局限于诊断中，更是强调通过治疗后疗效的反馈来反复进行临床验证的过程。本文拟通过对一些常见疾病诊治思维的建立来探讨该学术思想的重要意义。

一、颈椎病病前状态诊治中的"求因论治"要素

颈椎病是临床中的常见病、多发病，正如前面章节中所述，诊断颈椎病，可以依据患者出现颈肩部的疼痛、酸胀不适，或伴颈部的活动受限，往往伴有手指的麻木，有上肢的神经刺激症状，结合常规X线检查，可发现颈椎局

部的骨赘增生，曲度异常等退行性改变。但是，是否凭借上述表现诊断颈椎病就板上钉钉，确凿无疑了呢？显然这不够充分。虽然说，现代的"低头族"已经成为一个严峻的社会问题，但实际上很多诊断颈椎病的患者其实还是处于"颈椎病病前状态"，这就说明了该症状尚处于"筋功能失衡"状态，可以通过功能训练结合一些治疗手段来快速有效地干预。长时间低头，首先将引起颈部软组织的劳损，表现为颈部的表浅肌群（以肩胛提肌、斜方肌、胸锁乳突肌为代表），出现紧张挛缩、肌肉的条索状改变等，甚至引起颈部活动的受限。此时由于肌群间的不平衡，在颈椎侧位片上就会表现为颈椎曲度变直，甚至出现曲度反张，这时立即扣上"颈椎病"的诊断并不妥当。此时，"上交叉综合征"就是一个更准确的诊断。因为这个诊断描述了两方面的内容，其一，躯体表现为斜方肌上束、肩胛提肌等肌肉的过度紧张，其二，还表现为颈深肌群即颈部局部稳定性肌群肌力的减弱，对于习惯含胸驼背的患者还表现出以胸大肌为代表的胸部肌群的过度紧张，相应则出现菱形肌、斜方肌中下束的肌力减弱。但是，即使诊断并不准确，可实际的治疗手段却大同小异，主要包括以舒筋通络为主的中药治疗、以舒筋活血为主的外用膏药治疗、以推拿理筋手段为主的缓解骨骼肌痉挛治疗、以推拿正骨手法为代表的整脊治疗，还可通过颈部牵引放松颈部肌肉、微调颈椎力线，当然，运用针刺、针刀技术亦是一个很好的选择，能在临床取得良好的疗效。然而大多数的治疗手段只是针对了疾病表现中的"肌紧张""肌痉挛"状态，而对肌肉肌力减弱这一方面干预甚少，只是嘱咐让患者回去之后做"颈椎操""米字操"等。其实，颈部运动康复锻炼是治疗中一个极为重要的环节，只有结合有效的功能锻炼，才可以真正避免或延缓这一类疾病的反复发作或复发问题。临床中，许多医师都已认识到了加强背部、肩部锻炼在这类疾病治疗中的重要性，认为其锻炼效果可能要优于常规的"颈椎操""米字操"，尤其结合一些力量训练及筋膜健身的理念，这是非常重要且正确的认识，因为这针对了胸大肌的紧张与背部肌群的机能减退这两方面的问题。"上交叉综合征"其实就是相对准确地揭示了背部肌群存在着肌力减弱的问题，而通过锻炼，则可以纠正这样的失衡。同时，在日常"低头族"的常规生活状态中，"耸肩"亦是一个常见的姿势异常，包括在电脑前工作时的"打字"状态，通过肩部肌肉的有效锻炼，可以有效地抵抗这样的负面效应，如肩背部的运动操，如以扩胸运动为主导的菱形肌、斜方肌以及肩部肌群的力量训练，这就要求强调"松肩"，即让肩部"放松下来"的重要性，而只有形成这样的诊治思维，"求

第五章 学术成就

因论治"才真正展现出其独到之处，才能探得真源。

另外，在"颈椎病病前状态"的治疗中，同样不能忽视对颈部局部稳定性肌群的锻炼，仰卧或俯卧位下的"Holding Time"（让颈部悬空，卧位时保持头颈部与地面平行，并记录能最大程度维持的时间长度）就是一个简单的功能锻炼方式，而更多专业的康复训练如"悬吊训练""瑞士球"等核心稳定性训练则设计更为复杂，具有科学性、合理性，效果确切。也只有通过针对肌肉的紧张与对应肌肉力量减弱两个方面因素进行针对性的治疗，才能达到治疗效果的最大化。

在"颈椎病""颈椎病病前状态"的功能锻炼中，还要注意结合中医整体观的理念，结合有氧运动如快走、慢跑、自行车等，这可促进全身气血的顺畅，同时在运动中，通过全身运动促进颈肩背部的姿势调整，通过整体影响局部，则更有利于疾病的康复，这样的理念则是对"求因论治"的理念进一步的深化。

在前述针对肌紧张的治疗技术中，不能忽视"触发点"。迄今，"触发点"相关理论及临床实践依旧是行业内的研究热点问题。但从本质而言，其同"压痛点"或者中医针灸理论中的"阿是穴"有相近之处。在中医推拿治疗技术中，定点按压就是一个针对"触发点"的有效治疗手段，一直是推拿技术中的核心组成部分，可以有效缓解肌肉的紧张状态，已如前述，可通过挤压促进局部组织的新陈代谢。随着西方康复理疗师"干针疗法"的普遍运用，以及对中医针刺技术研究的深入，发现通过干针或针刺技术灭活骨骼肌中的"触发点"，是解决局部肌肌紧张的一个有效手段。在治疗过程中，可伴有肌纤维局部的"抽搐反应"，而这是该治疗实施有效性的一个间接的证据。在针对骨骼肌的针刺技术中强调"斜刺"，即不是常规的"直刺"，在中医典籍中也有相关的记载，而实践亦证明通过斜刺骨骼肌，对于该肌紧张的缓解可起到一定的效果。

针刀治疗是现代中医技术创新发展的一项重要组成部分，在人体弓弦力学解剖系统相关理论的指导下，通过对骨骼肌、韧带的骨骼附着点实施操作，可有效地调节骨骼肌的紧张度，以期打破肌群间、软组织结构之间的失衡状态，在数十年的临床实践中，已证实了该技术手段的有效性。对于颈椎而言，针刀技术的实施部位包括了颈椎小关节突、横突、棘突、枕骨下方骨面、乳突、肩胛骨内上角、项韧带等，这些部位均为颈部肌群的附着位置，而如何选择治疗的靶点，实际就是灵活运用"求因论治"思维进行的具体化分析。如果治疗是针对枕骨下肌群的，临床当中许多头晕、偏头痛都与此有关，毫无疑问须选择枕骨下方骨面、第 2 颈椎棘突为主要治疗靶点；如果针对斜方肌上束的，治疗点就可包括多个颈椎棘突、项韧带；如果针对肩胛提肌紧张的，就可选择上位颈椎横突后结节、肩胛骨内上角等。因此，看似一次简单的针刀治疗，其具体的实施步骤、干预靶点的选择是具有可变性的，最根本的考量因素就在于"求因"，找到关键的问题所在，即主要在哪些肌群中存在肌紧张等病理变化。

对于复杂病例，可以分步骤、分层次通过每 5～7 天 1 次的连续治疗予以逐个松解。人体弓弦力学解剖系统相关理论与前述的人体"张拉整体结构"是一致的。骨骼肌及肌腱、韧带好比就是拉起桥梁、风帆的粗大钢（绳）索，是具有自主能动性的稳定结构，对脊柱这个大梁起到弹性稳定作用。虽然，在人体中，骨骼肌与肌腱、韧带只是对抗张拉的一个重要组成部分，但通过肌腱、韧带附着点处的治疗，已可以让很多患者可以从中获益。

近些年来，超微针刀获得临床应用的推广，这就涉及针刀医学理论中的另一要素，即软组织病理构架中的网眼理论，与近 10 余年兴起的现代筋膜理论相契合。现代研究表明，我们长期以来，一直忽略了"筋膜"在人体中的重要作用。筋膜是人体这个被誉为大自然最杰出"移动着的建筑物"中对抗张拉最为重要的结构。肌筋膜、深筋膜中富含着人体本体感受器，甚至骨骼肌都被比喻为筋膜的"张力调节器"，骨骼肌的收缩不仅可引起长度上的改变，但更重要的是改变了整体筋膜结构的张力。好比一个气球，在充满气的时候弹性十足，而瘪气的时候则逐渐甚至完全失去了弹性。所以针对筋膜层的超微针刀治疗技术，可能主要是通过调节筋膜的张力、刺激相应的本体感觉而起到治疗作用的。

在临床技术中，近年来"整脊"理念越来越普及。姚新苗教授是浙江中医药学会整脊分会的主任委员。整脊首先要在骨骼肌保持相对松弛的状态下实施，其目的在于微调颈椎各节之间的解剖对应关系，姚新苗教授在实施该项操作前先给予针刀治疗，就是遵循了该治疗原则。推拿技术中也有正骨技术，也是先通过手法按揉等放松技术，使得周围肌肉相对松弛后再予以纠正可能存在的"骨错缝""筋出槽"病理状态。但切记，其最重要的原则是"微调"。对于以小提琴、吉他演奏家为代表的，经常保持人体非对称性姿势的人群来说，脊柱侧弯就是其"正常"状态，如果强行纠正恰恰会引起更多的临床问题，所以微调以及针对性的运动状态纠正就是最重要的治疗原则之一。

整脊技术由于须掌握较丰富的人体解剖学知识，且让患者切身感受较为明显，成为了治疗中"备受关注"的热点，但该技术同样不能脱离前述的"以筋为主""理筋为先"原则，其实针对筋功能失衡状态的治疗手段都隶属于"整脊"广义的概念中。临床实践表明，当筋功能恢复平衡之后，颈椎关节的对合异常自然会被纠正。一次角度合适、力量适度的颈椎牵引，主要通过放松紧张肌肉，在小范围起到微调颈椎关节的作用。

通过上述阐述，针对"颈椎病"或"颈椎病病前状态"，我们在实施的治疗技术，包括中医治疗技术均有其针对性的特点，如推拿技术通过点压、按揉等，放松紧张的肌群，并针对"触发点""阿是穴"予以干预，或同时结合正骨微调颈椎而取得疗效。针刀技术通过松解骨骼肌、韧带的附着点，超微针刀则通过肌筋膜、筋膜层干预调整肌群间的平衡，体现"理筋为主"的理念。针灸除了传统的循经取穴，亦可运用斜刺技术放松肌肉，亦通过拔罐、艾灸等物理治疗调整肌筋膜张力。针刺还可结合"触发点"治疗中的"干针疗法"对相应触发点进行灭活。现代脊柱康复医学以核心稳定性训练为其主流观念，通过训练改善局部稳定性肌群的功能，并提高颈部各肌群间的协调能力来纠正"筋"的失衡状态，正是对应了这句名言即"条条道路通罗马"，也只有掌握各种治疗手段的基本特点，才能真正地践行"求因论治"。

二、颈椎病伴上肢神经症状的"求因论治"要素

颈椎病由于椎间盘突出、骨赘增生或神经根管狭窄等因素常伴有上肢神经症状，表现为皮肤感觉麻木、减退，感觉异常，肌力下降，腱反射减退或亢进等，甚至出现病理征。对于该类患者首先需判断是否存在脊髓压迫，是否影响交感神经，是否存在多种损害并存的现象（混合型颈椎病）。

对于明确的神经根型颈椎病，临床应该高度关注进一步的鉴别要素，如哪里是主要受累节段即责任病椎，临床表现是否与影像检查尤其核磁共振相一致。但临床实践中，有时要找出这样的一一对应关系并不容易，这也是源于下位颈椎（指颈3～颈7）本身运动形式方面存在着一些特殊之处，这样的特殊性集中表现在下颈椎不存在单独的侧弯或单独的旋转运动，而是侧弯-旋转运动的耦合，也就是在日常生活中，保持鼻尖向前的单纯颈椎侧屈运动始终是由下颈椎的侧弯-旋转运动加上上颈椎（枕-寰-枢）的旋转来复合实

现的，因此，这就使得我们在考察下颈椎单个节段的活动时面临着困难。由于日常活动中，大多颈部活动都是由上颈椎与下颈椎共同协调完成的，因此，其所涉及的神经肌肉调控因素就比较复杂，加上，每个个体长期所形成的生活习惯、活动方式、运动能力均具有个性化的特征，所以，对个体颈椎退变机制、退变程度的判断很难做到精确分析，只能首先将下颈椎作为一个整体的运动结构来考虑，也因此，颈椎病哪怕是单纯的神经根型颈椎病，对病变部位的判读也始终是一个难点。

如何"求因"，这就要求建立起更为缜密的临证思路。颈椎的轴向牵拉挤压试验阳性、压颈试验阳性、臂丛神经牵拉试验阳性是鉴别神经根型颈椎病的重要阳性体征，但不能忽视与神经鞘瘤、周围神经卡压的鉴别。椎管内神经鞘瘤损害可引起剧烈疼痛，特别是阵发性疼痛，可通过核磁共振或增强扫描进行初步诊断，但确诊仍须通过手术探查并作活检。周围神经卡压则经常需要在临床诊疗工作中予仔细鉴别，且"双卡""多卡"的情况并不少见，需对自神经根发出后的沿途予以仔细甄别。臂丛神经损害可分为干、支、束，其支配胸背、肩胛部肌群的神经沿途因为卡压导致相应骨骼肌功能的减弱同时又会导致肩背部的功能紊乱，进而又可能诱发颈部的筋骨失衡，导致颈椎病发生，同时，根据前面章节所述的人体"张拉整体结构"原理，诊断颈椎病不检查与颈椎密切保持联系的胸、背、肩胛区相应骨骼肌的功能是不够全面缜密的。

神经根型颈椎病必须与胸廓出口综合征相鉴别，胸廓出口综合征是指胸廓出口区重要的血管神经受压引起的复杂的临床症候群，又可分为前斜角肌综合征、颈肋综合征、胸小肌综合征、肋锁综合征、过度外展综合征等，是指胸廓上口出口处，由于上述的各种原因导致臂丛神经、锁骨下动静脉受压迫而产生的一系列上肢血管、神经症状的总称。临床上主要表现为肩、臂及手的疼痛、麻木，甚则肌肉萎缩无力、手部湿冷发紫、桡动脉搏动减弱等。临床上往往只关注了疼痛与麻木问题，而忽视了手部血液循环问题。除了肩外展试验、斜角肌挤压试验、肋锁挤压试验等特殊体格检查之外，临床医师对局部解剖的熟悉程度亦很重要。

颈肋可以通过影像学检查予以明确，因创伤导致的前、中斜角肌的损伤在临床中往往容易忽视，斜角肌损伤会引起肌肉的紧张与痉挛，甚至可能长期存在着"触发点"，这时就要对斜角肌进行仔细触诊，高度怀疑的，可对斜角肌进行轻柔的手法按揉，可行压痛点针刺治疗，以斜刺为主。对于体型偏瘦的、解剖标志明显的患者，可以沿前斜角肌在第1肋骨的止点上行针刀治疗。

事实上，斜角肌紧张还包括其他一些问题，如比较常见的就是情绪紧张导致的以胸式呼吸为主的不恰当呼吸方式。斜角肌是重要的吸气辅助肌，正常人群呼吸方式应该是以腹式呼吸为主的胸腹联合呼吸，部分正常女性也以胸式呼吸为主。对于呼吸方式不恰当的人群而言，尤其同时伴有焦虑、抑郁的，往往容易过度使用斜角肌，导致肌肉的劳损，继而诱发该疾病的发生。

胸小肌与胸大肌有时也是引起肩、臂内侧及手尺侧疼痛、麻木的罪魁祸首，胸小肌是一块临床上关注度不够高的肌肉，胸小肌虽然小，但厚重有力，前述的过度使用胸式呼吸，同样会引起胸小肌的劳损。从解剖结构角度看，胸小肌起于第3～5肋骨，止于肩胛骨喙突，手臂向下用力及向后划船的动作很容易损伤胸小肌，紧张痉挛的肌肉会卡压血管神经引起相应症状，同时肌肉本身也会产生触发点，针刀对肩胛骨喙突进行松解就是针对这类问题简单而有效的手段，因为喙突的解剖标志比较明显，进针不容易出现偏差，若采取按摩的手段，就一定要避开喙突下方锁骨下动静脉的走行部分，避免因按摩导致重要血管损伤。

胸大肌是一块非常有力的肌肉，也容易导致损伤，主要分为肋骨部与锁骨部。含胸驼背的姿势是导致胸大肌紧张痉挛的主要因素之一，胸大肌紧张痉挛即前述的"上交叉综合征"临床表现之一，其肌肉中的触发点不仅会引起肩、臂内侧及手尺侧疼痛、麻木，右侧的触发点偶尔还会引起心律失常的表现，但该肌肉并不会导致胸廓出口综合征。针对胸大肌的问题，可行针刀在肋骨附着部行表浅的松解，但最为重要的还是保持一个适度挺胸的位置来进行姿势调整，因为涉及女性的隐私，可鼓励患者采用一些自我按摩的手法。

喙肱肌出现触发点也会引起三角肌的前侧、上臂及前臂后侧、手背的牵涉痛，甚至手指的麻木，这是就需要与神经根型颈椎病相鉴别了。喙肱肌同胸小肌都起于喙突，在肩稍外展时，一起协助三角肌后束，完成肩后伸的功能。另外，做"引体向上"动作时，喙肱肌因为强力收缩就非常容易被触及，这是触诊或检查喙肱肌有没有触发点的常用姿势与体位，可以通过针刀在喙突前外侧进行松解，也可通过按摩或自我按摩逐渐消除这个触发点。

上后锯肌这块肌肉也很重要，位于菱形肌深面，起于项韧带下部、第6、7颈椎和第1、2胸椎棘突，肌纤维斜向外下方，止于第2～5肋骨肋角的外侧面，作用为上提肋骨以助吸气。同斜角肌一样，习惯胸式呼吸为主，或者哮喘、肺气肿等，会诱发其疲劳乃至产生触发点，其牵涉痛包括肩背后部、肘部、腕部及手部尺侧，有时这样的牵涉痛需要同神经根型颈椎病鉴别，上后锯肌被菱形肌覆盖，检查触发点的技巧是让患侧上肢去做"搭肩试验"，然后在肩胛骨内侧检查压痛，针对上后锯肌的触发点，可对起点进行针刀松解，同喙肱肌一样，按摩或自我按摩有时更有效，在"搭肩"动作下通过背部抵触对触发点进行处理，小区里的健身设施里就有这样的装置。

锁骨下肌起自第一肋软骨的上面，肌束向外上方止于锁骨肩峰端的下表面，在用四脚行走的时代中起到作用。有的人缺如。锁骨下肌触发点可导致同侧上肢疼痛，从肩前横穿，沿上臂前侧，跳过肘腕部，至前臂和手部桡侧，拇、食、中指背侧及掌侧。锁骨下肌缩短、痉挛会导致血管性胸廓出口综合征。锁骨下肌不容易触及，先坐在桌前，将前臂放于桌上，身体前倾，然后上肢下压桌面，这一动作可以引起锁骨下肌收缩，使得锁骨从肋骨上提起，这时就可以触到这块肌肉，检查有无压痛，对压痛点可予以轻柔的按摩。

神经根型颈椎病还必须与腕管综合征、桡管综合征、肘管综合征、旋前圆肌综合征、旋后肌综合征、腕尺管综合征等常见的周围神经卡压相鉴别。必须注意的是，可能存在着多处卡压的情况。针对周围神经卡压，如腕管综合征、肘管综合征、腕尺管综合征等，针刀技术就是便捷而又有效的措施，但必须严格触及相应的解剖标志，才能准确实施操作。

在临床当中，笔者也接诊过1例桡管综合征患者，表现为上臂局部的疼痛及拇指虎口区的麻木，在肱三头肌外侧头有明显的触发点，当时也是选择了针刀治疗，操作小心翼翼，也取得了良好的疗效，但该次治疗方案的选择并不是非常恰当，或许利用斜刺的针刺技术结合自我按摩会更安全。有时，神经根型颈椎病还会同时伴随着网球肘、高尔夫球肘，这就要求临床中加强对诊治思维的培训，同时切实做好患者的回访工作，只有通过不断训练才能切实提高能力。

针刀医学技术操作规范中对颈椎病的进针部位及角度都有相关的要求与标准，强调整体松解策略，对于以颈部软组织劳损为主的患者，往往以"T"形整体松解（枕骨、棘突、项韧带）为主，对骨关节移位型，往往在"T"形整体松解的基础上分计划对各个关节突、横突等部位再实施整体松解。笔者认为，临床实践中，1次治疗并不需要如此多的操作点，更倾向于根据临床的体格检查情况，在熟悉骨骼肌解剖的前提下，有针对性地实施针刀技术，但不应局限于此，还可结合针对筋膜的超微针刀，针对肌肉的斜刺技术，并灵活运用整脊正骨手法，如果能对颈椎"张拉整体结构"有深刻认识并进行缜密分析，那么"求因论治"就将达到更好的疗效。同样从"求因论治"的角度，更不能遗漏治疗后的康复指导，让患者掌握一些自我按摩的手法及功能锻炼的手段，才能真正达到患者利益的最大化。

三、腰椎间盘突出症诊治中的"求因论治"要素

腰椎间盘突出症是临床实践中又一类容易误诊的疾病。随着影像技术的逐步升级，发现"腰椎间盘突出"的患者越来越多，但是否该患者就符合腰椎间盘突出症的诊断呢，这是临床一个首要的问题。虽然，腰椎间盘突出症是临床中的常见病、多发病，但诊断必须谨慎。腰椎间盘突出症主要是由于腰椎间盘各部分（髓核、纤维环及软骨板），尤其是髓核，有不同程度的退行性改变后，在外力因素的作用下，导致椎间盘的纤维环破裂，髓核组织从破裂之处突出（或脱出）于后方或椎管内，导致相邻脊神经根遭受刺激或压迫，从而产生腰部疼痛，伴一侧下肢或双下肢麻木、感觉减退、疼痛，严重的中央型突出或巨大游离椎间盘组织会压迫马尾神经引起马尾神经损伤，出现大、小便障碍，会阴和肛周感觉异常。严重者可出现大小便失控及双下肢不完全性瘫痪等症状。腰椎间盘突出症以腰4/5、腰5/骶1节段发病率最高，约占95%。

以纤维环破裂同时伴髓核突出的腰椎间盘突出症患者，其诊断相对明确。椎间盘退变或损伤过程中，产生大量炎症介质或退变产物，这些化学物质对神经纤维的刺激可引起疼痛，表现为下肢根性的放射性疼痛，特殊检查如直腿抬高试验或股神经牵拉试验阳性，此时，结合影像学检查及节段定位体征，可以基本明确哪个节段、哪个神经根受累，此时需要进一步明确是否存在神经根管的狭窄、侧隐窝狭窄，有无极外侧突出等特殊情形，是否伴发椎管内肿瘤如神经鞘瘤等。根据影像学，可以明确判断突出物的大小，是否为中央型突出，有无损害马尾神经，而这些是作为特异性腰腿痛（根性）之一——腰椎间盘突出症的主要诊断思路。

临床当中，当影像学没有明确提示纤维环破裂，可能该"突出"应考虑以"机械性压迫"为主，其往往以下肢麻木为主，虽然可表现为直腿抬高试验或股神经牵拉试验阳性，但临床中更应该与周围神经卡压相鉴别，如梨状

肌综合征，有时腰3横突综合征也会表现出直腿抬高试验阳性，这就可以通过临床体格检查予以进一步有针对性的鉴别。

影像学提示存在着"腰椎间盘突出"的表现，可是患者的临床体征却没有典型的下肢放射痛，没有出现大、小便障碍，会阴和肛周感觉异常等马尾神经损害表现，有时只是表现为腰痛为主，这时就需要仔细甄别。腰痛是临床当中许多其他专科系统疾病的临床表现之一，如泌尿系统疾患、胆囊炎、妇科盆腔内疾病、肿瘤等，首先，就需要排除是否存在骨伤科之外的疾病。而在骨伤科范畴之内又存在着多种的鉴别因素，如是否合并存在着骨代谢疾病如骨质疏松症等，是否存在骨肿瘤、骨感染或特异性感染，是否该疼痛源于腰椎周围肌肉组织的损伤，如急、慢性腰扭伤，是否应该考虑为"椎间盘源性腰痛"，主要源于窦椎神经受到刺激，是否考虑腰神经后支源性疼痛，抑或考虑腰横突综合征、腰椎小关节退行性骨关节病，还应排除一些先天性异常，如椎弓崩裂、腰椎骶化、腰5横突与骶椎形成假关节等，对于年老者，临床主诉多而体征少，更应该首先考虑腰椎管狭窄症，同时，有腰痛表现患者，也不能忽视对颈椎、胸椎的检查。很多时候，脊柱的问题需要全面考虑，颈腰综合征临床中并不少见。因此，当患者以腰痛为主诉，而下肢无明显放射性疼痛时，有时仅仅表现为下肢的牵涉痛，疼痛亦不过膝，这时医师的"求因论治"的诊治思维就显得尤为重要。

"病人腰痛，医师头痛"，这句俗语迄今仍然适用，仅仅凭借影像学检查就诊断腰椎间盘突出症的并不少见，也是受各方面因素影响，患者出现腰腿痛就诊时往往首先关注自己有没有出现"腰椎间盘突出"，而影像学检查一旦排除则很快松了一口气，一旦不能排除则立即如临大敌。可事实上，在临床当中并没有那么多的"腰椎间盘突出症"患者，即使有突出，很多也并不是椎间盘纤维环的完全破裂，其实在没有出现过腰痛的人群中影像检查出"腰椎间盘突出症或膨出"的也为数不少，只是对于腰痛临床诊治思维中的"唯椎间盘论"情形比较严重。其实即使没有"腰椎间盘突出"的影响表现，可是，剧烈的腰痛或者慢性腰痛同样是临床当中极为棘手的问题。

一般而言，30岁左右以后，腰椎间盘的退化是人类正常的生理变化。职业因素如驾驶员、运动员、泥匠工等确实为腰椎间盘突出症这个疾病的高发人群，外伤、车祸等创伤因素也可造成腰椎间盘突出的后果。但更多的所谓腰椎间盘突出症患者还是源于不良的工作、运动、生活习惯，对腰痛相关医学知识或保健知识的欠缺仍是目前这类疾病诊治中的主要问题之一。

第五章 学术成就

现代脊柱康复医学通过核心稳定性理论，通过以肌电图或表面肌电图、临床影像学表现为客观依据的科学研究，逐渐揭示了腰椎不稳定是造成腰痛的主要根源，腰椎间盘的退化只是不稳定因素中的一个环节而已。

脊柱的稳定性系统主要由三个部分组成，包括被动子系统，主要指骨与关节及韧带，主动子系统则以骨骼肌及其筋膜为组成部分，另外还包括神经调控子系统。脊柱的不稳定会加重椎间盘退变，两者相互影响，刺激椎骨周围韧带的钙化以平衡这样的不稳定，这是机体的自我调节机制，以寻求获得新的平衡。但新的平衡如果很快又被打破，则患者又需利用机体调节机制建立新的平衡。一旦代偿无法抵抗这样的失衡状态，就出现临床症状及反复发作的情形，而这是很多慢性腰腿痛患者的主要发病机制，并揭示了疾病的基本演化规律。可是，我们经常只关注了被动子系统，而忽视了人体中重要的主动子系统即骨骼肌及筋膜的作用。国内就有优秀举重运动员虽然存在先天性腰骶椎弓崩裂的缺陷却最终获得奥运冠军的例子，这说明，在人体主动子系统充分发挥作用的情形下，完全可以对抗前述的"不稳定"，因此，在以腰椎间盘突出症、非特异性下背痛为代表的慢性腰腿痛患者，其"求因论治"的关键要素就应回归于脊柱周围的骨骼肌及其筋膜结构能否发挥正常生理功能上来。为何要加上筋膜呢？因为现代研究已表明了筋膜组织在运动中的重要作用，其不仅具备丰富的本体感受器，调解骨骼肌的运动，还包括痛觉，甚至慢性腰痛的疼痛根源很可能亦与腰背筋膜直接相关。骨骼肌之所以能充分发挥其收缩功能与筋膜密不可分。很多时候，骨骼肌是通过收缩，改变骨骼肌肌筋膜及周围筋膜的弹性，进而影响了运动及力学的传导。

姚新苗教授"以筋为主""理筋为先"的学术思想恰恰是针对这类疾病的重要治疗原则，把临床关注点从"唯椎间盘论"拉回到对脊柱整体功能进行分析、讨论则是姚新苗教授"求因论治"的在慢性腰腿痛诊疗中的核心学术内涵。

对于大多数的腰腿痛，其确切原因并不清楚或成为非特发性腰腿痛。腰痛是常见的主观性描述，其发病因素包括脊柱节段的生物力学、解剖病理学、主要神经病性病因学、生理因素及社会作用。腰痛的风险因素包括吸烟、身体形态、教育水平、社会经济状况、工作条件与满意度，以及抑郁与焦虑的心理学因素。因此，多维地理解腰痛需在生物 - 心理 - 社会模式下，分析解剖与生物力学病理学、社会、工作相关及心理因素的共同作用。腰痛的临床评估中，多数成人的腰痛是特发性的观察资料影响了医生的疾病判断范式。

对腰痛患者进行评估的临床医生面临的重大挑战就是对疼痛病因进行确切的判定。正确的诊治范式源自基础研究、临床观察，深入腰椎疼痛潜在发生原因的研究会在某些复杂因素背景下更清楚地理解腰腿痛。

所以，正确评估一个腰痛病人并不是件容易的事，即使我们能排除社会、工作、生活等相关因素以及心理状况因素，回到单纯解剖结构与运动机能角度，要正确评估病情也同样困难。重新考察脊柱节段的生物力学，我们发现很多专科医师目前对脊柱生物力学、运动机能的认识与理解并不够深入、客观。现代筋膜的相关研究以及"人体张拉整体结构"的生物力学分析带来的新颖理念并没有普及或被接受。在分析腰骶关节时，需将骶骨、髂骨、骶髂关节看作一个稳定复合体结构的概念（即骨盆形成了脊柱的"底盘"），而椎骨好比是通过椎间盘及椎间小关节锚定在这个"底盘"上的桅杆（腰椎），脊柱周围的肌群、肌腱、韧带以及腰背筋膜就是维护这个桅杆的稳定性因素，而如腰大肌这样的肌肉，其走行干脆跨越了骨盆，而附着于股骨小转子，但这样的结构与腰痛之间可能存在的关联与机制并不为临床医师所熟悉，尤其非运动医学专业医师。况且，下肢的骨骼肌也通过筋膜、韧带结构与腰腹部形成广泛的联系——解剖列车，包括前表线、后表线、体侧线、螺旋线等，在一个理想的"张拉整体结构"中，脊柱承载的负荷是可以在局部稳定肌与整体稳定肌相互协调的共同作用而被有效地限制在一个理想的范围之内的，好比通过多角度锚定在不同底座上复杂的"缆绳"结构，再加上筋膜在整体上对张力的调节作用，形成了一个高效的弹力单元，而这将有效分散脊柱在人体运动中或额外附加的须继续承载的应力。正是在局部稳定性肌、整体稳定性肌、韧带以及全身筋膜组织的共同作用下，所形成的弹性结构将可以对抗各个方向的应力，而这是对脊柱稳定性比较深刻的认知——骨骼由原先的主要承重功能转变为仅仅是漂浮在人体全身筋膜结构中的一个组成部分，这样的认识具有重要意义，也在前面章节中曾予以清晰的阐述，也只有认识到脊柱具备这样的结构与机能，才能优化对相关疾病的治疗理念。

如果重新来审视对脊柱节段稳定的生物力学分析，就必须从功能运动单位来考虑，椎骨、椎间盘、椎间小关节形成的复合体就是脊柱的基本运动单元。椎间盘退变使得椎间弹性能力下降。一方面，人体可以通过前述的代偿机制，通过韧带、小关节周围的钙化（骨赘）来提升稳定性，另一方面，可以通过维持稳定性的"缆绳"来强化这个基本运动单元的稳定性，这首先就需提升"局部稳定性肌"的功能。从定义上，我们知悉了所谓的局部稳定性

第五章 学术成就

肌是指它的收缩主要维持脊柱稳定功能为主，大多是单关节肌，不以产生关节运动为其主导能力，对整体稳定性肌（跨越多个节段的大肌群为主）起到重要的节段稳定作用，以利于整体稳定性肌发挥其力矩长，收缩能力强的特点，产生脊柱大幅度运动。可是，当局部稳定性肌出现疲劳、机能下降之后，毫无疑问将首先使得整体稳定性肌的运动效能大大降低。从整体策略上来讲，整体稳定性肌就不得不更多地参与到维持脊柱稳定性作用中来，但其效率低下，使得这些肌群很快出现劳损、肌纤维的挛缩，甚至肌痉挛。无论是椎间盘、小关节、局部稳定性肌还是筋膜，一旦因机能失衡导致结构稳定性下降，就会启动这样的代偿机制，整体稳定性肌张力异常增高带来的直接后果就是椎间盘及小关节的负荷大幅度增强，对于椎间盘而言，将陷入一个恶性循环，即因为退变导致负荷增加，而负荷增加，进一步加重了退变或突出的程度。对椎间小关节而言，亦是如此。负荷增加所造成的不稳定将造成更严重的骨赘增生。同样，脊柱周围韧带亦会发生机能下降，甚至钙化。这样的临床现象可以说在大多数患者中得到验证。经典的下交叉综合征的概念揭示了这类患者一方面存在竖脊肌、髂腰肌的挛缩，另一方面出现臀部肌群、腹肌（以腹横肌为主）、脊柱深部肌群的功能下降，这说明了大多数的退行性腰椎疾病是以软组织间的失平衡为其发病基础的，但临床中所涉及的"失衡"因素却往往要比我们的认知复杂得多，因为这些失衡因素当中，很难判断谁究竟是主要责任。

腰椎间盘突出症中的侧弯姿势异常则是另一类分析问题的思路，这源于针对"神经根"刺激的自我躲避机制，即髓核突出部位与神经根走行之间的关系问题，分为"腋下型"与"肩上型"，这是机体在局部因素作用下整体反应的一个表象。这再一次印证了前述观点，临床中的软组织平衡问题远比我们的认知更为错综复杂，也说明了"求因论治"的思维，可以为我们更深刻理解疾病机制提供更多思考空间。

既然已明确临床中的腰腿痛很多时候是脊柱软组织机能失衡的一个临床表现，在人体"张拉整体结构"的框架下，对椎间盘的功能、作用及损害机制的因果关系，我们就可以给出更多的分析，如果以椎间盘的退变或突出作为结构稳定性破坏的中心事件的话，可以得出以下推断：椎间盘退变或者突出代表了前面章节所描述的"弹性桅杆"发生了高度的改变以及弹性能力的削弱，这继发引起一系列的生理或病理改变，相邻韧带距离缩短，诱发了韧带在附着点部分向"骨组织"的转化，小关节退化，对于局部稳定性肌如回旋肌、多裂肌、棘突间肌、横突间肌等而言需要更加努力地工作，以维持椎间盘退变或病变后导致的不稳定因素，当这样的代偿还不能纠正失衡状态时，整体稳定性肌则亦更多地加入到"稳定"工作中来，如果加上腹部松弛，或者腹横肌也无法发挥正常的功能的话，将更加加重结构的不稳定，这引发了一系列的表浅的脊柱周围肌群功能的异常，如竖脊肌的紧张与痉挛往往是备受临床医师关注的首要表现之一。同时，整体稳定性肌的紧张又增加了椎间盘的负荷，加速退变，但人体还是具备很强的自我再调节机制与能力的，最严重的不良结局就是牺牲大部分的功能来获得脊柱稳定性的提升，而这个过程是痛苦的，呈一个间断性持续加重过程，人体的痛觉会不时地提醒："您的脊柱出现了严重的问题"，这是慢性退行性腰腿痛反复发作的基本作用机制。

可是这样的情况还有另外一种可能性，即纤维环的破裂或者腰椎间盘突出对神经根、窦椎神经、腰神经后支产生了化学性刺激或机械压迫，而诱导一系列特发性腰腿痛。骨赘的增生有时亦成为重要的触发因素或加重因素，通过挤压椎管内或者神经根管内的空间，引起临床症状，诊断为椎管或神经根管狭窄症，而椎间盘的病变以及软组织的失衡状态还可能导致继发性的脊椎滑移，而这些就是针对椎间盘引发的问题另一方面的"求因"思路。

当临床中能够明确是椎间盘因素占主导地位时，一系列的治疗技术就可以得以有效实施。对于腰椎间盘突出症患者，不妨先进行针对"突出"的治疗，可以先暂时不考虑结构稳定破坏的因果关系，对符合手术指征的先采用手术治疗，最经典的手术就是髓核摘除术。从外科角度来说，手术成功就代表治疗结束了，但是，其实这不充分，因为，结构的稳定性并没得到根本的解决，只是起码解决了大部分疼痛问题。后续，很多患者又回到了自我代偿适应的阶段，一些患者还是可能遗留长期的慢性腰痛，甚至复发，也可能相邻节段的椎间盘又出现问题，但临床医师往往对这些问题没有给出合理的治疗方案，所以，不得不清醒地认识到，我们的治疗手段存在着局限性，很多时候，是患者的代偿机制——以牺牲功能的方式最终"治愈"了自己。对于临床中发病率最高的非特异性下背痛而言，我们有时很难明确这样的疼痛是否就是源于椎间盘的退变，哪怕在影像学上具有确凿的证据。因为，骨骼肌及其筋膜结构极为复杂，以"触发点"为例，我们无法否定临床中一些腰腿疼痛的本质就是源于各个骨骼肌中存在着"触发点"。目前对骨骼肌的损伤类型又有了一些新的观点，原本认为的骨骼肌拉伤其实更可能是肌筋膜的损伤，肌肉的酸痛背后的罪魁祸首大都源于肌筋膜的损伤。抑或一些腰腿痛还存在着更为复杂的骨骼肌神经调控失常、疼痛机制紊乱的情形。因此，针对一个腰腿痛的患者，如何有效地整合人体各方面的信息，来支持"求因论治"，始终是临床中的一项重要工作，引用一句名言就是"路漫漫其修远兮"，还有赖于科研工作者与临床医师不断"上下而求索"。

姚新苗教授在长期临床工作实践中，针对这样的难点问题，梳理了一套行之有效的诊疗思路，那就是在"求因论治"的思维指引下，注重"以筋为主""理筋为先"，对人体"张拉整体结构"的充分认识恰恰是支持这一学术思想最有利的证据，对于腰椎间盘突出症、退行性脊柱疾病、非特异性下背痛等患者首先就应从调整软组织平衡的角度出发，针药结合，并注重手法微调整脊与康复训练的结合。

针对诊断明确的腰椎间盘突出症患者的治疗策略，概而言之，就是首先要区分是否具有手术适应证。常规认为手术适应证包括以下几个方面：①病史超过三个月，严格保守治疗无效或保守治疗有效，但经常复发且疼痛较重者；②首次发作，但疼痛剧烈，尤以下肢症状明显，患者难以行动和入眠，处于强迫体位者；③合并马尾神经受压表现；④出现单根神经根麻痹，伴有肌肉萎缩、肌力下降；⑤合并椎管狭窄者。对于没有手术指征的当然应该选择非手术疗法。腰椎间盘突出症的椎间融合手术是值得商榷的，虽然骨外科内固定器材及手术技术得到了快速的提升，手术成功率也比较高，考虑到髓核摘除之后可能出现的严重的椎间隙狭窄问题，通过椎骨间融合，恢复椎间盘的生理高度，是具有一定临床意义的，但其代价是完全丧失了腰椎一个节段的活动能力，亦不能避免所有的手术并发症，一旦感染，结局不容乐观，且远期所产生的后续问题如邻椎病，处理比较棘手。但不得不强调的是，腰椎间盘突出症的手术指征往往被临床扩大，随着椎间盘镜及椎间孔镜技术的普及，越来越多的患者接受了这一新型微创技术。但现有的临床资料还不足以对此项技术展开大样本的预后分析。对于摘除髓核的手术方式，必须认识到术后的恢复期并非单纯指手术切口及周围软组织的"愈合"，而是人体结构重新适应手术后椎间盘所发生的系列改变，这其中，除了韧带的张力，尤其骨骼肌需重新整合其运动模式以适应新的生物力学环境，在这过程中，早期佩戴腰围增加腹压，提高脊柱稳定性，是一个有效措施，当然，佩戴腰围只是暂时的；还包括系列的床上功能锻炼，尤其要加强以腹横肌为主导的腹部"紧绷"动作，其作用机制与腰围基本一致，强调对腹部肌群的控制能力。

当然也可结合适度的、活动范围较小的"卷腹"训练，同时在腹部锻炼时保持"提肛"，这是激活以腹横肌为代表的局部稳定性肌的重要手段；还包括床上非对称性的下肢屈曲、爬行支撑位下单侧下肢伸展运动，拟通过单侧肢体的床上运动，激活以多裂肌、腹横肌为代表的脊柱的深层肌群，这些都是局部稳定性肌群训练的手段之一。也包括常规的以"燕飞式"为代表的脊柱背伸肌群的锻炼，目的在于加强背部肌肉的力量，以更好地应对可能出现的潜在的脊椎不稳定等。术后早期当然可以卧床为主，但一般3～7天后就应鼓励者逐渐增加下床活动的时间，在能维持腹部收紧的状态下，就可以摆脱腰围，最终目标就是要恢复所有日常活动。对于椎间融合的患者，由于手术创伤大，创口愈合与修复的时间会延长，相应的，对术后康复的专业性要求就更加高，这里就不展开讨论。无论哪种手术方式，都不能忽视对患者的健康指导，包括哪些是"危险时刻、姿势或动作"。只有把这些康复训练的理念完全贯彻执行下去，才能实现"求因论治"。

非手术疗法是腰椎间盘突出症的常规治疗方案，90%以上的腰椎间盘突出症患者是可以通过非手术治疗得以控制病情或治愈的，其治疗原理并非将退变突出的椎间盘组织回复原位，而是改变椎间盘组织与受压神经根的相对位置或部分回纳，减轻对神经根的压迫，松解神经根的粘连，消除神经根的炎症，从而缓解症状。非手术治疗主要适用于：①年轻、初次发作或病程较短者；②症状较轻，休息后症状可自行缓解者；③影像学检查无明显椎管狭窄。如何在非手术治疗中灵活运用人体"张拉整体结构"的相关原理，值得临床深刻思考。

针灸、推拿是目前常用的中医治疗技术，主要实施的目的在于控制疼痛、缓解肌痉挛，还可结合手法。针灸、推拿还可通过对肌肉中存在的触发点进行针对性的治疗。针刀治疗技术则强调整体松解的理念，包括对各腰椎棘突、横突、椎管内外口、竖脊肌起点、关节突韧带、髂腰韧带、腰背筋膜等，通过松解软组织，调整软组织平衡。随着对针刀技术的理解，姚新苗教授开始对髂腰肌予以高度关注。髂腰肌中的腰大肌，功能上存在着特殊性，可以引起腰椎的前屈，也可以使腰椎后伸，是人体中少数几块具有植物性神经纤维调控机制的肌肉，临床当中，髂腰肌的挛缩比较常见。尤其对于经常久坐的患者，弓箭步下压后侧腿就是一个缓解髂腰肌的挛缩常用的拉伸手段。利用股骨小转子这个解剖标志，选择合适的髋部体位，运用针刀技术可予有效干预。另外，采用骨盆牵引，可以增加椎间隙宽度，减少椎间盘内压，使得椎间盘突出部分回纳，减轻对神经根的刺激和压迫，适用于部分患者。无论上述哪种治疗技术，临床医师必须认识到，上述的诊治技术只是针对了正反两个方面问题中的一面。非手术治疗临床治愈该疾病，并非通过手术摘除髓核，彻底解除对神经根的压迫或刺激，而是调动机体的"自愈力"，自我适应，达到新的平衡。已突出的髓核组织基本不会回纳，只是随着机体免疫机制的激活，对神经根的化学刺激及物理压迫都会减轻。可最终该疾病能否痊愈，是否还会出现病情加重、复发或再发等后续问题的关键还是在于人体"张拉整体结构"是否能再度恢复平衡。

所以，前述的在手术治疗中所提及的术后功能锻炼方法，在非手术治疗中基本都适用，整体康复的理念就是必须通过对相应骨骼肌进行针对性的训练，才能最终恢复或重塑出合理的人体"张拉整体结构"。在此理念指导下，回过头，我们又可以再次审视既往的医疗技术是否符合相关原理。以针刀技术为例，整体松解的思维其实存在着一定程度上的过度治疗，如对棘突进行针刀治疗，主要是松解棘上韧带、棘间韧带，其实棘上韧带、棘间韧带拉紧、发挥弹性功能是有利于在脊椎后方提供张力的，这可以减少椎间盘承受的压力负荷，松解反而不利于功能的恢复；又如椎间小关节囊的挛缩、小关节的骨赘增生则是提供"桅杆"根基稳定性的代偿机制之一，因此，针对这些部位的针刀治疗，可能仅仅是通过糖皮质激素与局麻药起到一个消炎镇痛的作用，而对于"张拉整体结构"的恢复并无实质的益处。反之，针对竖脊肌沿途及骶骨的起止点、腰大肌（小转子）、腰方肌（髂嵴、横突、下部肋骨）、腹部的腹直肌起止点及其腱划、腰背筋膜等部位予以松解则体现了对于整体稳定肌挛缩状态的有效干预则有利于降低椎间盘的压力。但正如前面的观点，即使这样的治疗措施如果没有同局部稳定肌的有效激活（唯有通过有效的功能训练）相结合，都是不够全面的。虽然，最终该患者也可能痊愈，其实，哪怕不治疗，就让患者卧床休息，等到急性期过后，机体也能通过代偿机制，通过自我调节获得较大程度的恢复。而上述观点就是"求因论治"思维临床应用中的一个典范，其关键点就在于对"张拉整体结构"原理及脊柱生物力学相关知识的深入探究。

针对患者的功能训练，还可结合腹式呼吸训练，这与太极拳理论中的"气沉丹田"具有密切关联性，将在后面章节中进一步深入阐述。此处，将对腰椎间盘突出症中还可能存在周围神经卡压，"双卡""多卡"问题予以简单讨论。虽然，相关机制并未完全阐明，但作为一个重要的"临床表现"，可以通过针刀技术予以一定程度上的干预，尤其是坐骨神经走行区，包括梨状肌处、臀下横纹处、大腿中段、腓总神经（腓骨头下方）及其行经路线，但这样的治疗措施主要体现对继发性神经损害的干预，可以在一定程度上缓解疼痛，而并非以恢复"张拉整体结构"功能为目的，类似于"对症治疗"。

此外，临床医师还需对下肢的功能状态予以关注，骨盆包括骶骨构成的复合体好比是腰椎的"底座"，骨盆组成各部分的不平衡，会引起腰椎的问题，而下肢的功能异常同样会造成上述的不平衡，甚至下肢某些特殊肌肉的紧张或挛缩状态最终都会通过影响骨盆而导致腰椎间盘突出的问题，当然，两者还可以互相转化，这就为腰椎间盘突出症的诊治提供了更为开阔的思路。因此，对于临床医师而言，掌握扎实的基础知识、基本临床技能就显得尤为重要。其实，每一个患者都有其特殊性，都应提供"个性化"的治疗，但发现问题远比解决问题困难，提高临床评估能力，应是临床医师的首要任务。

另一方面，正如前述，腰椎间盘突出症的鉴别诊断尤为重要。关于非特异性下背痛前面也已有相关论述，其始终是临床诊疗工作中的一大难点，尤其对于慢性腰腿痛，其诊断及针对性治疗迄今仍处于一个比较模糊的概念中，目前认为，椎管壁、椎管内、椎体附件富含感觉纤维的软组织，尤其是硬脊膜、后纵韧带、纤维环、关节突、关节囊等受刺激是腰腿痛的重要发病机制，而支配上述组织的神经就是窦椎神经和脊神经后支。随着对筋膜研究的深入，已经发现了强大的腰背筋膜同样富含丰富的痛觉纤维，这就为慢性腰痛的诊治提供了更为开阔的思路。已如前述，人体"张拉整体结构"的相关原理同样适用于慢性腰痛的诊治中。这其中，椎间盘退化可能是其一个诱因，毕竟，椎间盘退化可引起一系列的骨赘增生、韧带钙化等问题，但人体的主动子系统会由此进行自我代偿，除非该病理变化直接刺激了神经根、血管、脊髓等重要结构。

以神经刺激为例，需考察椎窦神经与脊神经后支的解剖。脊神经干出椎间孔后即发出一感觉支（或称返神经）逆行至椎间孔内，沿途并入交感神经分支，组成前述的椎窦神经，行至椎管后分成升支和降支，相邻节段的升支与降支相互吻合，分布在椎体、椎间盘等周围的软组织。椎窦神经是一些患者腰腿痛的神经传导通路，当椎管内存在无菌性炎症、机械性或化学性损害时，椎间孔内的组织及血管中的窦椎神经末梢（大部分是无髓纤维），就容易被刺激而引起疼痛。局麻下行腰椎间盘突出症髓核摘除手术时在切除纤维环或在取髓核时会牵及纤维环，患者常诉腰腿痛，且放射部位与相应节段神经根支配部位相符，此时虽然没有触动神经根，这就印证了纤维环中有窦椎神经末梢的分布。同样，向退变的腰椎间盘注入造影剂，或在行胶原酶融核术注入胶原酶后，均可使腰背部疼痛加剧。对于椎间盘源性腰痛而言，其临床表现为下腰痛和下肢牵涉痛，即非根性下肢痛，可出现腰脊神经皮神经分布区酸痛不适或下肢发凉等异常现象，其典型疼痛在腰带部位，上不过胸腰交界，远端不过膝，在腹压增加、弯腰时腰痛加重。这些患者常诉在坐位，尤其同时伴有振动刺激如坐车时，疼痛加剧，在伸腰时疼痛减轻。也有患者主诉站直或侧卧时减轻，这是因为坐位较站直时椎间盘内负荷相对较高。在体检时，患者大都无明显的腰部压痛，部分患者有竖脊肌痉挛表现，或伴腰部活动受限，直腿抬高试验时出现腰痛或腰痛重于腿痛，一般无神经损害体征，偶有感觉障碍，但并非按皮节神经分布。对于明确的窦椎神经源性腰痛即盘源性腰痛（须通过椎间盘造影证实），选择椎间融合手术是可以接受的。

  脊神经后支则由脊神经发出后分为内、外两支，内侧支细小，经横突下方向后，分布于并支配棘突及小关节突周围的软组织。外侧支跨过横突向外下走行，肌支支配骶脊肌，皮支穿腰背筋膜至所支配的皮肤，L1外侧支延伸至髂嵴下方区，L2、L3到股后区，L4、L5分布在后正中线与小关节连线之间的皮肤；外侧支分布在小关节连线以外，内外侧支间互相有吻合，而且窦椎神经与内侧支亦有吻合，所以引起腰腿痛的神经支配是多源性的，当脊神经后支主干受到刺激时，其所支配的小关节、棘突及主诉痛区都有疼痛，有时封闭主诉痛区效果不佳，但在主诉区同侧上方2～3个横突处阻滞脊神经后支，却能收到疗效。

  脊柱手术中电灼小关节周围软组织时出现臀部、大腿后部疼痛或肌肉收缩，也从侧面证实脊神经后支的存在。小关节内注射高渗盐水引发疼痛、小关节的直接刺激、小关节阻滞及内侧支切断时引起下腰痛加重或缓解都进一步支持作为疼痛的重要来源的脊神经后支的作用。腰神经后支源性腰痛表现为急慢性发作的腰骶部疼痛，可伴臀部和大腿部痛，但腿痛不超过膝关节。腰痛重于腿痛，腰痛时不能翻身，活动受限，长久平卧后感觉腰部不适，诉晨起后疼痛不适加重，不能继续躺着。慢性患者喜欢佝偻着腰背部，疼痛可以减轻，急性者腰部常呈被动僵直样。体检示腰椎呈僵直，伴有一侧或双侧骶棘肌痉挛，在骶棘肌、髂后上棘、臀上皮神经分布区有压痛，在患者主诉区上2～3脊椎处可有棘突及椎旁压痛。其特征为该椎体棘突、痛侧小关节、横突部位压痛，向主诉区放射，直腿抬高试验阴性，无神经损伤体征，影像学可无异常，或可有生理弯曲变化及椎体旋转现象。对于腰神经后支源性腰痛，多个横突根部压痛点封闭就是一个有效的缓解疼痛的治疗手段。在临床上少见单纯由小关节本身病变引起的腰痛，有时小关节错位其实是牵拉挤压了小关节旁的脊神经后支主干，可以将其归入脊神经后支源性腰痛范畴中。

可是，临床当中，并不是所有腰痛都能找到上述相对确切的病因，人类疼痛机制是复杂的，所以实际的情况也是千变万化，有时就要从复杂的临床表现中善于抓住主要矛盾。姚新苗教授治疗慢性腰腿痛有其鲜明的特色，简而言之，即："理筋为先，中药相辅，结合正骨调曲，练功贯彻始终"，这勾勒出了慢性腰腿痛中医综合治疗的主干线。

针对非特异性下背痛而言（应排除其他专科的疾病），首先要寻找压痛点，不仅仅局限于患者的主诉，"筋结点""触发点""筋痉挛"的触（切）诊是实施针刀等中医治疗前的关键环节。这就需要有丰富的临床经验、解剖学知识。腹部不应遗漏检查，腹直肌、髂腰肌的紧张及触发点是很多患者的重要临床提示。运用针刀技术，需在针刀医学软组织病理构架的网眼理论及弓弦力学系统理论指导下，这与现代筋膜学说及前述的"张拉整体结构"原理基本吻合，通过对"筋"的附着点及局部病理点进行有效地松解、疏通，将起到减张减压、促进局部微循环、镇痛、调节免疫的作用，但核心的观念就是以调整软组织平衡为目的。腰椎有无过分前凸，骨盆的平衡状况：是否前倾、后倾？稳定性如何？亦需要评估。

骶髂关节尤其需重点检查，出现异常可结合正骨调曲手法。臀部肌群亦是临床中的关注重点。臀小肌的触发点有时可引起剧烈的疼痛，在腰痛患者中经常出现该部位的疼痛与压痛，还包括须排查臀上皮神经卡压、梨状肌综合征等。腘绳肌、大腿内侧肌群等出现异常，由于附着于耻骨、坐骨，加上广泛的筋膜联系，有时也会通过骨盆诱发腰椎的疾病，治疗上可同时结合推拿按摩手法，通过牵伸及理筋手法，进一步地舒畅经脉，达到"筋柔骨正"之效。指导患者以腰背肌、腹肌为主导的功能锻炼，注重对局部稳定性肌的锻炼，注重对筋膜的训练，结合自我姿势调整、穴位按摩，包括让患者学会自己使用健身中的"泡沫轴"等自我保健措施，只有这样，才能形成相对完备的非药物治疗的诊疗计划。

以腰椎间盘突出症、非特异性下背痛为代表的慢性腰腿痛，虽是临床常见病、多发病，但鉴别诊断困难，发病的生物力学机制复杂，临床表现复杂，尤其需要建立起缜密的"求因论治"临床思维，才能切实提升疗效。

四、肩关节周围炎（肩凝症）的"求因论治"要素

肩关节周围炎简称肩周炎，俗称五十肩，中医病名为肩凝症，同样是中医骨伤科临床中的常见病、多发病。以肩部逐渐产生疼痛，夜间为甚，逐渐加重，肩关节活动功能受限而且日益加重，达到某种程度后逐渐缓解，直至最后完全复原为主要表现的肩关节囊及其周围韧带、肌腱和滑囊的慢性特异性炎症，属于自限性疾病。本病的好发年龄在 50 岁左右，所以才俗称五十肩，女性发病率略高于男性，是以肩关节疼痛和活动不便为主要症状的常见病证。如得不到有效的治疗，有可能严重影响肩关节的功能活动。肩关节可有广泛压痛，并向颈部及肘部放射，还可出现不同程度的三角肌的萎缩。

常见的病因，目前通常认为有这么几个方面因素：①发病人群以中老年人为主，该病软组织退行病变，对各种外力的承受能力减弱；②长期过度活动，姿势不良等所产生的慢性劳损；③上肢外伤后肩部固定过久，肩周组织继发萎缩、粘连；④肩部急性挫伤、牵拉伤后治疗不当。

随着肩关节镜技术的普及，发现临床很多诊断为"肩关节周围炎"的患者应该考虑肩袖损伤、肩峰下撞击综合征，这样的患者如果强行进行肩关节过度的功能锻炼，将导致症状的加剧。

对于这样一个常见病、多发病，为何姚新苗教授还是要强调"求因论治"呢？这源于他多年临床中所遇到的实际问题，是对其经验的总结以及对诊治思维的提升过程，在这里面包含着一些与"常规"不同的真知灼见。

肩周炎同"腰椎间盘突出症"类似，在临床诊断上容易过于轻率，不够缜密，且目前对肩周炎发病机制的认知并不够充分。肩关节周围炎的主要临床表现就是肩关节疼痛和关节功能障碍。以肩部疾病就诊的患者，首先就应该检查关节活动度，前屈、后伸、外展、上举以及内外旋转，排除功能障碍的，不应该考虑该疾病；有关节功能障碍的应该结合疼痛的部位、性质，结合特殊体格检查做进一步的分析。

不少肩周炎的发生是由于上肢其他部位的创伤，以桡骨远端骨折常见，需长期制动的患者，由于疼痛，减少了这个上肢的活动，以至于在外固定期间患者忽视了对肩关节的功能锻炼。由此，姚教授认为，在这个疾病的发病机制上首要的就是要考虑是由于关节活动过少所导致，起码，这是一个重要的病因。

肩关节是人体中最灵活的关节，却恰恰容易发生像"肩凝症"这样的疾病，这似乎说不通。但细想，又有些潜在的"道理"在里面。正是因为肩关节活动范围大，所以，在现代生活中，这个关节是最没有被充分应用的关节。仔细回忆一下，在一天的日常生活中，除了梳头之外，上肢有几次"过顶"活动，其实，爬行、攀岩、悬挂这一类动作的缺失有可能是这个疾病最为根本的要素。

达尔文进化论中有句名言称为，"用进废退"。现代筋膜学说提出了关节"闲置理论"，认为大多数的关节炎是由于缺乏有效活动造成的。对于关节炎患者，鼓励关节运动是首要原则。只有充分的运动，让肌肉收缩，才可能通过牵拉锻炼我们的筋膜，促进局部组织的新陈代谢，我们的组织才会健康。而肩就是一个活动容易"被缺失"的关节，虽然，它很灵活，反之，越灵活，越容易缺少应有的活动。八段锦里面的第一句口诀就是"两手托天理三焦"，不仅锻炼拉伸了肩关节，还有利于颈椎的舒展。

其次，姚新苗教授认为在肩周炎的诊断中首先就要排除颈椎病，不仅仅与颈椎的节段的神经支配相关，更重要的是颈椎病往往会引起肩胛周围软组织失衡问题。胸廓出口综合征也不能忽视，同神经根型颈椎病一样，斜角肌的痉挛会通过上肢神经而引起肩部的问题。肩关节的问题不能仅仅局限于肩部。从广义的肩关节概念而言，肩应该视为"肩关节复合体"，包括肩肱关节、肩锁关节、胸锁关节以及肩胛胸壁关节（这是个假想的关节，因为没有真正意义上的关节结构），因此，考察肩关节的运动，必须同时考察肩胛带的功能。因此，肩部的问题，没有想象中的那么简单。解决肩部的问题，同样需要非常缜密的思考。

在鉴别诊断中，确实应避免将肩袖损伤、肩峰下撞击综合征误诊为肩周炎。但随着MRI检查的普及，也不能单纯凭借影像学检查就诊断肩袖损伤，一定要详细询问有没有外伤史、劳损的因素。错误诊断为肩袖损伤的病例临床中也不少，一定要找到确切的、包括特殊体格检查的证据。另外，对肩痛的主诉，也不要忽视关节盂唇的损伤，如Bankart损伤、SLAP损伤。有手术指征的，应该建议关节镜手术。诊断不明确的，可肩关节镜探查。

从另一个角度，正是因为肩关节的灵活性，肩关节及周围组织结构容易发生一些急、慢性损伤，这些组织包括肌肉肌腱、滑囊损伤，软骨、盂唇往往导致肩部的疼痛、不稳定、异常活动等。若未能有效治疗，就会因为肩部活动的减少而继发肩周炎，这就会导致诊断上的混淆。而对于肩部的骨折脱位而言,肩周炎就是一个最为常见的并发症。

从关节的生物力学角度,肩关节不属于"承重"关节,但它仍然是一个高度精密、需要各个肌群协调配合来维持稳定的关节。只有肩部稳定,上肢其他关节的功能才能得以充分发挥。从肩关节的稳定性角度来讲,由于它是一个类似被"悬吊"的结构,所以骨性的稳定因素往往只是体现在关节活动时,为各个肌群活动时提供"对抗""支点"的作用。静力稳定结构主要包括纤维关节囊、盂肱韧带、喙肱韧带以及加深关节盂的盂唇等关节内稳定装置。但最为重要的稳定结构,应该是肩部周围肌群与肩胛带的肌群,包括肩袖肌群(冈上肌、冈下肌、肩胛下肌及小圆肌)、三角肌、肱二头肌、肱三头肌以及连接躯干和肩胛带的肌群(胸大肌、胸小肌、菱形肌、肩胛提肌、背阔肌、斜方肌、前锯肌、大圆肌、喙肱肌等)。

在休息体位,哪些肌肉是保持持续等长收缩来维持稳定的,目前并没有相关的研究来清晰阐述。但在无论开链活动(如提举重物)或闭链活动(如俯卧撑),肩部大部分肌肉都会被激活,来首先保证肩关节的稳定性。在此基础上,后续的以大肌群为主导的关节活动才能被有序实施。"张拉整体结构"的原则同样适用于肩关节,但其具体的细节尚未被阐明,而这也是今后肩关节生物力学研究的一个重要发展方向。

而从临床角度来看,这就提示了在诊疗工作中,关注各块肌肉的功能健康状况以及它们之间的协调能力就显得极为关键。

对肩周炎及相关的运动损伤而言,它们并不属于全身或局部的"风湿病"或"代谢性疾病",这就需要从运动机能的角度予以全面分析,才有助于提高治疗的效果。除了关注韧带、关节囊、滑囊、盂唇这些静力稳定结构,临床首先要关注骨骼肌与筋膜这个动力装置。

结合笔者自身的经历,对此也深有体会。笔者曾经有过严重肩部的创伤,右侧上肢在水平张开时候被由前至后的暴力直接冲撞,导致了肩静力稳定结构的下降,主要考虑关节囊、肩袖可能被撕裂了,这导致了慢性的疼痛,在某个特定的角度,还会出现疼痛的加剧,存在着潜在的不稳定因素,并且持续了许多年,而由于一次意外的自行车跌倒,右肩部着地,又加重了上述病情。在很长的时间里,被这样的隐痛困扰,而经 MRI 的检查也提示有肩袖的损伤,甚至考虑是否需要关节镜手术治疗。在很长一段时间,都无法完成连续几个"俯卧撑"的动作。由于偶然的机会,喜欢上了山地自行车运动,这是一项考验耐力的项目,为适应不同的路面,如平地、爬坡,骑行的姿势比较多,如标准的弯曲上半身的骑行（减轻前进阻力）、站姿骑行（爬坡）、放松状态下的骑行。无形当中，肩部的活动增加了，且通过有氧的耐力运动，全身的状况也得以改善，同样，这也将促进局部损伤组织的修复。在运动1年以后，突然发现肩部的疼痛已经基本缓解了，甚至，不去刻意关注就不会想到这件事，但某些时候还是会有一些疼痛，最后，通过器械又进行了一段时间的肩背部肌力训练，问题被彻底解决了，又回到了年轻时的状况，可以连续完成20个以上的俯卧撑。这就说明，合理运动的确是治疗或防止以肩周炎、肩袖损伤为代表的慢性肩痛的一个有效措施，而通过骨骼肌功能的加强，是能够完全代偿一些静力稳定结构的异常或损伤的，当然，这不包括严重的盂唇损伤、大范围的肩袖撕裂以及严重的肩肱间隙骨性狭窄（撞击综合征），但从强化骨骼肌功能的角度出发，合理运动是我们解决临床大部分肩部问题的方式。

在肩部疾病的治疗中，运用针刀技术及手法是姚新苗教授的专长。对于明确的"冻结肩"患者，其往往采用"C"形针刀整体松解术，治疗部位包括：肩峰下、喙突、小结节、大结节以及结节间沟等。在浸润麻醉下，按四步进针法进刀，垂直于皮肤快速进针，行纵行疏通，横行剥离出针。亦会根据患者关节运动障碍的方向等实际情况对关节囊进行针对性的松解。其喙突点松解时针刀直达喙突顶点外1/3骨面，纵疏横剥2刀，松解肱二头肌短头与喙突之间的粘连；小结节点时针刀直达肱骨小结节骨面，纵疏横剥3刀，松解肩胛下肌止点处的粘连；结节间沟处松解时针刀直达肱骨结节间沟前面的骨面，提插松解2刀，切开肱横切带，然后顺结节间沟前壁向后做弧形铲剥2刀，松解肱二头肌长头在结节间沟处的粘连。肱骨大结节后下方2cm处松解时，针刀直达肱骨大结节后下方的小圆肌止点，提插切割2刀，松解小圆肌止点处的粘连。必要时针对颈椎病再行针刀松解，并选取肩贞穴行后方关节穿刺，注射玻璃酸钠与利多卡因，在患者稍休息后，运用石氏伤科手法，按揉肩周肌肉及穴位：肩髃、肩贞、肩髎等，适度摇转放松，结合拔伸手法，分别在患手搭肩位、屈肘上举位、屈肘后伸位进行向内向上的肩关节提拔手法，以进一步松解粘连。上述手法要求稳重，不用暴力，屈肘上举位的提拔手法可选择仰卧位，利用操作者的重力缓缓下压，彻底松解关节内粘连。

除了肩周炎、肩袖损伤，肩痛的问题还要高度关注肌肉触发点。单块肌肉的触发点不会立即引起关节的活动障碍，但会因为疼痛，引起继发性的肩周炎。所以，姚新苗教授在临床工作中非常注重对每块肌肉的触诊及压痛检查，如三角肌、冈上肌、冈下肌、小圆肌、大圆肌、背阔肌、肱二头肌长头、肱三头肌长头、斜方肌、胸大肌之类，这些解剖位置大家一般比较熟悉，都能仔细检查到，但有几块肌肉往往会遗漏，如胸小肌与喙肱肌，虽然，在针刀治疗中可以通过喙突直接干预，但对于这两块肌肉的触发点检查还是比较重要的。肩前部疼痛，无法上举，无法后伸，同喙肱肌密切关联，已在前面论述到过，在"引体向上"这个姿势下，用力屈肘，我们就能触及整块肌肉，可以仔细检查。胸小肌痉挛会引起上肢神经功能异常，须与神经根型颈椎病相鉴别。肩稍外展向后用力背伸并抵抗阻力，就能在胸大肌下方触及胸小肌的收缩。这些是检查这两块肌肉功能的技巧。检查肩关节后伸功能时，除了检查三角肌后束外，绝对不能遗漏胸小肌与喙肱肌。

上后锯肌触发点已在前面颈椎病中讲述到过，但如果涉及过度胸式呼吸引发触发点的问题，那么前锯肌也在其中，前锯肌也是一块吸气辅助肌。不仅如此，前锯肌是非常重要的肩胛带肌，它是旋转肩胛骨的主要肌肉，同时也是肩胛骨向前伸的主动肌。前锯肌功能异常，或出现触发点，会严重影响肩关节的前屈与外展，这就涉及"肩肱节律"的概念。肩关节的外展、前屈往往同时伴随着肩胛骨的旋转，因此，在肩周炎的诊治中需要检查体侧的肋骨上有没有相应的触发点，检查时需让患者保持屈肘下肩前屈90°以上的位置。按摩与自我按摩是解决这类问题比较安全的方法。

肩胛下肌是肩周炎诊断与治疗中极为关键的一块肌肉。首先，它是肩袖的组成成分之一，对维持肩关节稳定起着至关重要的作用，位于肩胛骨前面，是一块呈三角形的肌肉，起自肩胛下窝，肌束向上经肩胛关节的前方，止于肱骨小结节，作用是使肩胛关节内收和旋内。肩胛下肌出现触发点、劳损等问题，患者会主诉"肩胛骨里面疼痛"，同时伴肩关节活动障碍，以无法上举梳头、无法将手放在背后的选择功能障碍为主要表现。持续性的手腕背侧的牵涉痛是肩胛下肌劳损的一个特征。有时，肩前部可形成一个剧烈的触痛点。检查肩胛下肌，可让患者坐位，躯体前弯，肘部放在大腿上，这时可利用手指在肩胛骨与肋骨之间触压，寻找压痛点。有时这个压痛点很剧烈，针刀治疗主要通过肱骨小结节进行操作。鼓励患者在前述姿势下深部按摩压痛点。

肩胛下肌的异常还会表现出"圆肩"，比胸大肌紧张的"含胸"姿势更为显著，肩胛下角的异常往往须同时处理胸大肌。

肩周炎的患者往往源于夜晚受到风寒，表现也以夜间疼痛为剧。因此姚新苗教授主张中药内服治疗肩凝症的基础在于治"风"。"风为百病之长"，往往又与寒、湿、痰、瘀等相互夹杂而痹阻经脉，治疗上首先要治疗"外风"，但也应兼顾"内风"。既要重视筋脉痹阻的局部表现，更不能忽视全身气血运行及脏腑功能。因此柔肝、平肝、补益肝肾亦是不同病机下的不同治则。同时，"治风先治血，血行风自灭"，组方应酌配活血养血之品，并治痰湿之邪。在上述临证思维的指导下，葛根汤合蠲痹汤为其治疗这类疾病的基础方。

肩关节周围炎这个在许多临床医师眼中非常简单的疾病，在姚新苗教授"求因论治"思维的层层剖析之下，却是一点都不简单。从科学角度，肩关节复合体中各个肌肉组合在关节稳定相关机制中如何发挥作用，怎样发挥作用，发挥多大的作用还值得进一步深入研究。肩关节周围筋膜的作用如何体现在运动中，尚不够明确，但能肯定的是筋膜在任何情况下都与骨骼肌形成一个复合体，是个高效的优化组合，以"爬墙"为代表的功能锻炼方法以及以"爬行""攀岩""上肢悬吊""筋膜健身"等通过增加肩部关节运动、激发筋膜功能的预防理念将会得到更多的认同。运动系统中的疾病，骨骼肌及其筋膜大都情况下都会是主角，而在肩关节中，这样的特征体现得就尤为明显，因为这是全身最为灵活的一个关节，它的灵活离不开肩关节复合体。肩胛带周围 20 多块的骨骼肌都有可能会成为疾病中的主导因素，只有建立在"求因论治"的思维下，掌握各个组织结构，也包括关节本身的结构、盂唇、滑囊、韧带等损害的基本特征，并通过分析与组合才可能接近问题的真相。

综上所述，通过列举颈椎病、腰椎间盘突出症、肩周炎这几个常见疾病中如何建立起缜密思维的过程，我们发现，很多看似很小的临床问题，都是需要通过经验的积累、反复地实践验证并总结才能形成相对正确的看法。"求因论治探真源"一方面是方法论，另一方面，更是通过这样的思辨，可以达到"举一反三"的作用，这是笔者在数年跟名师学习中获得的最大收获。再次重申，"发现问题远比解决问题更为重要"。

第三节　练功导引治未病

练功与导引简单地说就是功能锻炼，其重要性不仅仅体现在针对骨伤科疾病的治疗环节中，更为关键的是通过合理功能锻炼可以有效减少一些运动系疾病的发生，同时还有利于全身气血的畅通，舒筋活络并调整脏腑功能，是治未病的关键环节之一。导引一词始见于《庄子·刻意》，"吹呴呼吸，吐故纳新，熊经鸟伸，为寿而已矣，此导引之上，养形之人，彭祖寿考者之所好也。"《吕氏春秋·古乐》记载："昔尧唐之始，阴多滞伏而湛积，水道壅塞，不行其源，民多郁阏而滞着，筋骨瑟缩不达，故作为舞以宣导之。"早在汉代时期华佗就创建了"五禽戏"，《内经》中亦有"中央者，其地平以湿……故其病多痿厥寒热，其治宜导引按跷。故导引按跷者，亦从中央出也"的记载。在经过长期的发展与总结，目前经典导引套路包括太极拳、五禽戏、八段锦、易筋经、六字诀以及在其基础上发展而来的九项健身气功，这些都是祖国医药文化中的宝贵财富。但这些健身气功的社会普及工作并不容乐观，看一看大城市中"健身房"的规模就可以从另一个侧面发现，这些运动的普及程度远无法与瑜伽、"马拉松跑"、街舞、韵律操、肌肉健身、动感单车等相比，这就值得我们去思考与关注。

中医的传统一直强调治未病，是指采取预防或治疗手段，防止疾病发生、发展的方法，这是中医治则学说的基本法则。总体而言，治未病包含三种意义：一是防病于未然，强调摄生，预防疾病的发生；二是既病之后防其传变，强调早期诊断和早期治疗，及时控制疾病的发展演变；三是预后防止疾病的复发及治愈后遗症。根据《鹖冠子》记载，一次扁鹊和魏王聊天，说自己有兄弟三人，其中最擅为医的是大哥，二哥其次，自己最差。魏王问他为什么这么说呢？扁鹊答：我大哥看病是"视神"，即看人的神气，病还没有成形就除掉了，所以他名气不大。二哥看病在"毫毛"，人有稍许症状就看出来了，所以"名不出于闾"，他的名气只在乡里流传。我呢，又动针，又看脉用药，还用刀来割开肌肤，所以在诸侯里面特别有名。虽然，这则故事的真实性无法确凿考证，但从一个侧面说明了疾病预防的重要性。

此外，作为一个临床医师，除了要掌握疾病的治疗技术，还要关注患者的社会及心理状态，因此"共情"其实是一项很重要的医患沟通技巧。从广义的概念而言，"共情"同样是医疗技术的重要组成部分。共情（empathy），也称为神入、同理心，又可译作同感、投情等，简而言之，是指医务人员要能设身处地地站在对方角度考虑问题。随着对医学人文思考的深入，我们逐渐认识到，有时医务人员的安慰比医疗技术本身更有效。而传播预防保健、功能锻炼相关知识实为医疗活动中极为重要的组成部分，是医患沟通中的强力"润滑剂"，这也尤其体现在中医骨伤科的疾病诊治中。

姚新苗教授非常注重"治未病"的相关工作，在其学术思想中，始终强调"练功导引治未病——古今相融、中西交融"的理念。古今相融,就是要将中医药中许多宝贵的预防疾病的经验用现代语言再次清晰地展现出来,传承下去。中西交融则指运用现代的研究手段,揭示出这些经验的机制,并紧紧跟随现代科学研究成果,引进新技术、新理念,同时,也要跟上社会发展的步伐,对目前流行的健身方式,以及现代康复技术手段予以探究,以求融会贯通、发展与创新。这里将结合姚新苗教授对目前导引、康复技术运用现状的分析,并结合其对太极拳、行走以及现代流行健身方式的认识,来阐述其学术思想的内涵。

一、对中医导引、现代康复技术的实际应用状况分析

姚新苗教授认为:中医传统导引技术的许多价值目前并未得到充分的体现,尤其在脊柱及脊柱相关疾病的保健及康复治疗中。传统导引以八段锦、太极拳、五禽戏等为代表,强调的是"三调合一",目前比较注重"调身""调息"作为其重要的组成部分的作用并未得到足够的重视。现代脊柱康复医学重视对呼吸运动功能的训练,通过对腹横肌、膈肌、盆底肌等深入的研究,认为呼吸力学对姿势与脊柱的稳定是起着重要作用的。呼吸运动的正常化是许多脊柱病证康复的基础,协调腹部对呼吸的支撑能力是其中的关键环节。人类在遇到危险的时候,会无意识的屏住呼吸,这对维持脊柱稳定起着重要的作用——增加腹压,使用腰围即这样的原理,而瑜伽训练中对呼吸的控制能力在脊柱稳定中同样具有重要意义。腹式呼吸运动应是临床中重要的康复指导的组成部分,不仅仅是针对脊柱相关疾病,同时,改善患者的自主呼吸状态,对很多内科疾病,如呼吸系统疾病、高血压、抑郁症、焦虑症等都有帮助作用,也是任何疾病康复中的有效辅助手段。

目前,国内一些一线临床医师在指导脊柱病证患者康复训练时往往就是简单的几句话,如回去锻炼下腰背肌,做做燕子飞动作等。虽然,目前尚没有明确的调查研究数据来佐证,但实际上这类问题是比较严重的。不重视脊柱病证的康复指导,除了医学知识更新的欠缺外,从更深层次的角度来说问题还在于社会的医疗支付系统。因为脊柱病证相关的康复指导没有医疗收费,这势必也引导了医务人员更注重的是医疗设备、能收费的医疗技术。一些脊柱病证的治疗大都在门诊,在有限的就诊时间里,患者基本上没有接受到实质性的康复指导。在脊柱常见病证的康复指导中往往就是笼统的表述为要纠

正日常生活中的不良姿势，要加强腰背肌、腹肌的功能锻炼。至于该如何纠正，该如何科学锻炼却往往没有比较明确的说法。同时，患者容易接受到一些的错误的建议，例如：对于腰痛患者，排除骨折、肿瘤等疾患后，长期卧床休息的观点目前已遭受到康复医学界的摒弃。在任何疼痛能忍受的情况下患者都应该主动活动，即使是严重疼痛，简短的非持续性的卧床休息只能是被推荐为对疼痛的辅助措施，绝非是治疗疼痛。因疼痛导致卧床休息3天内，患者就应该被鼓励开始恢复性的活动。又如，背伸肌训练中，俯卧"燕子飞"的动作有时会增加腰部损伤或再损伤的风险，而实际上这是临床中普遍建议患者进行的锻炼方法，而对于"燕子飞"这个动作的最终目的与意义，并没有深刻的认识。在脊柱康复中的核心问题是核心稳定性训练、运动的再学习、肌肉的再激活，肌肉的耐力与肌力之间的关系是复杂的。腰背肌锻炼很重要，但只是其中一个小小的组成部分，远没有针对局部稳定性肌群的训练来的重要。一些较好的指导建议包括：避免清晨及久坐或腰屈曲后的持重动作；维护腰椎适度的前凸；经常休息；针对不同的负荷变换工作方式等。

对于一个脊柱病证的患者，其就诊的科室比较分散，治疗往往缺乏系统性，目前包括骨（伤）科、中医科、针灸科、推拿科、康复科、全科医学科、整脊科等在内，同时还有一些专科门诊，包括颈肩腰腿痛门诊、针刀门诊均参与脊柱常见病证的诊治，同时社会上还有诸多的推拿按摩保健产业，可以说从事脊柱常见病证防治的从业人员为数众多，但现代脊柱康复医学相关知识的更新并没有能在大范围内普及，中医导引中的一些科学理念也未能得到有效传播，许多慢性疼痛患者往往会无次序地或同时在多个科室就诊，不同途径所接受到的医学信息就会有较大的差别。就诊科室虽然众多，但其治疗计划却往往比较单一，缺乏系统性。各种治疗手段包括针刺、灸法、推拿、整脊手法、针刀技术、物理疗法、中药治疗、医疗保健操等缺少有机地融合，部分患者反复发作、经久不愈，这其中，尤其欠缺的就是自我主动康复的能力，往往表现出近期疗效好，远期疗效不佳的特点。

目前社会上，流行到"健身房"锻炼，跑步、瑜伽、普拉提、肌肉训练、动感单车、韵律操等都成了相对时尚的运动。的确，"生命在于运动"，通过积极合理的运动干预，可以减少很多颈、腰等退行性疾病的发生，但对于这些健身活动的一些基础知识并不够普及。记得在"微信运动"刚推出时，尤其是"微信好友运动步数排行"功能出现以后，这种通过计步既能锻炼身体又能和朋友比赛互动的方式受到了各年龄层的青睐，在许多朋友之间掀起了一股走路热潮。有的人为了能在步数排行榜上获得更靠前的名次，故意每天暴走，同时，以"瘦身"的名义来安慰自己。加入这种暴走团队的，在现实中比比皆是。每天坚持运动出汗不仅能瘦身减脂，对身体健康十分有好处。但是，毕竟平时活动量很少，突然加大运动量，将会增加关节的负荷，增加了膝关节磨损的可能性，也可能会刺激滑膜，也会导致滑膜充血、水肿、增生，可导致关节肿胀、关节积液。所以，如果没有遵循循序渐进的原则，这样的运动方式就不够合理，将会对身体造成一定的损伤。对于原本就有下肢关节退行性改变的人群而言，这样的损伤将导致严重后果。

任何一项运动项目，都有其特定的姿势、要求、标准，切忌盲目跟风。在开始进行一项规律的健身运动之前，对相关的运动知识要首先有个初步的了解、认识，并向专业人士请教，并须不断在运动中改进一些技术动作，这样才对健康有益。目前所流行的大众健身运动，虽然并没有特别危险的，难度特别高的，但必须有保护身体与关节的意识，避免不必要的损害。其实，哪怕是一个简单的"拉伸"动作，如果对"拉伸"的目的、动作要领、技术标准不熟悉的话，很可能反而会变成"拉伤"。瑜伽热潮经久不衰，在身体柔韧性不具备的前提下，而去盲目跟风，挑战高难度动作，只会造成伤害。因此，加快运动知识的普及，对于现阶段社会而言，是具有重要现实意义的。

健身教练是目前一个得到国家认可、充分肯定的职业。但是，健身教练的入门门槛并不高，通过健身教练的考核要求普遍偏低，尤其是理论知识方面，相关人员专业性也不够强，往往只是传授一些自己的体会与经验，而缺乏对运动知识系统的培训与提升，以至于一些错误的习惯、错误的观念被不断传递下去。当然，这个行业也有许多非常优秀的代表，其运动知识的专业化程度甚至超过了运动医学科的临床医师。但作为一个骨（伤）科医师，掌握先进的运动相关知识其实应该是其继续教育的一个核心组成部分。毕竟，国内大多数的医院并没有真正的运动医学科，而且这个学科真正成立的时间也并不长。所以，一直以来，骨（伤）科医师可以说是运动学方面相对专业的人群，可是，实际的现状并非如此，临床医师并没有很好地承担起科普与预防运动损伤的这份责任。

康复医学始终是近些年医疗界发展的热点，遗憾的是，在运动医学或骨科康复这个方向上的发展明显滞后。临床康复中的重点是诸如脑中风、脊髓损伤这一类的神经功能康复，目前心肺功能康复也已出现大力发展的势头，但在运动医学康复上从业人员少，大多也只是针对了骨科大手术之后的康复，对于临床的常见病如颈椎病、慢性腰腿痛、伤筋劳损类疾病普遍没有广泛开展，干预的能力也比较薄弱，也缺乏相关医保政策的支持。在脊柱疾病康复中，一些主流的、相对科学的理念没能有效地转化为技术手段，以至于颈肩腰腿痛这一类疾病的有效控制率并不高。相对而言，脊柱康复医学的专业性对于四肢及其关节而言要求更高，恰恰这方面国内发展明显滞后。不得不面临的另一个困境是许多骨科手术病人的住院时间越来越短，术后的管理及康复严重脱节，手术成功率高，但与之相反的是术后功能恢复却不理想，这是医学界需重点思考与解决的问题。

对于祖国传统医学中的重要组成部分，如健身气功，普及度普遍不高，国内对其开展的研究也比较少，研究水平不高。一些国家对我国的太极拳及其相关理论颇有研究，已将其作为"心身医学"重要的干预手段。如何让广大市民热爱这些中医传统文化，是需要全社会共同关注与努力的。起码，在夜晚的城市中，很多地方都播放着流行音乐，跳着广场舞，这时，如果来一段传统的八段锦、太极拳的音乐，似乎与这个社会环境格格不入。

所以，姚新苗教授指出的上述相关内容是需要医学界予以长期的思考与研究的。

二、从康复医学角度探讨太极拳的身体姿势要领

习练太极拳在身法上主要有五个方面的要求，包括：虚领顶劲、松腰、含胸拔背、沉肩坠肘、分虚实。归结起来是要求做到"立如平准，身法中正；腰似车轴，周身松透；分清虚实，不浮不滞"。习练太极拳有利于身心平衡，尤其对脊柱健康尤为重要，姚新苗教授对此非常赞同，认为其乃祖国传统中医药文化的重要组成部分，且远播海内外。先不妨结合脊柱康复医学的角度予以相关讨论，以期更好地理解掌握太极拳这项运动，并更好地继承和发扬这一民族瑰宝。

（一）虚领顶劲与气沉丹田

顶劲者，头容正直，神贯于顶也。不可用力，用力则项强，气血不能流通。须有虚灵自然之意。非有虚灵顶劲，则精神不能提起也。王宗岳《太极拳论》用"虚领顶劲，气沉丹田，不偏不倚"这十二个字概述了太极拳身法的立身中正，是顶劲领起与腹部的沉劲同时作用于身弓的结果，也就是说只有掌握

和运用自如地把虚领顶劲和气沉丹田缜密有效地结合起来，才能获得太极拳"立身中正"的身法。

顶劲者，即顶头悬。头顶正直，腹内松净，气沉丹田，精神贯顶，如不倒翁，上轻下沉，又如水中浮漂，漂然不没之意。

"顶头悬"者，实际就是放松，就是舒展，别处都可以往下放松，唯独头顶不能往下。如其往下沉，必须压住肩和胸腔，使脊柱在颈、胸部分的生理性弯曲程度增大。只有顶头悬起之后，才能减少颈椎向前弓曲。同时，也矫直了胸椎向后弯曲的上半部分。上边"虚领顶劲"再配合下边"松腰"，才能使脊柱出现的四个生理性弯曲变小或舒直，能达到畅通"上至脑，下至尾骶，皆精髓升降之道路。"能使"督脉"上下通顺，有利于中枢神经系统的活动。

达到"气沉丹田"，必须首先做到"虚领顶劲"。"虚领顶劲"是"气沉丹田"的先决条件，"气沉丹田"则是"虚领顶劲"的保证条件。这就提示了两个方面的含义，其一，颈椎要向上"挺拔"，这恰恰针对了现在"低头族"的生活状态，要求在轻松的状态下以意念向上提升头部，好比"头悬梁"。目前，由于学习、工作姿势的关系，"立身中正"往往都做不到，普遍头部前倾，颈部容易呈僵硬状态，主要涉及肩胛提肌、斜方肌等肌肉的紧张与痉挛。肩胛提肌的功能好比是勒马头的缰绳，疲劳后导致劳损就会导致触发点，引起相应的症状，以肩胛提肌、斜方肌为代表的颈部浅表肌肉的损伤是诱发颈椎不稳定，加速退变的关键要素之一，"虚领顶劲"的理念在颈椎病的防治中就显得尤为重要。

其二，"气沉丹田"是一个家喻户晓的名词，强调正确使用腹式呼吸，这对歌唱与乐器吹奏表演家尤为重要。要求呼吸时"着力点"在小腹，上半身特别是胸部处于平坦与松弛的状态。这样呼吸顺畅有力，且不易疲劳。这样的呼吸方法既有利于演奏，也有利于身体健康。

太极拳理论中提出了顺式与逆式两种腹式呼吸方法，尤其是逆腹式呼吸尤为重要。但很多人对什么是逆腹式呼吸并不清楚。通常，我们认为吸气时腹部膨出，就是腹式呼吸了，其实，这不够精确。逆腹式呼吸是指吸气时保持腹横肌等腹肌自然收紧状态，不是刻意收缩。在这种情况下，腹腔容积减少，在与膈肌的对抗中，使得膈肌无法继续下降。这时将使膈肌的有效作用点转变至下部肋骨，使得中心腱变成一个支点。这时膈肌收缩就会促进下胸腔横向的完全打开，好比增加了一个容器的底面积而扩容，这与常规腹式呼吸比较其通气效率更高。通过对顺式与逆式两种腹式呼吸方式的研究，我们认为，顺腹式呼吸适宜于静养，逆腹式呼吸适宜于动行。但逆腹式呼吸的原理不仅在太极拳中，而且在呼吸训练中都非常重要。人们在剧烈运动时，如跑步、动感单车时会不自觉地应用逆腹式呼吸，因为这时，除了呼吸，收紧下腹部也是运动中脊柱核心稳定的关键需求。

对于正常人而言，掌握"气沉丹田"与逆腹式呼吸的原理很重要。一方面，通过提高呼吸效率，可以调节情绪，调节神经系统；另一方面，这是维持脊柱健康以及防止运动损伤的关键环节。姚新苗教授在《康复学报》2016年第4期上发表的论文《六字诀与腰椎核心稳定性训练内在联系之探讨》中，对腹式呼吸就有过非常全面、深刻的阐述。

（二）松腰

太极拳理论认为：腰为一身之主宰，能松腰然后两足有力，下盘稳固。虚实变化，皆由腰转动，故曰："命意源头在腰隙"、"有不得力，必于腰腿求之"。太极拳功夫高手对"松腰"的要求非常之高，这须通过长期的艰苦训练之后才能把腰椎、尾椎、骶髂关节周围的韧带完全松弛开。这就要求双下肢、骨盆及腰腹部有非常强大的肌肉及筋膜力量来支持替代韧带起到的静力稳定作用，使得腰椎变成一根由椎间盘串联而成的柱子，支持各向的扭转及旋转，甚至椎间小关节可以完全脱离，消除其在运动中的阻挡作用，形成一个极具弹性的人体"张拉整体结构"。而要达到这样的要求就需经过以长期"站桩"为代表的、极其艰苦的专项训练，甚至从小开始练功，这样才能达到超级机体柔韧性与强大身体力量的结合，这与跳肚皮舞、柔术训练的机制有些类似。在这样的力量与柔韧性的双重支撑下，骨骼肌及其筋膜的潜能发挥到极致，就会使得身体弹性十足，获得超强的维持人体结构稳定性的能力。太极拳技击技法中最著名的"借势而为、借力打力"，所利用的就是自己身体这个弹性结构。通过顺势引导利用反作用力使得对方被他自己的力量"击打"，对手击打的力量越大，受到的反作用力也越大，被描述为"一经粘手，顺势引导，再次发力，对方整个人就暴飞而出"。武术中强调下盘稳固，这个稳固是通过张拉整体结构的原理，将力量聚集，利用骨骼肌及筋膜传递到身体的下肢，使得重心下降，来增加机体平衡能力，这就会有几个普通人合力都无法让一个正站桩的具有真功夫的人移动半步这样的实际情形。

对于我们大多数普通人群而言，达到这样的"松腰"程度，让我们可望而不可及。但是，这的确启示我们，骨骼肌与筋膜这个强大组合潜力无穷。如果我们有耐力与毅力，通过太极拳的站桩等专项训练，通过不断强化腰腹部肌肉的控制力，我们的身体也完全可以变得更具张力，更健康，也更具活力。

（三）含胸拔背

含胸者，胸略内含，使气沉于丹田也。胸忌挺出，挺出则气拥堵胸际，上重下轻，脚跟易于浮起。拔背者，气贴于背也。能含胸则自能拔背，能拔背则能力由脊发，所向无敌也。

含胸拔背的功用是避免气与力上浮。气下沉能使腰胯松沉，脚下有力有根。在使用上能蓄势待发，使劲力饱满。如果含胸与腰顶敛臀连在一起，其形如搏兔之鹘、捕鼠之猫。这里的"含"是指胸不挺，以胸平或微内收为宜，其中关键是心口要收，不是身体前爬。这里"拔"的概念是将胸椎拔直，胸脊不前顶，以背部平直或微后撑为宜，但不是弯背弓背。

这个词很容易产生误解。首先，含胸并不是驼背，心口微含的状态可以避免使用胸式呼吸，同时，有利于调动腹肌的功能，加强对腰腹部的控制能力，唱歌、吹奏的时候，这样的姿势也会让人放松，但更容易发力，靠的更是含胸拔背气沉丹田的妙法。书画家运笔走势亦是如此，甚至骑自行车乃至举重者的起势，无不是含胸拔背的见证。所以，这就提示我们，在日常生活中，时刻保持"挺胸"并不是一个绝对合理的"姿势"，这符合中医阴阳学说中"过犹不及"的概念。

（四）沉肩坠肘

"沉肩者，肩松开下垂也。若不能松垂，两肩端起，则气亦随之而上，全身皆不得力矣。坠肘者，肘往下松坠之意。肘若悬起，则肩不能沉，放人不远，近于外家之断劲矣。"

"沉肩坠肘"在运动力学向外引伸，还应配合胸背撑开、肩胛横撑的相合之力。否则在运动中肩关节与肱骨在连通上会出现了断劲，肩与臂的整体连通、力的传导不协调，不能生成节节贯串、肩臂接牢、生根的感觉。要做到肩与臂接牢，形成肩部关节的"根节催"的劲力。此外，"向外引伸"的内涵应理解为"胸背撑开、肩胛向外横撑并有相合之力"。由于肩部关节有意识地放松、下沉，锁骨（肩峰端）向两侧、斜下横拉下沉，肩峰端横拉下沉，势必挤压肩胛骨的肩峰，使肩胛骨下沉；在撑开胸背的同时，应有意识地把两肩胛骨向外、向两侧横向撑开，这样既做到了沉肩又可使两肩、胸背的横撑面增大，便于蓄力与发劲，从而使胸锁关节与肩锁关节达到了很好的连通，起到了"肩催"的效果。

上述表述虽然拗口，但运用张拉整体结构的相关原理就能轻松理解。肩胛骨的充分前伸并向外旋转张开，扩大了"弓弦力学"中的弓，这里可以把两侧肩胛骨视为一个整体，这样其弦就被充分拉紧，有利于力量的蓄积，在拉伸-短缩周期的原理下，在含胸拔背的基础之上，就更利于人体发力。

"沉肩"在跑跳类运动中是关键环节之一。跑跳类运动都需要上肢的摆动，通过"沉肩"，可充分调动肌腱筋膜的张力，这就更有利于发挥肩关节的灵活功能，形成一个弹性的摆动周期，可以获得更大的力量，对于长跑运动而言，摆动上肢时借助肌腱筋膜的张力，则可以节约能量。

（五）分虚实

太极拳术以分虚实为第一要义。如全身皆坐在右腿，则右腿为实，左腿为虚；全身坐在左腿，则左腿为实，右腿为虚。虚实能分，而后转动轻灵，毫不费力。如不能分，则迈步重滞，自立不稳，而易为人所牵动。

说的是在前进后退上下动作中，如果虚实分不清，动作就会"滞""笨"。滞笨的原因就是两个字："双重"。"双重"的概念就是在行拳架时身体的某个部位不松，不自然，或者说在行拳架时身体不能自然地协调重心而产生多余的力，局部关节肌肉僵滞，影响了自身的灵活性和稳定性。太极拳认为"双浮"，指打拳时摇头晃脑，身、手、脚举上飘浮摆荡，故作轻灵柔软之态，亦是病态、不正确，也是虚实不分的一种情形。

在运动中人体重心的调整是非常重要的，利用重心的转换对于人体这个弹性结构而言，就是不断进行"拉伸-短缩周期"的交替，在其内流动的是"免费"的能量，不断进行储蓄与释放。太极拳将"分虚实"作为第一要义，完全符合人体生物力学的原理，不得不再次赞叹中华民族历史文化的深厚沉淀！

另外，太极拳还要求"用意不用力、上下相随、内外相合、相连不断、动中求静"这是指在练拳过程中对心（心意、意念）、体（体内体外）、形（运动形态）整体协调一致的要求，尤其在意念控制方面，比其他一些运动形式（瑜伽除外）更具有先进性。

上述身法是历代太极拳家根据实践经验和集中群众智慧而提炼出的某些外形合内动的要旨。在世世代代的太极拳传授过程中，名家们都非常重视身法的教学和习练。所以身、手、步必须按照太极拳的特定要求进行运动，才能做到相互间的协调配合，达到以内形来支配外形的目的。习练太极拳大致可分为三个主要阶段：第一阶段，学习拳架；第二阶段，学习身法；第三阶段，学习内劲。此三个阶段也可分别谓之初级、中级、高级。学习太极拳自然由初级开始，而每个有志于太极拳事业者或太极拳爱好者都希望能达到高级阶段。为了能达到太极拳的高级阶段，必须要在身法训练上狠下功夫，中级阶段是由初级通向高级的阶梯，不可逾越。

由此可见，太极拳运动具有独特的魅力，其相关原理也完全符合现代生物力学，是长期实践经验的智慧结晶。姚新苗教授认为，学习太极拳、普及太极拳及其理念，还包括如八段锦、易筋经、六字诀等健身气功，对于民族的自强不息，中医药文化的传播都具有重要意义，这些都是中华文明的宝贵遗产，值得我们去继承和发展，也是我们在"治未病"上一个可以有效运用的高效干预手段。

三、关于行走

步行是日常中最为普通的行为，但是你真的会走路吗？先引用一句名言："行走是最古老的运动，也是最现代的运动"。目前对于行走，主要存在两个方面的极端或者误区，一个是基本不走路，上下班都开车，吃饭就叫外卖，买东西就靠快递，足不出户就能得到日常生活的基本需求。"宅男""宅女"这个名词应运而生。而对于一些膝关节炎或其他关节疾患的患者，不走路的理由就是行走会增加关节磨损，导致病情加重。另一个就是前面曾经表述过的，希望通过"暴走"来炫耀，认为运动能锻炼身体，流汗越多效果越好。然而，不恰当的行走，单纯靠堆积步数难以到达锻炼目的，反而给膝关节、踝关节等造成不同程度的慢性损伤。长期暴走还会给心脏带来负担，引起心脏疾病。同时，高强度的运动还会导致痛风发作、危害运动系统。因此，只有掌握了有氧运动健步走的正确方法，才能达到健身的目的。这两个误区都需引起高度重视。

如果，想要以行走为健身手段的，应选择合适的锻炼场所，以选择空气清新、环境优雅的地点为宜，如环公园、沿河边以及郊外，既安全，汽车尾气也少。当然，健身房的跑步机也可以选择。除了路线的选择之外，保持正确的姿势是重中之重。对于膝关节炎的患者，在日常生活中保持适度的行走是治疗疾病的关键环节之一，除非是关节炎发作的急性期，通过减少行走来保护关节的想法是完全错误的。其实，"少动"比"多动"更容易诱发关节的疾病。

关节炎的核心部分是关节软骨。关节软骨没有血液供应，软骨细胞死亡后其再生能力微弱，其依赖于关节液来润滑并通过关节液进行物质交换。只有规律的行走，才能促进这样的新陈代谢。一方面，负荷将滑囊中的液体挤入关节腔，同时，负荷也将关节软骨中的液体挤出，在压力降低的时候，又将液体吸收回软骨内，恰恰是运动中的负荷变化，才是代谢的关键要素。只有这样，才能保护并维持关节软骨的健康。现代研究表明，这样的挤压促进新陈代谢的效应与原理，其实通过细微的筋膜结构而适用于全身各个组织细胞。同时，一个少动的关节，其关节周围的筋膜组织就会逐渐失去弹性而变得松弛。作为一个整体中的一个重要组成部分，其抵抗、分担运动负荷的能力就会不断减弱，反而加重了关节的负荷。另一方面，肌肉得不到充分锻炼，其收缩能力也会下降，加速了筋膜组织的松弛，进一步地降低了筋膜的弹性。这样的关节，由于缺乏软组织的保护，就更容易在运动时损伤。运动的损伤又进一步加重了关节炎的病情，陷入恶性循环。所以，要保护关节，必须让关节能合理的、规律地运动起来。

如何能达到有效行走的关键在于走路的姿势是否比较合理。一般而言，合理的姿势应当在自然行走的基础上，躯干伸直，收腹挺胸抬头，适当的内收下巴，目视前方，身体（脊柱）要有挺拔向上的感觉。同时，脚尖向前，不要有"内、外八字"，须着重强调的是要让脚跟先着地，这与跑步时的姿势要求会有所不同。之所以要让脚跟先着地，是因为足跟先着地后就会自然地让距骨在跟骨上发生扭转，从而将这个扭转力逐渐地向上传导，直至胸椎，并由上肢的摆动来抵消。而这个过程是一个"能量"蓄积于身体筋膜组织的重要环节，由此可以获得"不容易体会到的"向前的弹性推动力。不妨，你可以仔细体会下，先尝试足尖着地走上一段路，再以足跟着地的方式进行比较，就会发现腰腹部的扭动效应完全不同，哪一个更轻松、更高效，一目了然。人类上下肢的协同摆动，看上去也非常优雅。同时，在行走中，膝部应当充分伸直，这样在"腘窝"这个关键部位，就会让这部分的筋膜得到充分的锻炼，并保持很好的张力。一方面使得以跟腱为代表的弹性组织通过"拉伸-

短缩周期"更高效地存储通过地面反作用力传导而来的免费"能量",同时,这样的力学传导机制通过整体筋膜的弹性可以为膝关节分担更多的应力,从而,反而减少了膝关节负荷。行走时,在足部向前滚动的过程中如果能结合脚趾主动的适度发力而蹬离地面的话,又可更充分地利用足弓的弹性效应,进一步提高前进的"动力"。当然,这个发力也要以自然为原则,否则会让足趾底部承受过度的负荷,引起劳损。

经过一段时间保持正确姿势地行走后,就可以逐步加大步幅,寻找最适合自己的身体步幅与节奏,使得腿部的肌肉、筋膜乃至全身都充分参与进来。很多人的"行走",严格地讲只是"散步"或者"踱步",而且,经常是"八字步",无法充分发挥出机体的弹性功能,其健身效果非常低。以"外八字步"为例,不妨可以简单地与"脚尖向前"的方式比较一下的行走效率,就会体会到腰腹部的扭转效应会大大降低,这同足尖先着地的方式降低行走效率的原理基本类似。

所以,在前述三个行走姿势的比较中都涉及了腰腹部。关于腰腹部的重要性在前面的内容中已有相关原理的表述,这里需要始终牢记的是,"收腹"将使得腹横肌充分调动,可以保持腰椎适度的前凸,这是获得高效行走的关键环节之一。另外,行走速度也是决定锻炼效果的关键因素。对于大多数人而言,只有高于120步/分的健步走,对身体才有明显的锻炼效果。

很多大众喜欢饭后行走,认为"饭后百步走,活到九十九"。殊不知,饭后百步走也是讲科学的。这种散步方式适合平时活动较少,特别是长时间伏案工作的人,也适合形体较胖或胃酸过多的人,并且"饭后"是在进食完20～30分钟后,而并非指饭后立即散步。根据脑生理科学家的研究,有些人的"吃饱"不过是胃感觉到了胀满,而营养并没有吸收进体内,身体仍处于"饥饿"状态,短短十几分钟的进餐过程中,吃进去的食物根本来不及消化,就更不用说吸收了。这时匆忙起身而走,会有一部分血液集中到运动系统去,延缓了消化液的分泌,容易引发功能性消化不良。同时,冠心病、心绞痛、高血压、脑动脉硬化、糖尿病患者等都不适宜进行饭后马上行走的活动。

如果,能保持一个相对合理的姿势,行走就是一项最好的运动方式,而且非常省力,可以影响全身各个组织器官。如果,运用自身强大的本体感受器(在筋膜中富含这些感觉小体)去仔细体会这样的"弹性",还会让您保持心情愉悦,消除一整天的疲劳。要知道,人类由爬行进化到直立行走,丧失了很多的提高速度方面的能力,但为了野外生存,人类的耐力得到了大幅提升。对于一个运动有素、"动商"很高的人，将会进一步提升其对运动的感知能力，只是有时会"上瘾"。一般而言，健身行走能每天坚持30～60分钟，距离保持3～5千米，就能达到有氧健身的目的。因此，对于行走而言，第一，要保持合理的姿势，调动全身，尤其是全身的筋膜组织；第二，遵循循序渐进的原则。

现代社会的高速发展，改变了大多数人类的生活习惯。现代人好像从儿童期开始，其保持合理姿势的能力就在不断下降，以至于我们不得不应用现代先进的理论来指导我们重新认识行走、学习行走。古语"行千里路、读万卷书"的重要性，又恰恰被现代社会的生活状态所印证，姚新苗教授对这种现象也感慨万千！

四、关于自行车、瑜伽、普拉提与正念冥想

本文还将列举这些常见的运动方式予以相关讨论。对于一个骨伤科专科医师，运动的相关知识体系需不断完善。姚新苗教授要求他的弟子都需保持一项运动爱好，因为只有自己投身于相关运动当中，才会体验深刻。他本人也是经常步行上下班，以示表率，正是良师益友，这也从另一个侧面说明了他对"治未病"独到的认识。

（一）自行车运动

自行车运动是一项曾经非常普及的运动形式。在20世纪90年代，有位外国友人看到北京城中人民大都骑自行车上下班，曾经竖着拇指称赞道："中国人很健康"。20年之后，再次来到北京城，发现自行车道已经被挤压在小小的通道内，不仅摇起了头。虽然，社会进步了，经济发展了，汽车进入了"千家万户"，成了人们的代步工具，但似乎，健康也开始远离了我们，"现代医疗技术可以延长我们的生命，但我们需要的是有质量的生命的延长"，姚新苗教授这样说着，语重心长。

随着城市的扩张，上下班的远途奔波越来越常见。除了汽车，自行车都被电动车替代了，这个"马路杀手"已经成为了社会问题。姚新苗教授非常认可自行车骑行，在康复学报2017年第4期发表了《浅析自行车运动的核心技术及相关的脊柱核心稳定性原理》一文，该论文通过自身经历并结合文献考察自行车运动骑行的核心技术，包括车上定位技术与踏蹬技术，并具体分

析了其中的腰椎、颈椎核心稳定性机制，这样的机制中包括四肢发力时与提肛、收腹的协同，身体左右摆动时对局部稳定性肌群相对应的训练作用等。提出了自行车运动在脊柱疾病防治中的相关研究还有待于实验及临床展开并逐步深入，认为自行车运动在脊柱疾病的保健、康复及防治领域中的价值值得进一步深入挖掘，并以期为慢性退行性脊柱疾病如颈椎病、慢性腰腿痛患者的防治提供更为开阔的思路这样的观点。可以说，他是在国内第一个发表了"关于自行车运动与脊柱健康相关联"这样论点的临床医师，说明了他秉承了日常生活与临床密切关联这样的理念。

限于篇幅，这里不展开论述自行车运动的专业知识。虽然，大多数人都会骑自行车，但骑车也有核心技术与运动技巧。相对而言，自行车运动由于姿势比较固定，对于运动员尤其是著名的"自行车环法大赛"而言，可能会造成脊柱方面的问题，但日常生活中绝对是"利大于弊"。自行车运动的另一个弊端在于其对臀部、大腿部肌群的锻炼效果佳，但比较"偏科"，从健康角度，鼓励与其他项目相结合。但作为有氧运动的代表以及出于绿色环保、健康中国的理念，姚新苗教授殷切希望，大城市中留给自行车的车道应该越来越宽，也希望这项运动能越来越得到年轻人的青睐，他愿意做这项运动的倡导者。

（二）瑜伽

瑜伽，不仅只是一套流行或时髦的健身运动这么简单。瑜伽是一个非常古老的能量知识修炼方法，集哲学、科学和艺术于一身。瑜伽的基础建立在古印度哲学上，数千年来，心理、生理和精神上的戒律已经成为印度文化中的一个重要组成部分。古代的瑜伽信徒发展了瑜伽体系，因为他们深信通过运动身体和调控呼吸，可以控制心智和情感，以及保持健康的身体。

瑜伽发展到了今天，已经成为世界广泛传播的一项身心锻炼修习法。从印度传至欧美、亚太、非洲等，因为它对心理的减压以及对生理的保健等作用明显而备受推崇。同时不断演变出了各种形式的瑜伽分支方法，比如热瑜伽、哈他瑜伽、高温瑜伽、养生瑜伽等，以及一些瑜伽管理科学。在现代，产生了一些在全球具有广泛影响力的瑜伽大师，例如室利·阿罗频多、辨喜、艾扬格、斯瓦米·兰德福、张蕙兰等。不可否认，悠久的瑜伽将会更加受到各界人士的喜爱。

设立6.21国际瑜伽日的决议草案由印度提出，受到175个成员国支持。

该提议最初由印度总理纳伦德拉·莫迪在第 69 届联合国大会上提出，他说："今天，我要强调的是，瑜伽是我们古老传统的宝贵礼物。瑜伽体现了心灵和身体的统一、思想与行动的统一……这种整体方法有益于我们的健康和福祉。瑜伽不仅仅是锻炼；它是一种发现自己、世界与自然三者合为一体的方式。"2014 年 12 月 11 日，联合国大会宣布 6 月 21 日为国际瑜伽日，2015 年举办了首届 6.21 国际瑜伽日活动。

作为全世界广泛传播的身心锻炼修习法，中医同样不会排斥瑜伽，而这就是姚新苗教授对外来文化的包容，对瑜伽的肯定同样符合其"古今相融""中西交融"的学术思想，他还鼓励他的学生，可以尝试投身于这项运动，并从中汲取闪亮的知识力量。

（三）普拉提

普拉提的英文是 Pilates 或 Pilates Method，是以德国人约瑟夫·休伯特斯·普拉提姓氏命名的一种运动方式和技能。

狭义普拉提运动的范围：普拉提夫妇总共创造了超 500 个动作，大部分是拍成照片或纪录片被保存下来的。它们包括了垫上操及普拉提先生所发明的工作室器械的动作，这就是狭义的普拉提运动的概念。

广义的普拉提运动概念：普拉提首先是一种运动。它主要是锻炼人体深层的小肌肉群，维持和改善外观正常活动姿势、达到身体平衡、创展躯干和肢体的活动范围和活动能力、强调对核心肌群的控制、加强人脑对肢体及骨骼肌肉组织的神经感应及支配，再配合正确的呼吸方法所进行的一项全身协调运动。

普拉提有六大原则，包括：专注、控制、重心、呼吸、精准及流畅。普拉提的呼吸与太极拳的逆腹式呼吸动作有点类似，但强调"强迫性的彻底呼气是呼吸中的重点"的普拉提式呼吸可以描述为向后及两侧的三向呼吸，即练习者深深地将空气吸入到胸腔的后部和两侧。

一直以来，西方人比较注重身体肌肉能力的训练；而东方人就着重于呼吸和心灵集中的训练，太极、瑜伽和冥想就是实例。普拉提恰恰是一项将东方的柔韧和西方的刚毅二者之长合二为一的运动形式，其动作缓慢和清楚，而每个姿势都必须和呼吸相协调，所以适合任何年龄，特别是缺少运动、长时间需要接触电脑的上班族人士。

"专注、控制、重心、呼吸、流畅、准确、放松、持久"，这 16 个字是做好普拉提的基本要素。专注指训练时注意力集中，静静聆听身体的感觉。控制指动作到位，尽量达到事先要求的位置。重心指利用自身的重力带来的阻力，达到锻炼肌肉的效果。呼吸指注意呼吸的深度，尽可能用腹式呼吸法。流畅指动作流畅，速度均匀。准确指姿势准确，提升效果。放松指冥想时仔细感觉身体的部位。持久指有意识地收缩需要锻炼的肌肉，保持紧张感，消耗能量。

（四）正念冥想

正念一词源于佛教，通过正念练习能够如实觉察身心变化，从而使烦恼得以解脱。从20世纪70年代开始，正念训练被广泛地应用于医学、心理学及学校教育等各个领域。正念就是有意识地觉察，专注于当下这一刻，而不附加上主观的评判，建立在此基础上的"冥想"，称为正念冥想（国际上普遍将冥想分为两大类：正念式和聚焦式）。

在正念训练时，常常会让练习的人去觉察自己正在做的简单的事情，例如：走路、吃饭等。用吃饭来举例，平时你可能会一边聊天一边吃饭，或者一边看电视一边吃饭，甚至一边聊天、一边看电视、一边吃饭。在吃饭的同时，你的脑海里面可能还有其他好几件事情在转。而当我们进行"有意识地觉察"的时候，我们会清晰地知道我们进食的过程（这源于筋膜系统强大的本体感受器），清楚地感觉到事物的味道，即使我们中途走了神，我们也会注意到并且能够把注意力拉回来。这一点是非常重要的，因为这样我们才能够真的感受到平时注意不到的东西，才能有意识的锻炼我们的思维。这就是简单的"有意识地觉察"。

很多人都会沉浸在"过去"当中，任由自己的头脑天马行空的运行，思绪万千。如果任由自己被这些思想、情绪带走，那么随之而来的就可能是无法自拔的痛苦状态。其实，过去的事情终究已经不在，未来的事情也终究还充满未知，只有当下这一刻，才是我们可以切实感受和把握的。正念训练中，我们需要尽可能的专注在当下这一刻。即使又习惯性地开始去想过去和未来的事情，也要慢慢地把自己的注意力拉回到当下这一刻，拉回到对于现在状态的觉知上来。通过练习，提升专注力，同时更能把握自己的思维，能够更快的从不良情绪的影响中走出来而富有正能量。

不主观评判指的是对出现的事我们不去下定义，不去评判事情的好坏。我们只是简单的觉察发生的事情，然后如实的接纳它正在发生的这个事实。

我们在这个过程中，既不去因为某些事情的发生而引发自己的不开心情绪，也不去因为某些事情的发生而引发自己开心的情绪，对于"好"与"不好"的事情平等对待。即使产生了某些对事情评判的想法，我们也只需要觉察它，并任它自行消逝。通过这样的训练，我们渐渐的就能够减少自己的心境被外物干扰的程度，逐渐的使自己的内心更加平和、明亮。

社会的和谐、安宁与强大，源于国民心理的和谐、安宁与强大。正念源起东方、风靡西方，如今又重归东方。

姚新苗教授是包容的，一句"古今相融、中西交融"可以从中折射出其为医者的品质。俗语说："不为良相、便为良医"，说明医务人员地位堪比宰相，必定要博学多才。《大医精诚》里要求为医者必须"博及医源，精勤不倦"，北大校长王恩哥对北大学生说过"请大家去读一些'没有用的书'"。因为作为一名医生，首先要博学，不仅要有知识和技术，而且一定要有医学本身的人文性，要有很好的人文素养。治未病能力如何恰恰是社会文明与进步综合实力的标志之一。"治病救人"不应该成为医者的唯一标准，比其更重要的是传播健康的理念。"如果有一天我失业了，我会很高兴，因为大家都不再生病了"，姚师笑着说。

第六章

桃李天下

第一节　十年匠人花香溢

姚新苗教授始终保持谦逊，因为医学的局限性以及医疗的个体化，因为医学新认识层出不穷，所以，他认为：为医者，就应该"活到老、学到老"，甚至在医院当院长的时候，也经常在医院中层干部会议上强调"学习与育人"的重要性。他曾巧妙地引用了"一日不读书，脑子变糨糊；一周不读书，张口想动粗；一月不读书，说话像屠夫！"这样"入木三分"的大白话，来警己醒人！他经常说，在"埋头赶路的时候，别忘了抬头看天"，作为一个医务人员一定要有开阔的视野，要跳出"头痛医头、脚痛医脚"的窠臼，而这是他作为大学教授在教学中最重要的理念之一。

他常说，"在病人面前，我是个医生，应施惠而莫图报；在学生面前，我是个老师，应身教重于言教；在组织面前，我是个党员，应事业至上，鞠躬尽瘁。"是长期的临床与教学工作，铸就了其"以患者为中心""以学生为中心"的优异品质，一直本着"人之痛，己之痛"的精神，尊重和爱护就诊者。他热忱培养岐黄传人，育之以德，授之以术。在教育上始终把德育放在首位。同时，作为一位中医人，他要求学生热爱祖国文化，熟读经典，勤于临床，善于思考，要能够运用中医的理法方药分析和处理临床问题，做到知常达变，学以致用。

回忆起第一次站在大学讲台上时的感受，姚师说，"虽然饱读诗书，也做了很多的功课，但还是难免紧张，要锻炼出一个敏捷的教学思维着实不容易。"姚师承担的第一门课是骨伤专业的"中医筋伤学"，虽然，为了讲好

第六章 桃李天下

这门课,做了充分的准备,对教材也已经非常熟悉了,可是,自己懂,不代表着学生就能听得懂,如何让学生对这门课程产生兴趣是关键问题。所以,姚师对自己第一学期的课堂教学效果并不满意——虽然,能把课讲下来,但并没能讲出自己想要达到的高度。

从中医筋伤学课程角度,首先就要掌握哪些疾病是属于这个范畴的,这就要同解剖学基础知识紧密结合在一起,其次,要在治疗上理好思路,除了以骨折三期辨证用药为原则,还须灵活结合中医外治,包括膏药、手法及小针刀等。而在讲述一个疾病的时候,一定要把这个疾病的诊断、病因、发病机制表述清楚,并且为了加深同学们的印象,最好能举出实例,分享自己的心得体会。所以,在很长一段时间里,在日常工作中,姚师都随身携带着笔记本,用记笔记的形式,密密麻麻地把临床中碰到的典型病例收集并详细记录下来。有了实例,课堂教学才会生动,才会激发同学们的学习兴趣。另外,还要勇敢从"讲台"上走下去,同学生面对面进行一些互动,包括如何进行一些特殊体格检查,如何对解剖标志进行判读,如何实施手法治疗等。他常说,医务人员的手指是异常敏感的。除了搭脉,对于骨伤科大夫的手而言,还必须具备良好的触诊时的"手感",这样,才能准确地找到"压痛点""筋结""积液",发现"骨错缝""筋出槽",才能在手法治疗时得心应手,达到《医宗金鉴·正骨心法要旨》的要求,即"盖正骨者,须心明手巧,既知其病情,复善用夫手法,然后治自多效。诚以手本血肉之体,其宛转运用之妙,可以一己之卷舒,高下疾徐,轻重开合,能达病者之血气凝滞,皮肉肿痛,筋骨挛折,与情志之苦欲也。"

随着教学经验的逐渐积累,姚师也开始有了更深层次的思考,那就是在课堂教学中,如何针对学生做一些"启发"式的探讨,尤其是针对骨伤科生物力学基础知识方面,因为,这将是今后的"科研"思路。虽然,中医骨伤科学源远流长,历代医家积累了丰富的临证经验,但如何用现代语言准确地表述下来,就尤为重要,尤其在手法治疗上,一直就存在着"只可意会、不可言传"的现象,所以,要做到"知其然而知其所以然"并不容易。

诚如前面所述的如何"求因论治探真源"中的思维方式,为医者,必须要做好"诊断"与"鉴别诊断",要针对病因、发病机制进行针对性的治疗,尤其在姚师开始承担"针刀治疗学"的教学任务之后,对这一方面的体会就更加深刻了。无论是大学本科还是研究生教学,启迪式的教学思维是大学老师必备的素质,而要想真正上好一门课,就必须先让自己"丰富"起来,才能做到"旁征博引",引发讨论,发现问题,才能不断去纠正一些错误的认识,哪怕这些错误的观点已经写在教科书中。所以,培养学生的"怀疑"能力,是姚师在教学工作中又一重要理念。

姚师是针刀治疗的专家。针刀治疗实践性很强,无论是本科实习带教,还是研究生跟师学习,姚师都会仔细讲解"针刀的四步进针法",因为这是避开血管神经等重要组织的"简单"的方法,是针刀医学的最基本的要求;同时,他强调,对于常人而言,因为习惯右手进针,所以左手的"触诊"手感就很重要,因为针刀治疗很多时候都是要求直达骨头,左手的定位技巧就尤为重要,尤其是针对脊椎的横突点等特殊部位。有意识培养"左手"的手感,虽然看似只是一个细节,却是"一语道破"针刀治疗中的关键要素。

姚师对学生的要求是很严格的,要求学生在实施针刀治疗前必须完全清楚针刀下面的解剖结构,并时不时地会在现场考核学生对知识的掌握程度,如果没能准确回答出问题,他是绝对不会让学生"体验"针刀治疗的。这就逼着他的研究生们都要认真去复习解剖基础知识,尤其对解剖的体表标志要非常熟悉,对重要血管神经的走行要"了然于胸",同时,姚师非常重视理论研究,对针刀医学的"平衡论"有着诸多独到的见解,要求学生们必须好好领会"人体弓弦力学解剖系统理论及软组织病理构架中的网眼理论",而近些年更是将其与人体的"张拉整体结构"、"现代筋膜研究"有效地结合起来,使得其"以筋为主"、"理筋为先"的学术思想形成了一个比较完备的系统。这样,对针刀医学在疾病治疗中的机制就有了"突破"性的认识,而这些,他都是毫无保留地向学生们进行详细讲解,因此,姚新苗教授是备受学生尊敬与爱戴的,很多同学都特别喜欢听他讲"针刀治疗学"这门课程。

姚师非常关心学生们的生活情况,他强调"家和万事兴",干事业也是一样的,家庭和睦就是关键要素。他一直对师母报以感激之情,正是有了她背后默默的支持,才有了他今天事业上的成功,姚师经常这么说。姚师反复强调,学生们有任何生活、工作上的事情都要同他说,他都会尽可能给予帮助,恋爱、结婚、找工作、生儿育女,这些都是人生中的"大事件",不能含糊!能成为姚师的学生,首先就是一件值得欣慰的事。

姚师注重学术讲座,经常在全国各地讲课。每次讲课,他都准备得很充分。他学术兼职也很多,是浙江省康复医学会中西医结合康复专委会及浙江中医药学会整脊分会的主任委员,每年都要组织开学术大会,承办继教项目,而且兼任了许多国家级学会专委会的副主任委员,其讲课涉及的内容众多,有针对某一疾病治疗的，有对中医经典的研读，也有对学科建设的发展思路，他经常说，"这个讲台不好随便站，要心里有底才行"，他也积极鼓励自己的学生多站在这样的讲台上，因为，只有这样，才能让自己提高，敢于发表意见与见解，形成自己的特色。2015年，姚师成为人民卫生出版社国家卫生和计划生育委员会"十二五"规划教材《中医骨伤科学》的副主编，这也是对他教学工作与学术地位的肯定。

至今，姚师已培养了博士研究生3名，博士后2名，硕士研究生18名，基层名中医3名，就近3年，他的名中医工作室就已接受了20余位的进修生，虽然，姚师已经退休，不再站在学校的课堂上，但他的"育人"工作不会停歇，他的"育人"理念必将延续。

第二节 百里芬芳沁心脾

目前，姚师的学生已遍布省内外，大都已成为各自单位里的骨干成员。不仅师生情重，师兄弟间也相处融融，经常交流、互相学习，只要回忆跟师学习的经历，总会有很多感触。本节将重点介绍一下其传承弟子的情况及姚师在他们心中的地位。

一、陈华

陈华，骨伤科学博士，讲师，主治中医师，浙江中医药大学附属第三医院（浙江省中山医院）纪委书记，中国针灸学会微创针刀专业委员会委员，中国中西医结合学会疼痛分会中医微创专家委员会秘书，中国中医药促进会骨伤科分会委员兼针刀专家委员会常委，中国民族医药学会疼痛分会针刀干预学组秘书长，浙江省针灸学会针刀专业委员会常委兼秘书。

1998年毕业于浙江中医药大学中医骨伤本科专业并留校任教，一直从事骨伤科学临床、教学与科研工作，2010年7月到附属第三医院工作，现为姚师全国名老中医药专家传承工作室成员之一。主持省自然基金、省中管局、省教育厅课题三项，参与各级课题多项，获省中医药科技进步奖三项，共同主编《名中医谈腰椎间盘突出症》专著一部，副主编《实用骨伤科临床诊查法》专著一部，发表论文10余篇，获实用新型专利1项，中华中医药学会《针刀临床医学标准》起草人之一。长于中西医结合诊治骨伤科常见疾患，尤其擅长运用针刀、中药、整脊等方法治疗颈肩腰腿疼痛、腱鞘炎、网球肘、跟痛症等慢性软组织损伤类疾患。

陈书记与姚师共事多年，他称姚师即是良师、更是益友，是小小针刀，把他们联在一起，共同探讨、共同进步。

二、姜波

姜波，主任中医师，1997年毕业于成都中医药大学针灸系，本科，学士。1997年8月到浙江舟山市中医骨伤医院（现为舟山市中医院）工作至今，主要从事康复、骨伤临床工作。2002年就读浙江大学研究生进修班，2007年获浙江大学外科学硕士学位。2012年入选为全国第五批名老中医药专家学术继承人，2016年5月获得五批师承出师证书及临床医学（中医师承）博士学位，目前任舟山市中医院康复科主任。2017年入选第四批全国中医优秀人才研修项目，姚师为其指导老师。

目前致力于中医药诊治筋骨疾病的研究，擅长中西医结合治疗脊柱疾病、脊椎源性疾病、退行性骨关节疾病及软组织相关疾患。以第一作者发表临床、科研论文20余篇，主持厅局级课题2项。

在跟师临证学习期间，姜波主任感受最深的就是姚师医术的神奇与为人的谦和。姚师擅长用针刀来调整筋骨平衡，同时又结合中药内治来调和脏腑气血，以达阴平阳秘，骨正筋柔之功效，很多骨伤顽疾都能在姚师的精心治疗下康复。"老师不管有多忙，都会对患者耐心讲解，告知患者各种注意事项、心理调适和康复方案等等，自己却常常因为来不及吃饭而用饼干充饥。"姜波主任这样说，同时，姚师对待学生更是和蔼可亲，好几次见他对带的研究生嘘寒问暖，关怀备至。在姜波主任眼里，"姚师是一位长者，一位仁心仁术的大医，始终是我心路成长中的一盏明灯"。

三、毛伟洪

毛伟洪，主任中医师。1997年毕业于浙江中医学院中医（中西医结合）专业，分配至诸暨市第二人民医院工作，2002年4月至2003年4月在浙江省中医院骨科（小针刀）进修。2013年7月至今，调任诸暨市应店街镇中心卫生院院长，一直从事骨伤科（小针刀）工作。期间，于2014年6月与浙江中医药大学附属第三医院（中山医院）长期协作，挂牌成为浙江省椎间盘诊疗中心诸暨分中心，姚新苗教授及专家团队定期前来本院培训指导，开始跟随姚新苗老师学习；2014年8月，入选浙江省第二批基层名中医三年培养计划，在全国名老中医药专家姚新苗教授精心指导下，2018年6月，被浙江省中医药管理局授予"浙江省基层名中医"称号，兼任浙江省针灸学会针刀专业委员会副主任委员，浙江省中医药学会骨伤专科分会青年委员，中国民族医药学会疼痛分会理事，为首批绍兴市基层名中医。作为学科带头人，该院的中医骨伤科（小针刀科）已创建为绍兴市农村（社区）中医特色专科——"椎间盘突出症"专科。

主攻小针刀治疗颈椎病、腰椎间盘突出症、肩周炎、骨质增生等颈肩腰背疼痛软组织损伤性疾病。在省级以上刊物上发表关于小针刀疗法论文10多篇，科研二项："针刀疗法为主序贯五法治疗颈椎病""小针刀治疗椎动脉型颈椎病对椎-基底动脉血流的影响"均顺利通过诸暨市科技局成果鉴定，得到了省级专家及市内同行的认可，其中"针刀疗法为主序贯五法治疗颈椎病"获得浙江省中医药科学技术创新奖三等奖，诸暨市科学技术奖三等奖。

在浙江省第二批基层名中医三年培养期间，毛院长较系统地总结了姚新苗教授的学术思想及临证经验，运用小针刀"以点带面"的治疗原则，直接针对病灶，恢复人体动态平衡，以达到颈肩腰腿疼痛等慢性软组织损伤疾病的有效治疗；并对腰椎间盘突出症和椎动脉型颈椎病制订了独特的中医药优化治疗方案。凭借疗效优势，使其在当地乃至周围区域影响不断扩大，众多慢性软组织疾病患者慕名而来，通过自身尝试、亲戚朋友介绍、病员推广等，要求运用小针刀治疗的患者逐渐增多。他始终对姚师怀着深厚的感激之情。

四、陈煜民

陈煜民，主任中医师，1998年毕业于浙江中医学院针推系推拿专业。毕业后一直从事中医针灸推拿临床工作。2012年入选第五批全国老中医药专家学术经验继承人，师承姚师，2016年获出师证书。现为杭州市西溪街道卫生服务中心副主任，姚新苗全国名老中医药专家传承工作室核心成员，全国整脊分会委员、浙江省中医药学会整脊分会委员、浙江省针推给合分会委员、杭州市针推学会理事、杭州市治未病专业委员会副主委。杭州市首届优秀中医师，获批成立杭州市西湖区陈煜民名医工作室，西湖区特色重点专科针灸推拿科负责人。

从事临床 20 年，擅长颈椎病、腰腿痛、各类急、慢性软组织损伤和疼痛的治疗。近年来对颈源性眩晕、膝骨关节病、脊柱相关疾病的诊治有较深入的临床研究，并取得了不错的临床效果。临床上善于运用针灸、推拿正骨、针刀、中药综合治疗。以第一作者、通讯作者在一、二级期刊发表临床论文 10 余篇，参与、主持厅局级课题 3 项。

作为学术经验继承人，通过多年的临床跟诊，较为系统地学习了姚师的学术思想及临证经验，姚师严谨的治学、临诊态度以及丰富的临床经验对其产生深远影响。特别是姚师"筋骨并重，治筋为先"的理念对其临床诊治脊柱及其相关疾病起到关键的指导作用，从脊柱及其相关疾病病因病机：脊椎力学平衡包含骨性力学平衡与椎周围软组织的力学平衡，强调动静态力学平衡失调是脊柱及其相关疾病发生发展的最重要的外因，到"筋骨并重，治筋为先"治疗理念为其临床诊治脊柱及其相关疾病奠定了重要的理论基础和治疗思路。

"通阳五针法"治疗颈源性眩晕是陈煜民主任自创的独特疗法，具有创新的通阳定眩理论和治疗方法，临床疗效明显。这也是其学习继承姚师治疗颈椎病、颈源性眩晕基础上发展而来。姚师擅用经方，治疗颈椎病、颈源性眩晕多用葛根汤、桂枝加葛根汤、柴葛解肌之类，强调升阳解肌，结合《素问·生气通天论》"阳气者精则养神，柔则养筋"，"阳气者，若天与日，失其所，则折寿而不彰"，创新提出通阳定眩的治疗颈源性眩晕的理论和治疗的"通阳五针法"。

"跟名师、学经典、多临床，是中医成长之路，一路上跟名师至关重要，跟一个善于指导，授不藏私的名师更重要。姚师就是这样的导师，是一位严师，也是一位慈师，是每一位有幸成为其弟子、学生中医之路的推动者和奠基人。"

五、钱华春

钱华春，副主任中医师。嵊州市中医院治未病中心主任，嵊州市"姚新苗名医工作室"负责人，"浙江省第二批基层名中医""嵊州市十大名中医""嵊州市第七、八批市级专业技术拔尖人才后备人才"，兼任世界中医药联合会脊柱健康专业委员会理事。2012 年至 2017 年先后完成的课题文章有："牵整手法联合银质针松解术治疗腰椎间盘突出症的临床疗效观察"、"麻醉下三维整脊快速牵引治疗腰椎间盘突出症临床疗效观察"、"颈部伸引手法配合超微针刀治疗颈源性眩晕症临床疗效观察"。其中2015年课题"牵整手法联合银质针松解术治疗腰椎间盘突出症的临床疗效观察"项目获嵊州市科学技术三等奖。

2014年开始，钱主任跟师姚新苗教授，在姚老师的指导下，顺利完成基层名中医学业。跟师学习中让他印象最深刻的一句话："看病与其他事一样，应知其然而所以然，举一反三。不要满足，每天问自己，能不能做得更好！因为你面对的是人，他们那么的信任我们，花费了那么多钱，忍受痛苦。毫无保留的让我们治疗，我们没有理由不全心全意！"他时时把这句话来鞭策自己，把病人利益放在第一位。"跟师这几年来，姚老师嘱咐我要学好中医的基本理论，基本功至关重要，就像经方虽然是小小的方子，药不过数味，但疗效确实是杠杠的。姚老师用方最多的是经方，对我的启发很大，在老师影响下，我逐渐喜欢用经方理论来指导临床，乐在其中。就是所谓的大道至简吧！"钱主任这样说。目前"姚新苗名中医工作室"在嵊州的影响力越来越大。其中一些多年的骨关节病，顽固性颈腰椎病，疑难杂症均在姚师的精心治疗下，逐步康复。姚老师这种对病人关心爱护，学术上精益求精的精神，是我辈的楷模，学习的榜样！

六、潘红明

潘红明，副主任中医师。长兴县中医院骨伤科医生，浙江省基层名中医，中国民族医药学会疼痛分会委员，浙江省中医药学会针刀分会委员，浙江省中医药学会整脊分会委员，浙江省中医药学会体质分会委员，浙江省中医药学会中医全科分会委员，浙江省针灸学会针刀分会委员，从事临床工作二十余年，临床经验丰富，擅长以中药、中医正骨、整脊及小针刀疗法治疗骨质疏松、颈椎病、腰椎间盘突出症、腰肌劳损、肩周炎、膝骨性关节炎、网球肘、各类腱鞘炎及颈肩腰腿的各类疼痛。亦擅长中医辨证，经方论治各类心脑血管疾病、脾胃病、老慢支等慢性老年性疾病。

"跟随姚老师学习，是因为入选了浙江省第二批基层名中医的培养计划，在跟师学习的三年中，我珍惜每一次老师的门诊，因为每次受益匪浅。老师的渊博知识，把我从一个只会骨伤中医的学生，学会了杂病的诊治。老师还特别注重手把手地教，教针刀进针的感觉，教整脊手法的精确。"

"我现在最大的愿望就是在有机会时,还能站到老师后面,学习老师看病!"对姚师的敬重可谓溢于言表。

七、杨林

杨林,副教授,副主任中医师,博士研究生。致力于断层解剖学和医学影像知识的学习和教学。擅长用传统中医整复手法,结合现代医学技术,诊治多种骨伤科疾病。作为副主编、编委参编了医学专著3部,在国家核心期刊发表论文多篇。主持或以核心成员参与国家自然基金和省部级基金项目多项。科研组获"中国商业联合会科学技术"一等奖一项。

2002年9月于浙江中医药大学攻读中医骨伤科学硕士学位,师从姚师,学习中医骨伤治疗技术,2005年毕业后就职于扬州大学医学院第二临床医学系,先后在系办公室、学院综合办、留学生办公室等岗位工作至今。"在求学期间,姚老师认真指导我们采用中医中药、正骨推拿及针刀疗法等方法治疗腰椎小关节紊乱、腰突症、颈肩腰腿痛、骨质疏松症等特色病症,老师的精湛医术,让我领略了中医骨伤科学的精髓,老师崇高的医德、严谨的治学作风、谦逊待人的品质给我留下了难忘的印象,指导着我工作,指引我做人。有时夜深人静,困惑于白天的疑难病例不能明了,很想去学习,去杭州,再次聆听恩师的教诲。"

八、陈于东

陈于东,副主任中医师,1999年毕业于浙江中医学院中医骨伤科专业,后至绍兴县夏履镇人民医院骨伤科工作,2003～2006年再次回至浙江中医药大学攻读硕士研究生,获得硕士学位,之后在义乌市中医院骨伤科工作至今。期间,进修骨科的关节镜治疗。目前主攻四肢创伤、运动医学、骨质疏松的诊治;擅长骨折的微创治疗,主要研究方向:运动医学,四肢创伤,骨质疏松症。发表论文5篇,主持市级课题1项。

在攻读硕士期间,较系统地掌握了姚新苗教授的治疗骨质疏松学术思想及临证经验,并紧密临床实践,运用补肾壮骨,活血化瘀在骨质疏松症的治疗理念,在临床中收到良好疗效。

陈主任回忆,在读研究生期间,姚老关心每个学生的学习、生活情况,为了能让他学到更多的现代骨科技术，姚师联系落实了多家实习医院，使其开阔了视野并在以后的工作中受益匪浅，由衷地感谢姚师谆谆教诲，终生难忘！

九、唐晶

唐晶，副主任中医师，2008 年 6 月浙江中医药大学中医骨伤学硕士研究生毕业。2008 年 7 月至杭州市第一人民医院瓶窑院区（余杭第三人民医院）骨科工作，2017 年 2 月调入浙江康复医疗中心（浙江中医药大学附属康复医院）工作，2017 年 11 月成为第六批国家名老中医药专家学术继承人，继续师承姚师，为姚新苗全国名老中医药专家传承工作室主要成员。兼任中国中医药研究促进会针刀专委会委员，中国中医药研究促进会康复专委会委员，浙江省康复医学会中西医结合专委会委员，浙江省中医药学会名老中医传承分会委员，浙江省针灸学会针刀专委会委员，杭州市医学会骨科学分会委员。擅长中西医结合对骨关节等疾病进行诊治与康复。

目前从事骨科和康复临床 10 余年。擅长骨关节疾病的一体化诊治与康复：如颈椎病、腰椎间盘突出、骨关节炎、腱鞘炎、各种骨折、骨质增生、骨质疏松等；各种骨科术后以及并发症的中西医结合一体化康复：如术后关节僵硬与疼痛、关节置换术后僵硬与疼痛、关节镜术后、脊髓损伤后截瘫等术后；针刀和中药结合治疗骨伤科常见病和多发病。主要研究方向：骨关节疾病的诊治与中西医康复。近年来以第一作者、通讯作者在国家核心期刊发表论文 8 篇，其中 SCI1 篇；目前在研及完成厅局级课题 2 项。

在长期临床实践和师承跟师期间，较系统地学习了姚新苗教授针药结合治疗骨伤科疑难杂症的临证经验，并能结合骨外科和现代康复医学的先进理念，将中医骨伤科的优势和姚新苗教授的骨伤科经验运用于骨科疾病的诊疗和康复过程，重视康复作用在骨伤科疾病诊治的作用，对骨伤科疾病的诊治和中西医结合综合康复颇有心得和临床经验。

十、陈智能

陈智能，副主任中医师。中共党员，中共浙江中医药大学附属第三医院外科第二支部书记。2002 年毕业于原安徽中医学院临床医学二系中医骨伤学专业，同年考入原福建中医学院中医骨伤科学攻读硕士研究生，2005年毕业至杭州市萧山区中医骨伤科医院骨伤科（骨四病区——浙江省中西医结合治疗椎间盘疾病重点专科）工作，2013年考入浙江中医药大学第三临床医学院攻读博士研究生，师从姚师，2015年8月调入浙江中医药大学附属第三医院骨伤科任副主任中医师，2016年获得博士学位，2016年9月～2017年8月响应省政府"双下沉、两提升"出任庆元县中医院院长助理并全面负责骨伤科对口支援工作。目前任浙江中医药大学附属第三医药骨伤科临时负责人、中医骨伤教研室副主任、骨伤康复教研室副主任，为姚新苗全国名老中医药专家传承工作室核心成员之一，浙江省中医药防治脊柱病中心骨干成员并专病（骨质疏松症）负责人，兼任中国中医药研究促进会骨伤分会脊柱专业委员会委员，浙江省康复医学会骨质疏松专业委员会常务委员，第一届中华中医药学会骨质疏松防治发展共同体委员，浙江省中西医结合学会骨质疏松专业委员会青年委员，浙江省中医药学会中医骨伤科分会青年委员，中国中药学会骨伤科药物研究专业委员会青年委员，浙江省老年学学会老年脊柱关节专业委员会委员。开展骨伤科一线临床、教学、科研工作10余年。

擅长中西医结合治疗创伤性骨折病、脊椎疾病，颈肩腰腿痛的微创治疗，长期从事腰腿痛疾病的一线诊断与治疗，特别对于下腰痛的诊断和治疗颇有研究，重视个体化差异以及治疗的个体化，掌握一整套椎间盘疾病手术（微创）、介入、非手术治疗方法，熟练掌握和应用经皮激光（臭氧、射频）技术、脊柱后路开窗技术、脊柱后路镜技术、脊柱后路减压融合内固定技术，并且在微创治疗领域积极开拓，开展椎间孔镜及微创通道技术；在椎间盘疾病阶梯治疗特别是系统非手术治疗以及系统化治疗路径方面颇有研究。主要研究方向：中医药防治脊柱疾病的相关临床与基础研究，骨与关节创伤性、退行性疾病及骨质疏松症。以第一作者/通讯作者在国家核心期刊发表论文20篇，其中SCI（IF：1.28）1篇；目前在研及完成课题3项；作为主要参与者之一，完成杭州市科技发展计划"半导体激光微创治疗椎间盘突出症"，并于2008年获得萧山区科技技术奖优秀奖（第二名次），完成福建省科技厅青年创新基金课题"强骨宝方对糖尿病大鼠骨代谢及高糖培养成骨细胞的影响"，并于2009年获得福建省科学技术奖三等奖（第五名次），完成浙江省中医药重点研究项目"针刀联合中药分期治疗不同程度腰椎间盘突出症临床研究"，并于2018年获得浙江省中医药科技进步二等奖（第二名次）；作为副主编参与编写由人民军医出版社出版的《脊柱疾病微创治疗与康复》和由人民卫生出版社出版的《名中医谈骨质疏松》，为国家"十三五"住院医师规范化培训规划教材《中医骨伤科》编委。

在攻读博士期间，较系统地学习了姚新苗教授的针刀技术及临证经验，在姚新苗教授的指导下系统研究了脊柱核心肌群如多裂肌在脊柱疾病中的作用和防治策略，并把中医学理论与现代脊柱研究成果相结合，更好在椎间盘疾病中运用靶向治疗策略，对中医学内外兼治、筋骨并重理论有了更深刻的认识、创新与发展。

十一、冷涛

冷涛，副主任中医师，毕业于浙江中医药大学，师从姚师。现任江苏省淮安市洪泽区中医院骨伤科主任，曾在上海交通大学附属上海第六人民医院，宁波市第六人民医院，淮安市一院进修学习。接受创伤AO(中国)的系统培训，擅长治疗骨伤科常见病、多发病，能熟练开展骨伤科常见手术，尤其对腰椎间盘突出症、颈椎病、骨关节病、骨质疏松症等运用中西医结合方法治疗有深入的研究。

"天涯海角有尽头，只有师恩无穷期。感谢您我的恩师，您是我事业的引路人，使我对事业的模糊懵懂逐渐清晰，还记得2010年您带我们上的第一个门诊，针对一个肋骨骨折的患者问我们肋骨骨折查体的体征，我们答不上，面红耳赤，您不但没有批评我们还耐心讲解让我多看书、多实践，从此我坚持看完了《实用骨科学》。同样还是在门诊一个膝骨性关节炎的患者关节腔注射玻璃酸钠，我打了两次没有进入，又尴尬又担心，您不但没有怪我而且教我如何正确定位注射点及注射要领，并且鼓励我再来一次，慢慢的，我在操作上不再手抖，信心百倍。读研实习期间虽然不经常在老师身边，但总有数不尽的问题请教您。毕业后到苏北工作，刚开始碰到很多困难，想过退缩，您鼓励我要坚定信心，并告诫我'到处挖洞，不如在一处深挖'。一路走来12个年头，虽不能时时与老师交心，但师恩难忘"。

十二、吴媛媛

吴媛媛，主治中医师，博士后，主持国家自然青年基金项目1项、浙江省自然科学基金面上项目1项，国家博士后基金面上项目1项，浙江省博士后择优资助项目1项，以及其他厅局级课题2项。第一作者发表SCI论文3篇，中文论文10余篇。主编专著1部，参与出版3部，以主要参与者获得省部级和厅局级奖励4项。

常年从事针灸干预治疗慢性疼痛伴发情绪障碍的基础和临床研究。目前为浙江中医药大学附属第三医院临床试验中心办公室主任。经过多年的工作积累以及博士后阶段的系统深造，已逐渐成为实验研究团队中的主要力量，担负起痛情绪认知的主要研究工作，尤其在针灸干预痛情绪的中枢机制研究方面在国内属于领先地位。进一步计划在基础和临床研究中，运用光遗传技术、钙离子成像以及多模态功能磁共振等技术手段，从杏仁核、前扣带回和中缝背核的神经环路的角度进一步深入探讨痛情绪以及针灸干预的中枢机制，促进针灸得到国内外的广泛认可和应用。在博士后研究工作阶段，师承姚师。

十三、陈铁武

陈铁武，主治中医师，浙江中医药大学附属第三医院滨江院区院办主任，兼任中国中医药研究促进会骨伤科分会康复专委会委员，中国康复医疗机构联盟肌骨康复专业委员会委员。擅长于运用传统及创新脊柱整复手法，治疗颈椎、胸椎、腰椎小关节紊乱，颈腰肌劳损，颈性眩晕，腰三横突综合征，腰椎间盘突出症，颈椎病等有良好的疗效。同时传承姚师的针刀技术，对治疗急慢性颈肩腰腿痛，肌筋膜疾病等有一定心得。

2004年广州中医药大学第二临床医学院中医骨伤科学专业毕业后入职杭州市中医院推拿科。2007年就开始师从姚师，攻读硕士学位，学习中医骨伤技术，2010年毕业后一直就职于浙江省中山医院，先后在推拿科、干部科、庆春院区综合办、滨江康复院区人力资源部、院办等岗位工作至今。2018年入选第六批全国名老中医药专家学术继承人，再次师承姚师。

"在这前后十余年间的学习过程中，姚老师给我最大的感受就是医学精湛，为人谦逊。有幸师承于姚新苗教授，对我个人行医生涯里起了决定性和指导性的意义。作为学生，我将尽我的努力，做好姚新苗教授名老中医学术经验的传承，为发扬姚氏针刀技术、浙派中医精神，尽我绵薄之力！"

第六章 桃李天下

十四、吴刚

吴刚，主治中医师。2003年毕业于安徽中医药大学中西医结合临床专业，同年至安徽省繁昌县中医院工作，2008～2011年考至浙江中医药大学攻读中医骨伤科硕士研究生，师从姚师，获得硕士学位。毕业后在安徽省芜湖市中医院骨伤科工作至今。期间，于2017年3月～9月前往上海市第六人民医院骨科进修学习。现为安徽省中医骨伤科学会委员，芜湖市中医骨伤科学会委员。

目前主攻关节、创伤，擅长四肢骨折及关节置换等手术治疗，并运用针刀、现代康复理疗及中医药等非手术疗法治疗脊柱疾病、退行性骨关节疾病及软组织相关疾患。

十五、陈腾

陈腾，主治中医师，2005～2010年就读于河北北方学院（原张家口医学院）中医学专业，2010～2013年就读于浙江中医药大学，师从姚师，获硕士学位，毕业至今工作于江西省九江市中医医院骨伤科。

目前主攻保守治疗骨伤科各种疾病，尤其是在本院优势病种腰痛病（腰椎间盘突出症）、项痹病（颈椎病）、膝痹病（膝关节骨性关节炎）的治疗中，颇有心得和体会。工作期间在手术方面也有涉及，如创伤、关节、脊柱方面。目前以第一作者或者通讯作者身份发表省级期刊论文多篇，作为医院治未病中心体质辨识委员曾被医院派往江西中医药大学学习交流。

在陈腾心目中，姚师温文尔雅，没有所谓的"架子"，对学生能做到有的放矢的培养，读研期间指导学生灵活性强，能让学生充分发挥主观能动性，既能领略中医药的传统优势，又能见识现代医学的新模式，可谓"中西合璧，蔚为壮观"。

十六、应建伟

应建伟，主治中医师。2010年毕业于浙江中医药大学第一临床医学院中医骨伤专业，分配至桐庐县桐君街道社区卫生服务中心工作，2011～2014年攻读硕士研究生，师从姚师，2014年至今在桐庐县中医院骨伤科工作，兼任中国中医药研究促进会骨伤科分会小针刀专委会委员。擅长四肢骨折的保守及手术治疗，小针刀治疗颈肩腰腿痛，慢性劳损，如腱鞘炎、关节炎、肱骨外上髁炎、肩周炎、跟痛症等。并且在临床过程中对颈椎病、腰椎间盘突出症、膝关节骨性关节炎、骨质疏松等疾病积累了一定经验，在省级以上期刊发表《姚新苗从瘀论治骨质疏松症经验浅谈》、《骨质疏松药物靶向治疗研究进展》、《姚新苗教授治疗腰椎间盘突出下肢密码经验浅谈》、《中药益骨汤联合密盖息治疗骨质疏松性疼痛临床观察》等多篇论文。

他说，姚师通过中医辨证论治的方法，将腰椎间盘突出症引起的下肢麻木辨证为寒湿内侵、痰瘀血滞、气血亏虚三型。寒湿内侵主要是风寒湿三气杂至，阻遏经络，治以散寒燥湿，温通经络；痰瘀血滞主要是跌仆损伤，气血阻滞，痹阻经络，治以化痰祛瘀，畅达经络；气血亏虚为疾病后期，气血不能濡养下肢，治以补气养血，濡养经络。在用药方面，姚师针对极为顽固的下肢麻木症状则加入祛风通络之虫类药物，如全蝎、蜈蚣等，取其搜剔经络，祛风止麻。因麻木发生在下肢，故药师常用川牛膝引药下行，加强局部治疗效果。此外，姚师每遇患者下肢出现拘挛感，则在原方基础上加用白芍、甘草两味配伍应用，取其酸甘化阴，柔筋止痉之功，每获良效。

姚师在治疗骨质疏松一病时，认为其病性多属本虚标实，本虚有责于脾肾，而标实则多系瘀血、痰湿、气滞。理当补虚泻实，攻补兼施。在运用补肾壮骨，健脾益气的同时，亦须佐以活血化瘀之药。

在攻读硕士研究生阶段，跟随姚师门诊，接触了大量慕名而来的疑难病患，姚师对待病人如亲人，总是尽其所能，缓解病患痛苦，以期达到治愈的效果。对待学生如家人，总是嘘寒问暖，关怀备至，让许多远道而来求学的学生都能感觉家的温暖。对于我们的学业，一直放在心上，隔三差五的询问我们临床和实验中碰到的问题，教导和鼓励我们，让我们学到很多本领。特别是用小针刀治疗相关骨伤科疾病的技术，目前已在当地医院开展小针刀专科门诊，像姚师一样，用微创的技术为病人解除痛苦。

十七、周国庆

周国庆，副主任中医师。1996年毕业于浙江中医学院中医骨伤科专业，后至金华市第二中医院骨伤科工作，2003～2006年再次回至浙江中医药大学攻读硕士研究生，获得硕士学位，之后在浙江中医药大学附属第三医院骨伤科工作至今。期间，于2012年入选第五批全国名老中医药专家学术继承人，跟师姚新苗教授，在2016年6月获得五批师承出师证书及临床医学（中医师承）博士学位，目前任医院医务部副主任，为姚新苗全国名老中医药专家传承工作室核心成员，国家中医临床重点专科、国家中医药重点学科骨干成员，兼任中国中西医结合学会第三届骨科微创专业委员会青年委员、中国中医药研究促进会骨伤科分会委员及骨伤科分会康复专委会常务委员、中国民族医药学会科普分会理事、浙江省中医药学会整脊分会委员兼秘书，开展骨伤科临床、教学、科研工作20余年。

目前主攻退行性骨关节疾病、骨病、骨关节创伤、运动医学、软组织疾患的诊治；擅长运用针刀、针刺、现代康复治疗技术及中医药等非手术疗法治疗脊柱疾病、脊椎源性疾病、退行性骨关节疾病及软组织相关疾病；遵循"非手术治疗为先，能微创不常规手术，能常规手术不大手术"的理念，突出康复、功能训练在疾病防治中的重要作用。主要研究方向：针刀、针刺、中医药、康复技术在疾病尤其是疑难病中的应用及骨伤科相关疾病的"治未病"研究。以第一作者或通讯作者发表临床、科研、教学论文10余篇，参与编写临床指南1篇；为国家"十三五"住院医师规范化培训规划教材《医患沟通技巧》编委，参与编写论著3部；主持厅局级课题2项，参与多项国家级、省部级课题研究；获国家发明专利授权1项，实用新型专利5项。近年协助姚新苗教授完成国家级中医药继续教育项目3项。

在攻读中医师承博士期间，较系统地总结了姚新苗教授的学术思想及临证经验，并紧密结合现代筋膜研究成果，运用生物力学原理，在人体"张拉整体结构"的力学框架下对针刀医学人体弓弦力学解剖系统及软组织病理构架中的网眼理论有了更深刻的认识、创新与发展，以期将之同临床紧密结合，更好地为患者服务。

作为这本书的主编，首先就要感谢姚师给予我的信任，虽然时间紧、任务重，但能最终成稿，少不了师生之间多次的交流，也感谢各位师兄弟的共同努力。

在我眼中，姚师是个睿智的人，能成为一所大学附属医院的院长，就已着实不易，同时，他的医疗技术也是不断精益求精，尤其是中医的辨证论治水平，并不亚于中医内科专家，更是让我难以望其项背。渐渐地，在他的影响下，我也开始在临床中使用一些"经方"进行治疗，也取得了不错的疗效。而一直以来，自诩为"手术医师"的我，在很长一段时间里，都将追求手术技术作为最重要的目标，但在一次的跟师过程中，姚师语重心长地引用国内某知名骨科手术专家的观点表述了关于颈椎病手术与保守治疗大样本回顾性研究后所得出的结论：颈椎病手术治疗没有体现出应有的优势，这意味着手术并未能普遍地提高患者的功能与生活质量。虽然这一度让我怀疑，却让我对脊柱疾病手术指征的把握上有了更深刻的思考，激发我重新去学习脊柱相关生物力学知识以及开始接触脊柱康复医学的相关原理。恰恰是因为"放下手术刀"，才使得我在诊治思维上得以巨大的提升，正应了这句成语，"退一步海阔天空"。

回想起学习工作的经历，曾有三位导师让我没齿难忘，首先是肖鲁伟老校长，他严谨治学的风格，具有骨伤科大家的风范，让人心生敬仰。其次是省中医院的童培建教授，在关节手术方面技艺精湛，而且应变能力出众。但相比较而言，姚师给予我的帮助最大。

在医务部工作岗位上，姚师对我既严格要求，但更多的是"宽容"，他鼓励我要有开阔的思维，要多去听讲座，多交流。记得，我院曾邀请浙江大学的王健教授讲课，他是国内脊柱核心稳定性研究及表面肌电图应用研究的权威专家，姚师作为院长全程陪同，并且同我们一样，认真听课，最后给予了精彩点评。正是在这个讲座之后，我才有了什么是脊柱"局部稳定肌"的概念。2017年年底，在已退休的姚师建议下，医院又邀请了康复界大家励建安教授来讲课，正是因为他"抛出的问题"——对运动与骨折愈合之间关联性的疑问，使得我开始关注现代筋膜的相关研究，使得个人对运动系统疾病的认识，有了一个巨大的飞跃，而正是源于姚师始终倡导中西交融的理念，才使得我们能不断取得进步。

医路漫漫，但因为有了名师指引，而变得不再遥不可及，感谢您，敬爱的姚师！

附录一

大事概览

1985年7月，毕业于浙江中医学院中医专业。

1992年7月，晋升为主治中医师。

1997年12月，晋升为副主任中医师。

2002年12月，晋升为主任中医师，聘任为硕士研究生导师。

2003年3月，去奥地利访学，同年12月，晋升教授。

2004年7月，聘任为浙江中医药大学附属第三医院党委书记。

2008年12月，聘任为博士研究生导师；获得该年度浙江省科技进步三等奖。

2010年8月，获得浙江省自然科学基金科研计划立项（2013年通过验收）。

获得2011年度浙江省科技进步二等奖。

2012年1月，聘任为浙江中医药大学附属第三医院院长；同年7月，获批成为第五批全国老中医药专家学术经验继承工作指导老师；同年8月，获得国家自然科学基金科研计划立项（2014年通过验收）；同时获得浙江省重大疾病攻关项目（骨质疏松防治）立项（在研）；同年9月，获批成立并建设姚新苗浙江省名老中医专家传承工作室；同年11月，成为国家中医临床重点专科（康复科）负责人及学术带头人。

2013年7月，聘任为中华中医药学会针刀医学分会副主任委员及浙江省康复医学会中西医结合专委会主任委员；

2014年5月，聘任为浙江省针灸学会副会长；同年6月，聘任为浙江省中医药学会副会长；同年7月，聘任为中华中医药学会骨伤分会常委；同年8月，授予"浙江省名中医"，获批成立并建设姚新苗全国名老中医药专家传承工作室；同年11月，聘任为浙江省中医药学会整脊分会主任委员。

2015年6月，聘任为中国中西医结合疼痛专委会副主任委员。

2016年8月，获得浙江省自然科学基金科研计划重点项目立项（在研）；2016年12月，姚新苗浙江省名老中医专家传承工作室建设项目通过验收；获得2016年度浙江省科技进步一等奖（排名第二）。

2017年12月，获批成为第六批全国老中医药专家学术经验继承工作指导老师。

2018年6月，聘任为中国中西医结合康复医学专委会副主任委员；姚新苗全国名老中医药专家传承工作室建设项目通过验收。

2019年1月，授予"浙江省国医名师"；同年4月，聘任为中国中医药研究促进会骨伤分会副主任委员。

附录二

学术传承脉络

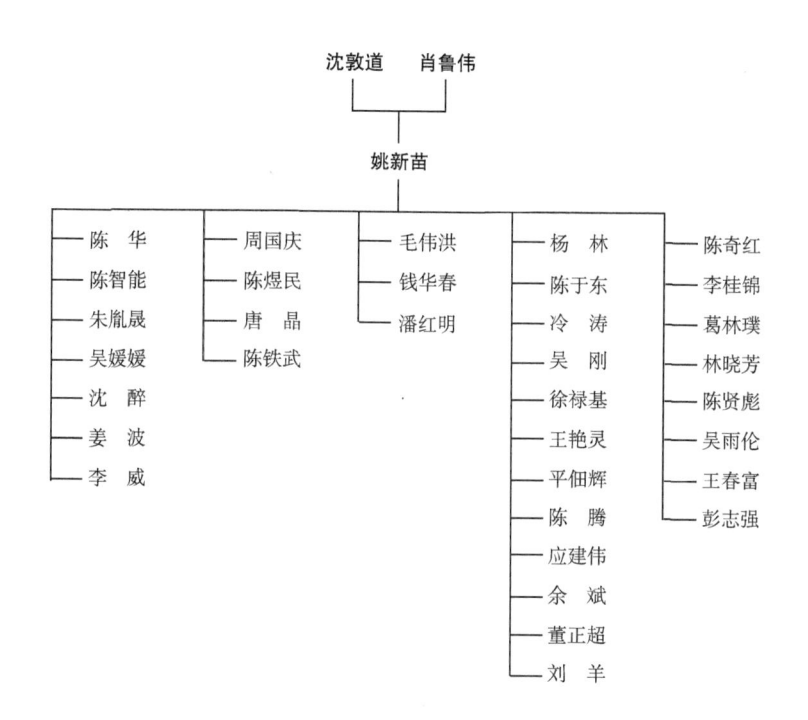

```
            沈敦道    肖鲁伟
                │
              姚新苗
```

陈 华	周国庆	毛伟洪	杨 林	陈奇红
陈智能	陈煜民	钱华春	陈于东	李桂锦
朱胤晟	唐 晶	潘红明	冷 涛	葛林璞
吴媛媛	陈铁武		吴 刚	林晓芳
沈 醉			徐禄基	陈贤彪
姜 波			王艳灵	吴雨伦
李 威			平佃辉	王春富
			陈 腾	彭志强
			应建伟	
			余 斌	
			董正超	
			刘 羊	